QUYU JINGJI YU
CHENGSHI FAZHAN YANJIU BAOGAO
2014-2015

REUD智库丛书

区域经济与城市发展研究报告
2014~2015
——服务地方的路径与策略研究

合肥区域经济与城市发展研究院
区域经济与城市发展协同创新中心 著

经济管理出版社
ECONOMY & MANAGEMENT PUBLISHING HOUSE

图书在版编目（CIP）数据

区域经济与城市发展研究报告（2014～2015）：服务地方的路径与策略研究/合肥区域经济与城市发展研究院，区域经济与城市发展协同创新中心著．—北京：经济管理出版社，2016.2

ISBN 978－7－5096－4202－3

Ⅰ.①区… Ⅱ.①合… ②合 Ⅲ.①区域经济发展—研究报告—合肥市—2014～2015 ②城市建设—研究报告—合肥市—2014～2015 Ⅳ.①F127.541 ②F299.275.41

中国版本图书馆 CIP 数据核字(2015)第 311565 号

组稿编辑：张巧梅
责任编辑：张巧梅
责任印制：司东翔
责任校对：赵天宇

出版发行：经济管理出版社
（北京市海淀区北蜂窝 8 号中雅大厦 A 座 11 层　100038）
网　　址：www. E－mp. com. cn
电　　话：（010）51915602
印　　刷：北京易丰印捷科技股份有限公司
经　　销：新华书店
开　　本：787mm×1092mm/16
印　　张：17.5
字　　数：426 千字
版　　次：2016 年 3 月第 1 版　　2016 年 3 月第 1 次印刷
书　　号：ISBN 978－7－5096－4202－3
定　　价：98.00 元

序 言

2013 年 11 月，党的十八届三中全会首次提出要加强中国特色新型智库建设，2015 年 2 月，中共中央办公厅和国务院办公厅联文颁发了实施意见，新型智库的作用在我国受到高度重视，新型智库建设也在深入推进。合肥区域经济与城市发展研究院就是在这种背景下，由安徽大学和合肥市人民政府共建的一个新型智库，将学、研、政的智力资源优化组合，这是新型智库建设的一种创新。研究院成立只有一年多，就完成了一批重要的研究成果，得到决策部门的肯定，实为不易。本书作为该院第一批研究成果结集出版，我能在拜读清样中先览文中的智慧，并为其作序，甚为有幸！

智库的研究对象主要是战略问题和公共政策问题，合肥区域经济与城市发展研究院主要是为合肥市委、市政府的决策服务，收入本书的两个重大课题研究报告和四个日常课题研究报告，研究的就是合肥市的战略问题和公共政策问题，其中，重大课题研究报告侧重于讨论合肥市的战略问题，日常课题研究报告侧重于讨论合肥市的公共政策问题。细读全书发现，每类问题的选题都很适时，研究也很有深度，所提出的对策建议都有新见，不仅可咨政于合肥市的决策者，同时，所有关心合肥市发展的人士都可从中受到启迪。

两个重大课题研究报告讨论的是合肥市内外两个方面的重大战略问题。合肥市已定位为长三角世界级城市群的副中心，对外的重大战略问题是如何深度推进与周边主要城市的合作，不仅要深化与长三角地区主要城市的合作，还要深化与长江中游城市群省会城市的合作。然而，一直以来，合肥与长三角城市群的合作普遍受到重视，并且很有成效，但与长江中游城市群省会城市的合作却被忽视，甚至没有路数，更鲜见成效，对合肥市来说，这是一个重要的缺憾。而在长江经济带建设作为国家战略的新形势下，合肥与长江中游城市群三个省会城市的合作也同样重要。合肥区域经济与城市发展研究院刚成立，就把这个问题作为第一个重大课题研究，并收入本书的《长江中游城市群四省会城市深化合作的路径与策略研究》中，该报告全面阐述了他们对这个问题深度而有见解的思考，尤其是提出的“七为”合作策略（即“以区域一体化为合作方向，以产业合作为纲，以市场开放统一为基，以大项目为抓手，以大平台为载体，以城际快速交通为纽带，以共同政策为诉求”，见该研究报告第四部分），就很有见解。该研究报告还运用了科学的定量研究方法，对合肥市与武汉、南昌、长沙三个省会城市的经济联系作出测度，对合作重点的选择和合作机制的构建都有参考价值。对这个课题如此深入和具有前瞻性的研究，在我省学界和智库研究中还是第一次，也弥补了合肥市对外合作研究的重要缺憾，是极有学术价值和实践指导作用的研究成果。

在“十三五”期间，对合肥内部需要研究的战略性问题也很多，合肥区域经济与城市发展研究院从转型发展入题，作为研究合肥内部战略问题的首选课题，是很恰当的。因为经过“十一五”以来的快速发展，合肥市已由在全国位次靠后的省会城市发展为长三角城市群的副中心城市，也由“三线城市”跃升为“二线城市”，体量做大了，定位提升了，任务加重了。“十三五”期间我国经济发展进入新常态，而新常态的显著特征，不仅是速度中高速、结构中高端、档次中高质，而且要努力实现形态更高级、分工更优化、结构更合理。实现这样的要求，转型发展就成为合肥市的一个重大战略问题。收入本书的《合肥市“十三五”时期加快转型发展问题研究》就系统地回答了这个问题，不仅深入分析了合肥市转型发展的背景、条件和阶段性特征，还系统地研究了经济转型、社会转型、生态转型和空间转型，每个方面的转型都详尽地阐述了转型的主要目标、重点任务和对策建议，系统而深入，视野很宽广，又有很强的针对性，是很有实践指导价值的研究成果。特别是从经济、社会、生态和空间四个维度分类而又合成地剖析转型发展，在我省城市与区域转型发展研究中是首创，对其他城市更好地推进转型发展也有借鉴价值。此外；作为日常课题的两个研究成果《合肥家电产业转型发展研究》和《合肥楼宇经济发展研究》，是对转型发展研究的进一步、具体化延伸，也有较强的应用价值。

合肥区域经济与城市发展研究院对公共政策问题的研究也有良好的开端。收入本书的四个日常课题研究报告，有两个完全属于公共政策问题的研究，即《合肥快递业发展政策研究》和《合肥市建设“中国分布式光伏应用第一城”对策措施研究》。这两个问题都涉及民生，两个研究报告都提出了很好的政策设计，既可为合肥市政府制定这两个方面的公共政策提供咨询意见，又可以引导社会公众参与公共政策的讨论，使政府制定的公共政策更加完善，真正体现“以人为本”的公共政策理念。

对党中央、国务院重要文件的政策解读，是合肥区域经济与城市发展研究院作为新型智库的一大创新，也体现了合肥市政府与安徽大学共建新型智库的特色。另外，发挥安徽大学智力优势，对与合肥市发展有关的国家政策，结合安徽和合肥的实际，向合肥市政府公务员作出全面解读，不仅有利于广大干部正确理解和落实中央的政策精神，还有利于完善合肥市的地方政策体系，益处多多。从本书收集的九个中央文件的政策解读来看，就有这样的效果，这也是合肥区域经济与城市发展研究院作为新型智库对合肥市政府工作的一大贡献。

本书作为合肥区域经济与城市发展研究院的第一部研究成果结集，展现了这个新型智库对合肥市战略问题和公共政策问题研究的创新与贡献。每个课题虽然研究的对象不同，但共同的特征是理论与实践相结合、研究问题与解决问题相结合，有了这“两个结合”，研究成果肯定会受到决策者的欢迎。合肥市市长张庆军曾在该院2014年的工作总结上批示：“时间不长，工作不少，成效显著，对全市政策研究、战略把握不可或缺。”市长的肯定是对该院的最好评价，相信合肥区域经济与城市发展研究院作为政府不可或缺的新型智库，会拿出更多高水平的研究成果，做全省新型智库建设的“排头兵”。

（安徽省人民政府参事、安徽省发展战略研究会会长、中国区域经济学会顾问）

2016 年 1 月 27 日

目　　录

第一篇　重大课题研究报告

第二篇　日常课题研究报告

第三篇　重大课题与日常课题成果摘要

第四篇　文件政策解读

第五篇　数据库

第一篇

重大课题研究报告

- 长江中游城市群四省会城市深化合作的路径与策略研究
- 合肥市“十三五”时期加快转型发展问题研究

长江中游城市群四省会城市深化合作的路径与策略研究

课题负责人：

胡艳　安徽大学教授、博导，合肥区域经济与城市发展研究院院长

课题组成员：

韩建雨、华德亚、杨仁发、徐晓红、尹建龙，合肥区域经济与城市发展研究院研究员，安徽大学副教授；孟静讲师、孟天琦（在读博士生）

学术顾问：

魏后凯教授、博导，中国社会科学院城市发展与环境研究所副所长，中国区域经济学会副会长

党的十八大报告明确提出坚持新型工业化、城镇化、信息化和农业现代化道路。在推进新型城镇化发展上，明确城市群将成为中国新型城镇化的主平台。从世界范围来看，大城市群是城市化最为集中、经济最为发达的区域，是各国参与全球竞争的主要空间载体。

以武汉、长沙、南昌、合肥为核心的武汉城市圈、长株潭城市群、鄱阳湖经济圈和江淮城市群，地跨鄂、湘、赣、皖四个省份。其区位独特、物产富饶、人口密集，是未来中国实施新型城镇化战略的主阵地和中国经济发展的重要增长极。

根据2012年12月28日中共中央政治局常委、国务院副总理李克强在“区域发展与改革座谈会”上的指示精神，在国家发改委和相关部门大力支持，以及湖南、安徽、江西、湖北省委省政府积极推动下，武汉、长沙、合肥、南昌四省会城市先后于2013年2月23日和2014年2月27日召开两次会商会并达成《长江中游城市群暨长沙、合肥、南昌、武汉战略合作协议（武汉共识）》和《长江中游城市群省会城市第二届会商会（长沙）宣言》。

2014年9月25日，《国务院关于依托黄金水道推动长江经济带发展的指导意见》（以下简称《指导意见》）出台，合肥成为长三角世界级城市群副中心城市。同时《指导意见》强调要把武汉、长沙、合肥、南昌长江中游城市群省会城市打造为内陆经济开放新高地。因此，推进长江中游城市群省会城市合作既有利于区域发展，也关系到全国大局，对于加快中部地区全面崛起、探索新型城镇化道路、提高长江全流域开发开放水平、打造中国经济新支撑带，促进区域一体化发展具有重要意义。长江经济带建设已经上升为国家

战略，这将为四省会城市经济社会发展带来重大机遇。2015 年，第三届会商会将在合肥召开，在此背景下，受合肥市政府委托，刚成立不久的合肥区域经济与城市发展研究院①围绕新常态下四省会城市区域合作目标，从 2014 年 11 月开题至今历时 2 个多月，就长江中游城市群省会城市进一步深化合作的领域、路径与策略进行了较为深入的研究，并提出对策建议和保障措施，供决策参考。

本研究报告得到了中国区域经济学会副会长、中国社会科学院城市发展与环境研究所魏后凯教授、安徽大学荣兆梓教授等国内知名专家的指导，合肥市政府政研室、市发改委等市直相关部门给予了具体指导，对报告研究工作提出了很好的建议。

一、长江中游城市群省会城市深化合作的新阶段

（一）长江中游城市群省会城市深化合作的必要性

2014 年 9 月 25 日，《国务院关于依托黄金水道推动长江经济带发展的指导意见》（以下简称《指导意见》）出台，明确以上海为中心，南京、杭州、合肥为副中心建设长江三角洲世界级城市群；以武汉、长沙、南昌为中心培育发展长江中游城市群。那么在《指导意见》出台后，人们可能会问，合肥既已是长三角城市群一部分，还要参与四省会城市合作吗？已经召开两届的武汉、长沙、合肥、南昌长江中游城市群省会城市会商会还有必要继续吗？这些存疑也是本研究报告需要化解的。

依托长江黄金水道，打造中国经济新支撑带是新一届党中央着眼于全球竞争格局出台的重大国家战略，为长江上中下游各城市间联动发展提供了千载难逢的机遇。位于长江中游的四省会城市分别是武汉城市圈、环长株潭城市群、环鄱阳湖城市群三大城市组团和皖江承接产业转移示范区的中心城市，战略地位极其重要。深化四省会城市合作对于沿江各大城市互联互通、分工协作举足轻重，更是推动未来长江经济带区域一体化发展的战略举措。因此，新阶段新形势下四省会城市深化合作意义重大、影响深远。

1. 有利于实现国家推动长江经济带发展的战略目标

长江中游省会城市及其城市圈是长江经济带的重要组成部分。推动长江经济带发展战略为四省会城市深化合作提供了有利的外部环境和广阔的合作领域；同时，四省会城市联合打造引领中部地区崛起的核心增长极和内陆地区对外开放的新高地，也是实施长江经济带发展战略的重要任务和战略支撑。

---

① 合肥区域经济与城市发展研究院是合肥市人民政府与安徽大学共建的新型智库，旨在依托安大人才智力资源，深入研究合肥经济社会发展的重大问题，为市政府科学民主决策提供政策研究和咨询服务。

2. 有利于促进长江经济带上中下游联动发展

长江经济带自东向西，覆盖经济发展水平呈连续阶梯状分布的长江下游、中游和上游地区，上中下游联动发展是实现长江经济带发展战略的关键。四省会城市承东启西、双向开放的区位优势，使之成为东部产业向中西部转移的必经之地和西部资源向东部输送的桥梁纽带。四省会城市深化合作有利于促进资金、资源、人才等多种生产要素在长江经济带上下游之间的双向流动，从而实现上中下游的联动发展。

3. 有利于四省会城市夯实合作基础共赢发展未来

四省会城市以往的合作更多着眼于抱团发展，而长江经济带发展战略赋予了其未来合作的崭新内涵。当前，四省会城市要在夯实前期合作成果的基础上，紧紧围绕长江经济带“念好互联互通经、做好产业合作文、打好生态联防牌”，在基础设施建设、市场体系构建、创新资源配置、产业集群培育、生态环境保护等领域展开全方位深层次合作，引领高端制造，双向对外开放，共赢共享未来。

4. 有利于充分发挥合肥左右逢源的特殊区位优势

特殊的区位赋予合肥独特的机遇。合肥虽是内陆城市，但在空间地理上处于长三角和长江中游两大城市群结合部的枢纽地位，历来是兵家必争之地。长江经济带发展战略赋予了合肥市全新的战略定位和发展标杆：打造长三角世界级城市群副中心，提升合肥都市区的国际化水平。这是时代赋予合肥的历史使命，也是合肥发展面临的独特机遇。与长三角其他副中心相比，合肥具有“一线城市定位，二线城市品位，三线城市成本”，“成长型城市的发展活力与创新型城市的增长动力”集于一身，既有差距，亦有优势，潜力无限。顺应新形势和新目标，合肥在积极打造长三角城市群副中心的同时，不应削弱而应强化四省会城市合作力度，“东向发展不放松，西进战略不动摇”，充分发挥合肥东西双向通道的战略区位优势，抢抓机遇，才能抢占先机，登高望远，引领高端。

（二）长江中游城市群省会城市深化合作的前期基础与不足

2013 年的《武汉共识》商定了四省会城市的合作宗旨和目标：深入开展战略合作和区域协作，构建“互利共赢、长期稳定”的区域合作关系，共同探索具有区域特色的自主创新道路，构建区域创新体系；共同探索扩大内需长效机制，提升内需特别是消费需求对经济发展的拉动作用；共同探索建立生态文明制度，推进绿色发展、循环发展、低碳发展；共同推进信息化和工业化深度融合、工业化和城镇化良性互动、城镇化和农业现代化相互协调，促进工业化、信息化、城镇化和农业现代化同步发展，带动引领长江中游城市群成为我国经济发展的第四增长极和世界级的城市群。同时，确定了共同谋划区域发展战略、共同推动自主创新和转型发展合作、共同推进工业分工合作、共同推进内需发展和区域开放市场体系建设等 9 大合作领域及推进重点。

2014 年的《长沙宣言》围绕“开放融合、创新发展”主题就深化四省会城市合作开展了广泛深入的协商和探讨，并达成“积极放大长江中游城市群的国家战略优势，共同建设具有国际竞争力的特大城市群，共同推进区域开放融合创新发展”三方面共识，并商定了促成共识实现的保障措施。在交通基础设施建设方面，四市共同签订了《交通运输合作联席会制度》、《交通运输发展规划合作机制》、《公共信息交流合作机制》和《道路运输行政执法协助工作机制》四个协议，奠定了四市深化交通运输业的合作基础；在生态环保方面，四市共同签订了《长江中游四省会城市环保合作协议书（2014～2015年)》，明确在环保合作协商机制、环境信息共享、大气污染联防联治、环保产业市场一体化、建设长江经济带绿色长廊五方面开展合作；在社会保障方面，召开了四省会城市人社一体化发展首届会商会，共同签署了《长江中游四省会城市人力资源和社会保障工作一体化发展合作协议》；在文化旅游合作领域，签署了年度工作合作协议书，共同启动了“美丽中三角，快乐都市游”，为今后合作开发四市旅游市场打下了良好基础。

然而，我们也应该看到，四省会城市政府及各部门在区域合作方面尽管做了很多工作，勾画了清晰的合作框架蓝图，但大多停留在签署合作协议的文本工作层面，实质性的合作、实化细化工作并不到位，尤其是在产业合作方面，缺乏扎实有效的推进举措。合作对接的主体不是企业，而是政府各职能部门。我们认为，区域合作进入到新阶段，面临新形势，合作各方也应与时俱进，转变思路，方能从深化合作中获得更大利益。正如全球化进程通常与日益增长的跨国公司势力相联系，没有跨国公司的全球业务活动难以想象会有全球范围内的一体化；同样，区域合作如果不是以企业为主体进行对接，而始终是“政府搭台又唱戏”，区域合作就是一纸空文，无法细化实化，也不可能深化，当然更不要说区域一体化了。到头来只可能落个“台上热闹，台下萧条”。

因此，基于区域一体化发展方向，四省会城市应以政府为引导，企业为主体深化合作。

（三）深化合作的新形势、新机遇

2014 年 5 月，习近平总书记指出中国经济要适应新常态，并在 APEC 峰会上对经济新常态做了全面阐述。新常态要求中国经济在速度、结构和驱动力三方面实现根本性的转变：一是从高速增长转为中高速增长；二是经济结构不断优化升级，第三产业消费需求逐步成为主体，城乡区域差距逐步缩小，居民收入占比上升，发展成果惠及更广大民众；三是从要素驱动、投资驱动转向创新驱动。面对经济新常态，党中央做出了一系列重大区域战略决策，包括重点实施“一带一路”、京津冀协同发展、长江经济带建设三大战略。2014 年 9 月，国务院颁布了《关于依托黄金水道推动长江经济带发展的指导意见》（以下简称《指导意见》）。《指导意见》从扩大中上游内需潜力、优化产业结构和城镇化布局、形成上中下游互动发展、建设海陆双向对外开放走廊、保护长江生态环境等方面指出了推动长江经济带发展的重大意义。开发长江经济带，向东可以对接“21 世纪海上丝绸之路”，向西可以连通“丝绸之路经济带”，这对于四省会城市打造内陆开放新高地、中部崛起增长极至关重要。推动长江经济带发展需要依托长江黄金水道，上中下游共同推动、协调一致。四省会城市地处长江中游，东连长江下游，西接长江上游，其合作广度和深度对于实现长江经济带发展战略目标、“中国梦”的宏伟蓝图举足轻重。

（四）深化合作的新阶段、新特征

新常态背景下推动长江经济带发展战略的实施，标志着四省会城市合作步入了一个全新的阶段，并在合作环境、合作领域、合作内容和合作模式上呈现出以下新的特征：

1. 从合作环境看，外部环境更宽松，内部环境更优化

就外部环境而言，推动长江经济带发展为四省会城市合作绘就了更宏伟的蓝图，东中西三大城市群联动发展为四省会城市合作提供了更广阔的舞台；就内部环境来说，武汉、长沙和南昌增强长江中游城市群中心城市功能，合肥着力打造长三角城市群副中心，城市功能的互补和定位提升优化了四省会城市内部合作环境，有利于推动合作迈上新台阶。

2. 从合作领域看，公共产品是核心，产业协作是重点

航运、高铁等交通基础设施互联互通，质量技术、招投标管理、区域信用、金融市场和文化旅游等互认互准，长江及三大淡水湖水资源保护、大气环境质量联防联治等公共产品和服务合作是四省会城市合作核心；产业选择差异化、协作效应最大化的产业分工合作是合作重点。

3. 从合作内容看，转型升级是关键，联动发展是主题

在推动长江经济带发展打造中国经济升级版的背景下，四省会城市的合作不应停留在抱团发展的阶段。通过改革创新，实现经济的转型升级是当前合作的关键；促进四省会城市之间的互动联动和一体化发展，进而实现长江经济带三大城市群之间的联动发展是当前四省会城市合作的主题。

4. 从合作模式看，市场运作为主导，政府协调为引导

区域合作的核心问题是如何实现区域内资源最优配置。在市场起决定性作用的背景下，市场运作是四省会城市合作中优化资源配置的主导模式。实现长江经济带发展目标，需要国家整体规划，防止市场失灵；提供公共产品，需要中央政府和四省会城市政府统筹协调。

二、长江中游城市群省会城市深化合作的目标与任务

（一）深化合作总体目标

根据党的十八大以来一系列战略决策部署，特别是《国家新型城镇化规划（2014～2020年）》和《国务院关于依托黄金水道推动长江经济带发展的指导意见》，中部四省

（鄂、湘、皖、赣）省会城市被赋予的战略定位为：建设中国内陆最大的水陆综合交通枢纽群；打造中国内陆开放新高地，形成创新资源要素高密度集聚区；培育若干世界级产业（制造业）集群；构建沿江绿色生态走廊，成为引领资源节约型、环境友好型社会示范区。

按照上述要求，长江中游城市群省会城市未来深化合作的总体目标是：

在《武汉共识》和《长沙宣言》已经取得的一系列重要合作成果基础上，继续坚定推进长江中游城市群省会城市在基础设施建设、促进四省会城市资源优势互补、产业分工协作、市场体系构筑、生态环境保护、城市互联互通等领域的深度交流合作。共同推进长江黄金水道中段建设，构筑无缝对接的现代化综合交通运输体系，共同谋划若干世界级产业集群，共同申报首个内陆跨区域自贸区，共同建立区域合作常态机制，为长江中游城市群省会城市发展成为我国内陆最大的水陆综合交通枢纽群、内陆创新资源要素高密度集聚区、世界级制造业集群、引领中部地区崛起的核心增长极群、内陆开放新高地集群、资源节约型和环境友好型社会示范区提供坚实的支撑。

（二）深化合作的重点任务

1. 共同推进长江黄金水道中段建设，构筑长江中游城市群省会城市间无缝对接的现代化综合交通运输体系

——提升长江水道中段干线航运能力，共同实施重大航道整治工程，优化港口功能布局，以航运中心和主要港口为重点，加强区域集疏运体系建设，完善区域航运智能信息系统，推动区域通关一体化和检验检疫一体化。

——进一步深化交通基础设施领域合作。加速长江中游城市群省会城市间城际快速铁路通道建设，加快高等级公路网全覆盖，推进长江中游城市群省会城市航空网络建设，建设与新型城镇化布局相匹配的城际交通网络，形成互联互通的区域性油气管网。按照“‘零距离’换乘、无缝化衔接”要求，加强水运、铁路、公路、航空和管道的有机衔接，联动推进全国性综合交通枢纽建设。

2. 统筹区域创新资源协同发展，共同谋划若干世界级产业集群

——统筹优化整合区域内科技创新资源，推动区域内国家工程中心（实验室）、企业技术中心、新型科研机构开展高水平协同创新，积极发挥武汉东湖自主创新示范区、合芜蚌自主创新综合试验区、长株潭自主创新示范区的引领示范作用，助力长江中游城市群省会城市实施创新驱动产业转型升级。

——研究谋划以长江中游城市群省会城市现有大型企业为主体，共同打造电子信息、高端装备制造、汽车、家电世界级产业集群，共同谋划建设一批具备国际先进水平的轨道交通装备和工程机械制造基地，联动布局一批战略性新兴产业集聚区、国家高技术产业基地和国家新型工业化产业示范基地，统筹考虑建设一批承接产业转移示范区和加工贸易梯度转移承接地，引导区域内产业有序转移和分工协作。

3. 整合文化旅游资源，深化区域文化和旅游合作

四市历史悠久、人文底蕴深厚、名人辈出，有丰富的文化旅游资源。加强文化旅游合作，做大做强文化产业，有利于突出城市特色，做大旅游市场，避免无序竞争。

4. 推进区域一体化市场体系建设

进一步打破行政区划界线和市场壁垒，建立健全、自由、开放的一体化市场体系，加快培育和完善统一的要素市场，发挥政府的引导作用和市场机制在城际合作中的基础性作用，为中部四省会各城市间的商品、投资、劳动力等自由流动创造条件。

5. 加强区域生态环境协同保护治理

探索区域内生态环境综合治理新模式，研究区域环境污染联防联控机制和预警应急体系，加强主要大气污染物协同防治，共同推进巢湖等全流域湿地生态保护与修复工程，加强汉江、洞庭湖和鄱阳湖水系等重点区域水土流失治理和地质灾害防治合作，共同打造长江中段绿色生态廊道。

6. 深入完善细化区域合作常态体制机制

研究建立长江中游城市群省会城市区域合作重大事项常态磋商机制，推动形成长江中游城市群省会城市职能部门常态对接工作机制，保障区域合作常态化、细化、实质性开展。可考虑设置区域合作体制改革创新区试点，开展一系列深度改革，形成可复制可推广的经验。

7. 围绕两大主题共同申报首个内陆跨区域自贸区

四省会城市在中部地区崛起和长江经济带建设中担当着重要角色。根据《指导意见》赋予四省会城市打造内陆开放新高地的战略任务，研究共同申报我国首个内陆跨区域自由贸易区，凸显内陆特色和组团竞争优势。

三、长江中游城市群省会城市深化合作的重点领域及路径

（一）重点领域遴选原则

1. 突出重点，以点带面

突出四省会城市合作的重点内容，以重点领域合作为龙头，以点带面，促进四省会城

市合作全面铺开。

2. 抓住关键，实质推进

抓住四省会城市合作的关键环节，解决当前合作中存在的核心问题，以实质效果切实推进四省会城市的进一步发展。

3. 市场主导，注重实效

适应新常态，重视发挥市场的基础性作用，确立企业在四省会城市合作中的主体地位，把重点放在推动具体项目的合作上，注重合作工作实效。

4. 发挥优势，联动发展

发挥各省会城市在四省会城市的比较优势，互为补充，形成新的区域分工，实现四省会城市的联动发展。

（二）重点领域遴选标准

（1）政府政策导向：政府发展规划、政策支持。

（2）区域比较优势：行业规模、行业效率（合肥在四省会城市排名）。

（3）领域关联度：行业感应力、影响力、辐射力。

（4）市场发展前景：行业增长速度、潜在发展规模（规划预期产值）。

（5）预期合作效果：相关专家综合意见。

（三）重点领域的确定

1. 重点领域初选

（1）国家整体发展规划。

在近年来涉及长江中游城市群省会城市的国家发展规划主要有《促进中部地区崛起规划》（以下简称《规划》）、《关于大力实施促进中部地区崛起战略的若干意见》、《关于促进中部地区城市群发展的指导意见》等，特别是2014年9月发布的《关于依托黄金水道推动长江经济带发展的指导意见》（以下简称《指导意见》），同时还一并印发了《长江经济带综合立体交通走廊规划（2014～2020年）》，按照《指导意见》和《规划》，长江经济带的重点建设目标是打造电子信息、高端装备、汽车、家电、纺织服装等世界级制造业集群；以及到2020年要完成“四个建成”和“两个基本建成”，形成综合立体交通枢纽；加快武汉、长沙、南昌、合肥等中心城市内陆经济开放高地建设，形成与国际投资、贸易通行规则相衔接的制度体系；同时还提出创新驱动促进产业转型升级、建设绿色生态廊道、创新区域协调发展体制机制等。

（2）区域经济联系度。

在遴选重点领域时，需要掌握四省会城市的区域经济联系，基于此，对四省会城市的区域经济联系度进行测算（具体测算过程见附件一），结果表明：在城市经济联系量方面，合肥与武汉市的经济联系最密切，其次是南昌市，与空间距离较远的长沙市的经济联系则没那么紧密，而武汉市和长沙市的经济联系则是最大的，相互引力值达到27.97；在城市经济联系强度方面，合肥与长沙、南昌的联系较弱，有待进一步加强，而与武汉市的联系则是较强的。从这个角度来看，四省会城市间联系度亟须进一步加强，而在影响区域经济联系度影响因素中，产业发展、交通便利性、合作机制体制是最重要的因素。

（3）《武汉共识》、《长沙宣言》已涉及合作领域。

在《武汉共识》中提出在谋划区域发展战略、推动自主创新与转型发展，推进工业分工合作，推进内需发展和区域开放市场体系建设，推进交通基础设施建设，推进生态文明建设方面；以及打造文化旅游强区，建设公共服务共享区，共建共享社会保险平台等方面进行合作。在《长沙宣言》中提出合作推进国家总体规划进程、合作争取重大基础设施布点、重大示范试点政策、重大产业专项布局、重大环保布局，全面巩固和深化11个专项领域合作；并提出在2014年“十三五”规划前期研究中，谋划制订区域合作3年行动计划，重点选取四省会城市合作机制、协同创新、产业发展、综合交通等领域开展研究。

根据以上三个方面，可以看出，综合立体交通（包括区域通关一体化）、产业集聚发展、生态环保、合作体制机制建设、申报自贸区等领域是四省会城市在未来一段时间合作发展的重点。

2. 重点领域确定

根据以上初选确定的未来一段时间合作发展的重点领域和四省会城市发展实际，进行细分行业遴选，以确定今后两年深化合作重点领域。在综合交通中细分为高速铁路、航道港口、航空；在产业集聚发展方面，根据国家整体发展规划相关指导意见和其他规划，以及《武汉共识》和《长沙宣言》已推进的合作领域，细分为电子信息、高端装备、节能环保产业等14个行业领域；对于创新体制机制，主要从公共服务平台建设和生产性服务业发展遴选出服务外包、教育、文化旅游等7个行业领域。

以上各行业领域，再从政府政策导向、区域比较优势（合肥）、领域关联度、市场发展、预期合作效果等方面采用定性和定量相结合的方法进行遴选。

对于区域比较优势（合肥）、领域关联度、市场发展、预期合作效果四个方面的赋值，根据“高、较高、中、低”四个层次，按照定序数据处理分别赋予“4、3、2、1”四个层次，对于政府政策导向，根据国家发展战略规划、四省会城市“十二五”规划、四省会城市单项规划的发展产业、四省会城市中长期发展规划（至2020年）进行赋值，国家发展战略规划中发展的赋值为“4”，四省会城市“十二五”规划中重点、优先发展的分别赋值为“2、1”，四省会城市单项规划的发展产业赋值为“2”、四省会城市中长期发展规划重点、优先发展的赋值为“2、1”。具体结果如表1所示。

表1　四省会城市合作重点领域遴选

遴选标准 合作领域	区域比较优势（合肥）	领域关联度	市场发展前景	政府政策导向	预期合作效果	是否为重点领域
高速铁路	2	—	—	12	4	是
航道港口	3	—	—	4	4	是
航空	1	—	—	4	3	否
电子信息产业	2	4	4	7	4	是
信息技术产业	2	3	3	4	3	否
新能源产业/光伏	3	4	3	6	4	否
（高端）装备制造业	2	4	4	8	4	是
公共安全产业	3	3	2	2	3	否
新能源汽车	2	3	3	8	3	否
节能环保产业	2	4	3	8	4	是
新材料产业	2	4	4	8	4	是
生物产业	2	4	3	8	3	否
家电产业	4	2	2	2	2	否
航空制造产业	1	2	3	1	2	否
钢铁产业	2	4	2	2	1	否
汽车及零部件产业	2	4	4	7	3	是
食品及农产品加工产业	2	3	3	6	3	否
教育	—	—	—	5	3	是
医疗	—	—	—	4	4	是
文化	—	—	-	6	3	是
生态环保	—	4	4	8	4	是
服务外包	—	3	3	4	2	否
金融	—	4	3	7	2	否
物流	—	3	3	7	3	否
旅游	—	4	4	7	4	是
申报自贸区	—	4	4	8	4	是

根据表1，可以得到四省会城市未来1～2年合作的重点领域：在综合交通方面，优先发展高速铁路，重点发展航道港口建设；在产业集聚发展方面，电子信息产业、（高端）装备制造业、节能环保产业、新材料产业、汽车及零部件产业为合作深化重点领域，形成具有重要影响力的产业集聚和产业联盟；在公共服务方面，积极推进教育、医疗、文化、旅游、生态环保等领域的一体化建设；联合申报自贸区。

（四）合作路径的选择

1. 重点推进基础交通互联建设

——完善城市群高速铁路交通体系建设。第一，着力解决高速铁路“断头路”问题，重点加快推进合肥至南昌高速铁路建设；第二，加快区域内高速铁路建设，加快长沙至南昌、合肥至武汉等高铁新建及改造，增加合肥—武汉至长沙、南昌至武汉等高速铁路车次，基本实现“公交化”；第三，积极推进与长三角等经济区域联线高速铁路建设。积极推进上海—南京—合肥—武汉—成都高速铁路以及上海—杭州—南昌—长沙—昆明高速铁路建设，互通四省会城市与长三角、成渝经济圈等。

——合力打造水上“畅通高速航道”。第一，加快区域性港口群建设，推进湘江、赣江、汉江、巢湖流域等航道整治，推进航道、船型的标准化建设，打造长江流域重要港口，使武汉成为长江中游枢纽港，长沙、合肥、南昌成为内河航运中心，形成区域性港口群。第二，推进长江大通关体制建设，加强四省会城市海关以及检验检疫机构的合作，全面推进“一次申报、一次查验、一次放行”模式，实现区域通关一体化和检验检疫一体化，同时，推进口岸执法部门信息互换、监管互认和执法互助制度建设。

2. 深化四省会城市产业协同发展

——推进世界级产业集群形成。对于电子信息产业、装备制造业、汽车及零部件产业更多的是基于产业环节的合作，支持四省会城市大型企业进行跨区域兼并或重组，提升产业集聚的速度，推进产业集聚规模的壮大，建设若干世界级的产业基地，形成世界级的产业集群。

——加快产业联盟建设。对于高端装备制造业、节能环保产业、新材料产业等战略性产业则更多地考虑研发与市场的合作，积极推进产业技术联盟建设，促进产学研合作，加快科技成果转化应用，解决“最后1公里”问题。

3. 实化细化公共服务合作

——医疗：重点推进建立友好医院和医疗资源合作；试点副主任级别以上医生在四省会城市多点执业；加快推进新型合作医疗跨省（市）结算、医疗卫生资源跨省（市）结算。

——社会保障：积极推进住房公积金异地使用合作机制；完善社保关系的无障碍跨地区转移机制；建立一体化的劳动者维权机制。

——教育：重点推进四市市属大中专院校在重点学科专业、科学研究、毕业生就业等方面的合作，实现在具有优势学科上的学分互认；在学校联合办学方面取得突破；在中小学层面建立城市间友好学校。

——文化：重点整合四个城市群丰富的文化资源，协同打造一批地域特色鲜明、在国内外具有较大影响力的品牌文化项目。

——旅游资源：重点推进区域旅游一体化建设，四省会城市依托岳麓山、巢湖、滕王阁、黄鹤楼等著名旅游区，进行顶层设计，使四市旅游资源得以充分开发，做到旅游路线的“独一无二”。积极推进四省会城市旅游联票发行；联推四城市旅游精品路线。

4. 推进生态环境联防联治机制建设

——共同争取国家关于碳排放权、主要污染物排污权、水权交易等交易平台的试点。

——建立四省会城市环保信息通报制度及环保“黑名单”制度。

——探索设立区域性环境资源交易平台，建立区域生态补偿制度以及相关联席会议制度。

5. 联合申报首个内陆跨区域自贸区

围绕中部崛起和打造长江经济带两大区域经济发展战略，四省会城市在积极研究总结上海自贸区的成功经验，结合四省会城市的实际，联合共同申报首个内陆跨区域自贸区，形成中心城市内陆经济开放高地。

四、长江中游城市群省会城市深化合作的策略

（一）以区域一体化为合作方向，统一共识

在区域一体化合作方向下，围绕“创新机制，合作联动，一体化发展”主题，统一共识。

以推动长江经济带发展战略为背景，长江中游城市群省会城市区域合作的终极目标是依托长江黄金水道和城际铁路、高速公路轴线，打造“四核都市圈”，缩短时空距离，在空间尺度上构成广域的“点线面”合作，与上下游连片发展，成为长江经济带大都市连绵区的重要组成部分。在此前提下在合作思路上达成以下共识：

（1）合作层次上：高平台，高起点，等高对接。在四市政府推动下，从自主创新示范区大平台、产业协作大项目入手，高起点高水平合作，创新推动四市产业转型升级。

（2）合作领域上：求大同存小异，重点突出，交通基础设施、市场体系、生态环保、公共服务先行。

（3）合作程序上：由浅入深，先急后缓，循序渐进。

（4）合作机制上：先政府后市场，先上后下，上下结合。由政府主导向市场主导转变；由政府部门对接向企业对接转变。逐步形成以政府为引导、市场为主导、企业为主体、民间协会参与的多元合作机制体系。

（5）合作方向上：从“互联互通，协同发展”的宽泛对接，到“共赢共享，一体化发展”的深度合作。

（二）以产业合作为纲，纲举目张

无论是区域合作还是城市合作，抓手是产业。只要抓住产业合作的“牛鼻子”，以产业合作为纲，就能做到“纲举目张”。具体可从以下几方面考虑：

1. 基于产业链的产业合作

针对四市产业结构“大雷同、小差异”的典型特征，对相似度高的电子信息产业、装备制造业、汽车及零部件产业等，应强化产业内环节分工，在产业链不同环节实现错位发展。在产业链同一环节鼓励大型企业相互参股投资，进行跨行政区的联合重组或兼并扩张，形成以企业集团为主导的区域合作。

2. 基于市场的产业合作

“请进来，走出去”，以市场为纽带，通过资源整合与要素互补形成各有侧重、又相对统一的中部特色产业布局和现代产业体系，为打造长江中下游世界级产业集群奠定基础。

一是“政府搭台，企业唱戏”。围绕企业主体，着眼于企业战略经营管理和市场布局，推进四市之间企业相互投资，从细分市场需求出发，寻找产品差异化空间，找准发展方向。

二是四市抱团，共同招商引资，承接产业转移。根据各市主导产业发展规划目标，做好对接工作，有选择性地共同承接海外或东部沿海地区产业转移项目，联合培育，做大做强。四省会城市在产业转移合作过程中应当求同存异，避免过度竞争，形成合理的分工协作体系。在发挥各自产业优势的基础上，利用产业间的关联配套，实现城市间的协调合作、互相带动。

三是按照国务院最新部署①，四市协同“走出去”，利用四市装备制造集群优势、建材产业优势、铁路建设优势、新能源汽车优势、家电制造优势、跨境电子商务产业园优势等，走出国门，进军国际市场，寻求国际产能合作，输出过剩产能；同时，针对国际市场需要，四市协同建设国外产业基地，形成上下游配套的产业链。这不仅有利于提高四市制造业国际化水平，拓宽合作空间，提升合作层次，而且有利于打造中部四市成为内陆对外开放的新高地。

3. 基于创新的产业集成化合作

对于高端装备制造业、新能源、新材料等战略性新兴产业，着眼于资源共享和产业共性技术的创新，提高战略性新兴产业的集成水平和集群规模。

战略性新兴产业的集成化发展是未来一大趋势。产业集成化要求各城市通过功能交互、信息共享以及数据通信等信息化手段的管理与控制，共建共享合作平台，实现技术创新、产品创新和市场创新等方面的多种系统集成。通过建立产业技术创新联盟，利用已有的各类“国”字号平台进行产业合作和技术开发，优势互补，资源共享，实现共赢。这种合作既规避了产业同构可能带来的恶性竞争，又利于产业整合、做大做强，形成同构产

① 2015年1月28日20：31：43央视网消息（新闻联播）：国务院总理李克强主持召开国务院常务会议，部署加快铁路、核电、建材生产线等中国装备“走出去”，推进国际产能合作。会议认为，对接相关国家建设和发展需求，通过政府推动、企业主导，运用商业模式，促进我国重大装备和优势产能“走出去”，开展产能合作，实现互利共赢，不仅是扩大国际投资经贸合作的重要机遇，可以形成新的外贸增长点，也是国内产业优化升级的重要抓手。

业竞争力，占据发展制高点，成为创新引领者。因此，要把产业集群推向更高阶段，由产业集群化向产业集成化迈进。

建议设立四市高新技术产业或战略性新兴产业协同创新基金，用于支持联合攻关区域重大技术难题和成果转化应用问题；建议建立产业技术创新联盟，引领产业共性技术的创新。

（三）以市场开放统一为基，强基固本

1. 建立健全一体化市场体系，探索实施区域内统一的市场准入制度和标准

统一的而不是分割的市场对各种商品和要素起着基础性的调节作用。因此，打造开放统一的市场是区域经济合作的根本。在空间上，依托中部发达的交通网络，建设以长江中游城市群省会城市为中心的多层次、开放性、网络化、布局合理的市场空间体系。在贸易和要素流动上，废除阻碍要素合理流动的地方性政策法规，探索实施区域内统一的市场准入制度和标准，通过统一的政策规范长江中游城市群省会城市的市场行为，消除阻碍商品和要素自由流动的贸易壁垒，防止恶性竞争。

建议开展劳动用工、资格统一认证，促成区域劳动力统一市场的形成；推进社保一体化，保障劳动力的流动性。

建议联合建立区域人才共同市场和资本共同市场。智力共享，风险共担。

2. 协调一致，联合干预与处罚不公平竞争行为

加强地方政府责任主体地位，强化对市场的监管，根据现有的《反垄断法》、《反不正当竞争法》等相关法规规制各类地方保护主义行为，联合干预与处罚不公平竞争行为，维护市场秩序，促进公平竞争；发挥行业协会的监管作用，规范并引导各类企业的有序竞争和有效竞争。通过“看不见的手”和“看得见的手”的共同作用，促进开放统一的市场形成。

3. 建立四市个人信用信息记录档案库，互通有无，共享共用

加强四市信用合作机制建设。通过四市信用信息档案库建设与连通，使个人信用信息透明化、公开化，互通有无，共享共用，有利于四市加大对信用缺失行为的执法力度，增强对失信人的监管与惩戒，净化市场环境，降低商业风险，减少商务成本，形成良好的经商氛围，对信用城市建设有很大促进作用。

4. 建立统一开放的商品检测中心、检验检疫平台和质量监控体系

四市共建共享统一开放的商品检测中心、检验检疫平台和质量监控体系是保证食品安全，消除贸易壁垒，降低物流成本，促进商品跨区域流通的重要举措，也是深化四市区域合作的主要内容。

（四）以大项目为抓手，壮大合作体量

围绕打造世界级产业集群的目标，以大项目带动产业链、产业集群、产业基地或工业园区的合作，调整产业结构促进产业转型升级。

另外，发挥政府的带动作用，健全项目审批制度，解决项目建设中的问题。明确招商目标，提升引进项目的质量，扶持新兴产业和支柱产业的项目建设。夯实集群项目发展的基础，按照“布局合理、功能明确、用地节约、要素集聚”的原则，加快重点产业园区建设，提高投资强度，强化产业项目集聚发展。

建议四城市国家级园区加强合作，跨区联动发展。同时，可以考虑“园中园”模式，相互渗透，融合发展。

（五）以大平台为载体，提升合作层次

平台是合作的载体，搭建区域合作平台，可以有效整合资源，创新合作方式，促进信息共享，降低合作成本。区域合作平台包括技术产权、信息、金融、交通、旅游、人才、产业等多种类型。

平台共建共享是构筑四市高起点产业合作的突破口。当前为促进先进制造业加快发展，迫切需要构建四市战略性新兴产业协同创新发展平台，例如，产业技术开发平台，产业发展要素流动平台、产权和商品交易平台、信息和市场服务平台、零部件配套和物流配送服务平台，以加强四省会城市节能与新能源汽车整车与零部件制造企业的合作以及其他方面的合作；建立四省会城市节能与新能源汽车示范推广交流平台，加强四省会城市在示范运营、充电设施、政策补贴、运行机制、安全管理等方面的合作与交流，相互借鉴，共同提高。联合推动节能环保、新一代信息技术、光电子、航空航天、生物医药、高端装备制造、新能源、新材料、新能源汽车、公共安全等战略性新兴产业的发展，共同抵御和承担新兴产业在技术、市场等方面的风险。为此，应积极打造统一、高效、安全的金融服务业平台、商务合作平台、人才交流平台、资源信息共享平台、公共服务平台（教育、医疗、交通等）等。

通过四市产业共享平台，建立产业重组基金，联合组建跨区域投融资平台，推进投资主体多元化，支持企业和产业跨界重组，做大做强。

利用合芜蚌自主创新中心与武汉等三市在科技、人才和产业方面的优势，集中建设一批具有国内领先水平的开放式、流动性和虚拟化技术创新战略联盟，实施高新技术产业集成创新战略。在高端装备制造、新一代信息技术、生物医药、新能源、新材料、航空航天等战略性新兴产业领域联合攻关，共同推动自主创新、转型发展合作。

统筹兼顾，实现大平台的协调运作，着重长远利益，为今后引进大项目、实现产业合作、升级与可持续发展预留必要的空间。

（六）以城际快速交通为纽带，拓展合作空间

交通基础设施是区域内实现资源流通的基本载体，因此，城市间交通基础设施的合作将是城际合作的一个基本方向。国外城市群大多拥有由高速公路、高速铁路、航道、通信干线、运输管道、电力输送网和给排水管网体系所构成的区域性交通基础设施网络，其中发达的铁路、公路设施构成了城市群空间结构的骨架和连接枢纽。“点对点”的长江中游城市群省会城市要发挥其对省域和沿江流域的增长极带动效应，同时，必须通过路网建设相互连接，并与各自腹地连接起来，形成“点轴开发”和“网络开发”格局，从而拓展合作空间。所以，建立健全长江中游城市群省会城市各省的内外部交通联系，构建综合交通运输体系，推动多式联运，实现区域通关一体化，要大力推进高速铁路网、城际铁路网、高速公路网、水运网和航空客运网的建设，通过构建起衔接配套与功能共享的交通网络化体系，实现互联互通，为城市间生产要素的有机疏散和重新配置创造条件，发挥交通设施对整个长江经济带发展的支撑作用。

（七）以共同政策为诉求，抱团争取国家支持

作为国家主体功能区建设的重点地区和城镇化综合配套改革试验区，四省会城市有很好的发展机遇和共同的政策诉求，因此可以抱团争取政策支持，比如在城镇化建设用地审批、自贸区建设和大通关等方面获得更大的扶持力度。

谋求国家支持四市高校合作共建“区域人才招聘市场”和“高校人才创新创业产业园”。推动四市人才资证互认，开展职业技能培训合作，鼓励劳动力跨区域流动，搭建人才供求信息平台，促进人才公共服务互融互通。

五、长江中游城市群省会城市深化合作的保障

（一）机制保障：设计多元合作机制，推动四省会城市合作常态化

在市场为主导的理念下，应建立一种为各方接受的利益共享机制，逐步形成合作各方对共同利益的自觉分享和自动调节杠杆，降低协调成本，提高合作效率，确保合作的可持续性和常态化发展。

1. 利益共享机制

构建利益共享机制是深化区域合作的基石。在市场经济条件下，合作各方的根本出发

点是共享利益、互利共赢。

我们主张以“市场主导与政府引导相结合、效率优先与合理补偿相结合”为原则，构建效率和公平相结合的四城市利益共享机制，实现区域经济合作中各主体的利益分配，维系可持续的合作发展。

可考虑从利益分成机制、风险分担机制、利益补偿机制、分歧协商机制和冲突仲裁机制5个方面完善利益共享机制。

建议四省会城市仿照长三角合作机制设立“共同开发合作基金”，也可以搞类似欧盟最初的“煤钢联盟”，选择一两个产业合作试点。

建议长江中游城市群省会城市各推出一个中等发达水平（县）区作为区域合作常态体制机制改革试点，开展基础设施共建共享、产业协同、生态环境联防联治、绩效考核、创新要素流动等一系列深度改革，形成可复制可推广的经验。

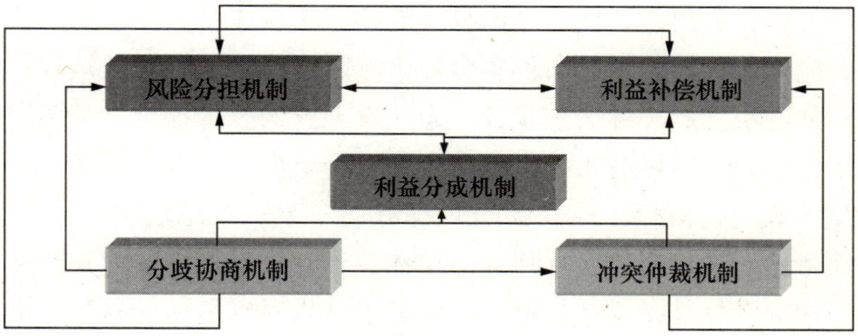

图1　利益分享机制体系结构

2. 合作交流机制

四省会城市有较好的前期合作基础，有共同的利益基础，应当以资源共享和优势互补为前提，明确合作目标、合作内容、合作规则等。在合作过程中，共同参与、共担风险、共享成果。

四城市需要建立长期、务实、高效的合作交流机制。政府层面，可以每年定期召开会议，就当前合作中需要解决的重大问题集体协商，并形成决议，统一部署落实。会上直接明确工作内容、工作计划和完成时间。各行政部门也应互通有无，加强交流。除此之外，四城市之间也应加强民间交流机制，充分发挥学术团体、工商联、新闻媒体等各类组织的优势和作用。

3. 监管治理机制

监督管理主要是为了实现既定战略目标，了解战略执行情况，发现存在问题，及时调整方案，并通过激励问责手段推动目标实现的过程。良好的监管制度可以避免道德风险、政府“寻租”和市场行为扭曲，这有利于维护市场经济秩序、增加政府公信力、促进战略目标实现等。

监管治理需要明确监管主体和客体、监管内容、相应方案等，监管机构具有独立性、监管行为合法透明、问责机制严格执行等。应形成统一的监察、协调组织与机构，对四省会城市整体进行监督管理。

四城市之间应形成联动的、互通有无的信息网络监管体系。例如，在市场监管方面，四城市应签署共同文件，建立工商执法联动、案件协查、信息共享等运行机制，形成统一的管理监督体系；在社会服务方面，通过创建公共服务平台，实现资源共享（医疗卫生、社会保障、教育教学等），建立权益共享、结果互认、责任互查、协同管理的合作机制。

4. 考核反馈机制

确定合作发展方向以后，如何实施、如何评价、如何改进是最关键的问题。科学合理的考核反馈机制对实际工作具有导向性、前瞻性的作用。因此，最大限度地发挥考核评价机制的激励、引导和约束作用，是推动合作发展的重要任务。在新形势下，四省会城市应当从具体承担的工作任务出发，构建全面科学的指标考核体系。

具体来说，应推进长江中游城市群省会城市城际合作绩效管理考核体系的研究，制定具体考核办法，从经济发展、社会进步、生态建设三方面综合评价。经济层面，从城市经济增长、产业结构调整、居民收入等方面考察；社会层面，从就业情况、人口结构、公共服务（交通设施、教育、医疗、社会保险）等方面考察；生态层面，从节能减排、城乡环境治理等方面考察。通过具体指标建立考核体系，对应奖惩措施，并严格执行。

同时，还应建立考核结果反馈机制，一是评价结果对应奖惩措施并严格执行；二是积极督促责任人进行整改，及时调整工作中的偏差。

（二）规划统领：建立规划协调机构，负责规划衔接，统领区域合作

跨省区的区域合作只有从国家层面进行顶层设计，科学制定区域规划，才能有效指导区域合作与竞争，促进区域生产力合理布局与经济社会可持续发展。以长三角地区为例，国务院于 2010 年 5 月 24 日批准实施了《长江三角洲地区区域规划》，这是我国首个跨省区的区域规划，对长三角地区合作机制的构建及重大合作问题的解决起到了纲领性的指导作用。

2015 年是“十三五”规划编制年，长江中游城市群省会城市都在进行国民经济和社会发展总体规划和各专项规划编制工作。建立四城市规划协调机构，协调对接长江中游城市群省会城市“十三五”规划编制工作，这既是深化四市区域合作的重要抓手，也是统领其他方面合作的关键。另外，长江中游城市群省会城市如能在区域规划、城市规划以及其他专项规划方面有机衔接，则有利于形成跨区域的规划协调机制，更好地发挥政府在区域合作方面的引导和推动作用。

（三）服务支撑：开展智慧城市建设合作，搭建公共服务信息平台

开展智慧城市建设合作，提升城市治理水平。建立信息共享机制，完善公共信息服务平台和相应的配套服务体系，以智能化手段推动四省会城市社会信用信息共享。推广应用智能

卡，城际高速公路率先实行一卡通，并逐步实现城市公共服务智能卡等设施的互通互用；打造电商平台，促进物流配送体系全覆盖。建立信息产业发展协作联盟，共同推动建立四市共享覆盖全区域的数字家庭产业链体系；建设信息产业化示范基地，推进主要城市互联互通。

（四）组织管理：设置跨区域协调部门，推进合作日常化有序化

行政管理的边界限制与区域经济活动一体化之间存在难以克服的矛盾，必须设置区域合作协调机构，通过跨区域的协调来破解这一矛盾。

1. 建议成立“四省会城市合作协调委员会”

为保证四省会城市合作能够常态化、有序化地进行，建议共同出资设立相对固定的组织协调机构，类似于长三角城市经济协调会这样的常设机构，比如，“四省会城市合作协调委员会”，协调处理四市共同面对的重大问题、突发事件以及其他合作事项。成员除了四市以外，还应包括国家发改委、交通部等相关单位派出代表，以实现上下衔接，沟通顺畅。

建议由四省党政主要领导轮值担任委员会主任，设置办公室管理日常工作，专业委员会协调区域产业发展、基础设施建设、生态环境保护等领域的合作。

协调委员会相对独立，主要负责组织四省会城市区域内发展规划和重大政策的拟定或衔接；重大基础设施建设、重大战略资源开发、生态环境一体化建设、跨区域生产要素流动、城市互联互通等重大问题的协调与合作；指导城市区域内各市（县）制定地方性的区域发展规划和行业发展规划。

2. 发挥民间组织作用

与政府、企业一样，行业协会、商会等民间组织也是区域合作不可忽视的重要主体。这些民间组织在规范竞争秩序、维护合作环境、提供决策咨询等方面有其不可替代的作用。具体可通过以下方式发挥作用：

一是成立四省会城市合作咨询委员会。联合四省政府咨询委员会，遴选各省顶级咨询专家组成，主要为城市群建设提供区域发展与合作方面的项目论证、政策建议和决策咨询。二是成立四省会城市工商联合会。联合四省工商联，遴选各省重要商会组成，主要为企业合作搭建交流平台，推动企业的“强强联合”和“抱团出海”。三是成立长江中游城市群省会城市行业联盟。联合四省工商联，引导行业协会自主成立联盟，其主要任务是制定城市群的行业发展规划和行业标准，推进城市群市场一体化进程。

（五）政策支持：完善区域合作政策，强化政策支持力度

一是建立政策会商机制，加强政策协调力度，强化区域合作的契约精神和规则意识。法规条例制度是合作的准则，区域合作除了协商还可以通过制定和完善地方政策法规，运用政策法规手段来优化资源配置，平衡利益冲突，维护市场秩序，提高行政效率，保障合作共赢。市场经济讲究契约和信用，遵守契约，按规办事，合作才具有可持续性。四市政

府通过建立政策会商机制，有助于四省政策法规的无缝衔接，适应合作的深化，及时调整和推出新的政策措施，或联合提出区域政策诉求。比如，联合制定“共同市场建设条例”、“反不正当竞争法实施细则”等，对产业发展、基础设施、信息共享、生态保护、人力资源、户籍管理、医疗教育等一体化做出具体规定，为区域合作提供制度保障。

二是建立政策退出机制，清理现有不利于四省市合作的地方性法规，消除行政壁垒和市场壁垒，营造统一的公共治理环境和秩序。比如，加快户籍制度改革，废除不合理的户籍管理办法，打破人才地域界限，规范职业中介经营活动，搭建公共人才服务平台，构建统一的人力资源市场。

三是谋求地方财政政策支持和国家政策性银行融资支持，设立“区域合作发展基金”，对于重大区域合作开发项目，比如，用于跨市域的基础设施建设、环境治理保护和生态补偿、产业协调发展、人才培养、科技创新、科研成果转化应用等，通过基金的转移支付，来实现项目开发和各种利益在地区间的合理分配。

四是推进社保一体化，保障劳动力的流动性与人力资源空间配置的合理性和高效率。健全社会保障公共服务体系，打造标准化、规范化、信息化的社会公共服务平台，加大社会保障卡应用环境建设力度，推进四市社保一体化，包括社保关系的无障碍跨地区转移，医疗保险公共服务共建共享，异地就医结算，住房公积金异地使用等促进社保一体化举措。

附件一　长江中游核心城市竞争力分析

一、研究背景

在经济全球化发展过程中，国家之间、地区之间的竞争越来越突出地表现为城市之间的竞争。城市竞争力是城市能量及其辐射作用大小的体现，城市竞争力高低直接影响一个国家或地区的经济发展水平高低和经济发展速度快慢，提升城市竞争力已成为一个城市未来发展的关键。寻求城市竞争力水平的提升需要关注的不仅仅是城市间的竞争，更需要寻求城市间的合作，以合作促竞争。

合肥、武汉、长沙、南昌作为长江中游四大核心城市，其区位独特、物产富饶、人口密集，既是拉动地区经济增长、激发竞争力的重要引擎，也是未来中国经济增长的重要一极。当前，合肥正积极加大与长江中游城市群的经济合作，在这样的新形势下，分析这四大核心城市的竞争力，并测度四大城市间的经济联系，有助于认清合肥在四市中的相对地位，判断合肥与其他各市的合作前景，对于进一步推动合肥在竞争中发挥优势努力赶超，在合作中共享共赢自我超越，在竞合中提升城市竞争力，有着重要的现实意义。

利用2012年统计数据，本书对长江中游四个省会城市的竞争力水平与合作方向进行了分析。首先，构建城市竞争力评价指标体系，运用主成分分析法测度四个核心城市的竞争力；其次，借助中心职能强度指数测度中心城市的中心职能强度，对合肥与其他核心城市之间合作的可能性进行估测；最后，通过引力模型和经济联系强度指数测度区域间经济联系程度，为加强城市间的合作提供实证支持。

二、城市竞争力指标体系及测度模型构建

1. 指标体系构建

构建城市竞争力综合评价指标体系是城市竞争力研究的一个核心问题。城市竞争力不仅取决于经济竞争力，还取决于城市的生活质量和城市活力，包括基础设施、公共服务、生态环境、人口结构等多个因素的综合作用。根据相关理论和实际数据的可得性，结合长江中游地区城市发展的特点，在全面性原则、可比性原则、可度量性原则、层次性原则和综合性原则的基础上，本书构建了包括创新城市竞争力、宜居城市竞争力、宜商城市竞争力、生态城市竞争力、文化城市竞争力和信息城市竞争力的评价指标体系，对城市竞争力进行综合分析。

附表1　城市竞争力评价指标体系

一级指标	二级指标
创新城市竞争力	X_1每万人科技活动人员（人）
	X_2R&D经费占GDP比重（%）
	X_3金融机构年贷款余额（亿元）
	X_4技术市场成交额占GDP比重（%）
	X_5高新技术产业增加值占工业总产值比重（%）
宜居城市竞争力	X_6人口预期寿命（岁）
	X_7人口老龄化结构（%）
	X_8非农业人口比重（%）
	X_9大专以上人口比例（%）
	X_{10}每万人拥有医生数（个）
	X_{11}千人小学数（个）
	X_{12}空气质量优良率（%）
	X_{13}绿化覆盖率（%）
	X_{14}房价收入比
	X_{15}人均社会保障和就业财政支出（元）
	X_{16}人均道路面积（平方米）

续表

一级指标	二级指标
宜商城市竞争力	X_{17}地区生产总值（亿元）
	X_{18}社会消费品零售总额（亿元）
	X_{19}就业人数（万人）
	X_{20}企业税收负担（%）
	X_{21}城市货运总量（万人）
	X_{22}城市客运总量（万吨）
	X_{23}公路里程（万里）
	X_{24}铁路交通便利程度
	X_{25}航空交通便利程度
生态城市竞争力	X_{26}万元 GDP 综合能耗（吨标准煤）
	X_{27}工业固体废物综合利用率（%）
	X_{28}生活垃圾无害化处理率（%）
文化城市竞争力	X_{29}地方财政教育事业费支出（亿元）
	X_{30}人均教育支出（元）
	X_{31}每百人公共图书馆藏书（册、件）
	X_{32}普通高等学校个数（个）
	X_{33}每百万人金融、计算机服务和科学研究工作从业人数（万人）
	X_{34}每百万人文化、体育和娱乐从业人数（万人）
	X_{35}旅游入境人数（万人）
信息城市竞争力	X_{36}千人国际互联网用户数（万户）
	X_{37}千人移动电话年末用户数（万户）
	X_{38}对外开放度

资料来源：《中国城市统计年鉴 2013》、《合肥统计年鉴 2013》、《武汉统计年鉴 2013》、《长沙统计年鉴 2013》、《南昌统计年鉴 2013》。

2. 模型选择

目前，国内城市竞争力评价所采用的数理方法主要有主成分分析法、因子分析法、回归分析法、数据包络分析法（DEA）、层次分析法（AHP）、熵值分析法以及人工神经网络分析方法。由于设置的城市竞争力评价指标较多，且各指标之间可能存在很大的相关性，本书选用考察多个变量之间相关性的主成分分析方法。该方法基于降维的思想，将多个指标变量降维为少数几个能够尽可能多地携带原始指标信息的主成分变量，并最终将其归并为一个综合的指标体系——城市竞争力。

主成分分析的一般模型为：

$$F_i = a_{1i}Y_1 + a_{2i}Y_2 + \cdots + a_{pi}Y_p \qquad i = 1, \cdots, p$$

其中，a_{1i}，…，a_{pi}为原始变量 X 的协方差阵 Σ 的特征值所对应的特征向量，Y_1，…，Y_p 是原始变量经过标准化处理的值，F_i 为第 i 个主成分。

三、城市竞争力的主成分分析

首先，为了消除各个指标之间的计量单位和数量级差异，使各个指标具有可综合性，运用 SPSS 13.0 对数据进行无量纲化处理（数据为 4×38 矩阵）。无量纲化处理公式为：

$$L=\frac{L-L_{min}}{L_{max}-L_{min}} \tag{1}$$

式中，L 表示该指标的实际值，L_{max} 和 L_{min} 分别表示该指标的最大值和最小值。

其次，计算出特征值、方差贡献率和累计方差贡献率。附表 2 显示，前两个主成分累计方差贡献率为 85.297%，因此提取两个主成分。

附表 2　方差贡献分析

主成分	初始特征值		
	特征值	方差贡献率%	累计方差贡献率%
F1	26.8824	62.696	62.696
F2	8.588	22.601	85.297

然后，用方差最大正交旋转法对载荷矩阵进行因子旋转，得出方差因子载荷矩阵表，如下附表 3 所示。

附表 3　因子载荷矩阵

指标	主成分		指标	主成分	
	F1	F2		F1	F2
X_1	0.91	0.41	X_{20}	-0.55	0.74
X_2	0.79	-0.05	X_{21}	0.50	0.70
X_3	0.99	0.03	X_{22}	0.89	-0.03
X_4	0.77	-0.59	X_{23}	0.13	-0.19
X_5	0.42	0.90	X_{24}	0.98	-0.10
X_6	0.91	0.10	X_{25}	0.84	0.42
X_7	-0.73	-0.12	X_{26}	-0.73	-0.24
X_8	0.67	-0.68	X_{27}	0.90	-0.38
X_9	0.87	-0.484	X_{28}	-0.85	0.51
X_{10}	0.92	0.37	X_{29}	0.96	0.25
X_{11}	-0.97	0.11	X_{30}	0.75	0.64
X_{12}	-0.41	0.44	X_{31}	0.86	-0.48
X_{13}	-0.63	-0.78	X_{32}	0.93	-0.35
X_{14}	-0.52	0.83	X_{33}	0.82	0.47
X_{15}	0.86	-0.40	X_{34}	0.67	0.73
X_{16}	0.43	0.56	X_{35}	0.96	0.12
X_{17}	0.98	0.15	X_{36}	0.93	-0.33
X_{18}	0.94	-0.11	X_{37}	0.95	-0.17
X_{19}	0.81	0.20	X_{38}	-0.19	-0.94

第一主成分在指标 X_1、X_3、X_6、X_{10}、X_{17}、X_{18}、X_{24}、X_{27}、X_{29}、X_{32}、X_{35}、X_{36}、X_{37} 有较大载荷，其中，X_3、X_{17}、X_{24}、X_{29}、X_{35} 的载荷最大，这些指标反映了创新城市竞争力、宜商城市竞争力和文化城市竞争力。

第二主成分在指标 X_5、X_{14}、X_{16}、X_{20}、X_{21}、X_{34} 有较大载荷，其中，X_{14}、X_{16} 是宜居城市竞争力的体现。

根据载荷矩阵，两个主成分的计算公式为：

$F_1 = 0.91X_1 + 0.79X_2 + 0.99X_3 + \cdots - 0.55X_{20} + \cdots - 0.19X_{38}$

$F_2 = 0.41X_1 - 0.05X_2 + 0.03X_3 + \cdots + 0.74X_{20} + \cdots - 0.94X_{38}$

以各个主成分的方差贡献率占两个主成分累计贡献率的比重作为权重，可得出四市的城市竞争力的综合得分 F。

$$F_{ij} = \frac{R_{ij}}{\sum_{j=1}^{n} R_{ij}} \tag{2}$$

根据式（2）可计算出四市城市竞争力的综合得分及排序，如附表 4 所示。

附表 4　四市综合得分及排名

城市	F	F 排序	F1	F1 排序	F2	F2 排序
合肥	-0.10	3	-0.34	3	0.58	2
武汉	0.74	1	1.28	1	-0.76	4
长沙	0.49	2	0.16	2	1.39	1
南昌	-1.00	4	-1.11	4	-0.69	3

根据主成分分析原理，主成分得分越大，说明竞争力越强，得分越小，竞争力越弱。各主成分得分大于 0 代表该得分高于平均水平，小于 0 则代表该得分低于平均水平。

上述实证结果显示，在综合得分中，合肥城市竞争力位居武汉、长沙之后，排名第三；在主成分 F1 中，合肥排名第三，说明合肥的创新城市竞争力、宜商城市竞争力和文化城市竞争力不及武汉和长沙，但高于南昌；在主成分 F2 中，合肥排名第二，说明合肥的宜居城市竞争力低于长沙，高于武汉和南昌。

虽然合肥的城市竞争力与较发达的武汉、长沙相比，还存在差距，但合肥面临的是机遇和挑战并存。下文通过引入经济关联度指标来分析城市间合作的可能性。

四、城市间经济联系测度

中心职能强度指数、引力模型和经济联系强度指数是分析城市间经济联系的常用方法。

1. 城市中心性——城市中心职能强度测定

中心职能强度是用来考察城市对其周边地区吸引范围的一个指标，能够在一定程度上反映一个城市对其周边地区所发挥的经济辐射作用的大小，以及所发挥的中心职能强度的大小。通过考察合肥与武汉、长沙、南昌的中心职能强度，能更客观地描述合肥对这些城市产生的影响力大小。选取城市非农业人口 P_i；国内生产总值 V_i；规模以上工业企业专利申请数 S_i；固定资产投资额 C_i；第二、三产业总产值 D_i 五个指标，计算以下五种职能指数：中心城市的非农业人口指数 K_{P_i}；经济职能指数 K_{V_i}；科技职能指数 K_{S_i}；发展职能指数 K_{C_i}；产业职能指数 K_{D_i}。其中，P_i 和 V_i 表示城市的整体经济实力和水平，S_i 反映城市的科技创新水平，C_i 体现城市发展经济的基本能力，D_i 代表城市经济发展的活力与潜力。

计算公式如下：

$$K_{P_i} = \frac{P_i}{\frac{1}{n}\sum_{i=1}^{n} P_i} \tag{3}$$

以同样方法计算 K_{V_i}、K_{S_i}、K_{C_i}、K_{D_i}，则各城市的中心职能强度的计算公式为：

$$K_{E_i} = \frac{K_{P_i} + K_{V_i} + K_{S_i} + K_{C_i} + K_{D_i}}{5} \tag{4}$$

根据式（3）和式（4）计算的结果，将四个城市进行等级划分（见附表 5）。可以看出，四个省会城市中武汉市的中心职能强度最高，合肥和长沙为同一级别，中心职能强度较强，南昌市相对较弱。武汉市在这五种职能指数中明显占据优势地位，合肥市和长沙市不相上下互有所长，这与实际情况基本相符。可见，合肥与周边省会城市以互相辐射为主，与三市存在较大的合作可能。

附表 5 五种职能指数分值

	合肥	武汉	长沙	南昌
K_{P_i}	0.203	0.427	0.189	0.180
K_{V_i}	0.193	0.371	0.296	0.139
K_{S_i}	0.289	0.272	0.375	0.065
K_{C_i}	0.259	0.326	0.260	0.156
K_{D_i}	0.191	0.374	0.297	0.138
K_{E_i}	0.227	0.374	0.283	0.136

数据来源：《中国城市统计年鉴 2013》、《合肥统计年鉴 2013》、《武汉统计年鉴 2013》、《长沙统计年鉴 2013》、《南昌统计年鉴 2013》。

2. 城市经济联系量分析

经济联系强度是用来衡量区域间经济联系程度大小的指标，既反映了经济中心对周围地区的辐射扩散与极化能力，也反映了周围地区对经济中心辐射潜能的接受能力。在经济学研究中如何定量地考察、比较城市间经济联系密切程度等问题，经常要借助于引力模型。本书选取区域总人口数和工业总产值作为经济联系的量化指标，建立经济联系强度分析引力模型如下：

$$R_{ij}=\frac{\sqrt{P_iV_i\times P_jV_j}}{D_{ij}^2} \tag{5}$$

$$F_{ij}=\frac{R_{ij}}{\sum_{j=1}^{n}R_{ij}} \tag{6}$$

式中，R_{ij}为绝对联系量；F_{ij}为经济联系隶属度选用了两个最能反映城市作用力强弱的指标；P_i、P_j 为 i、j 城市人口数（万人）；V_i、V_j 为 i、j 城市工业总产值（亿元）；D_{ij} 为 i、j 城市间最短交通距离（km）。

从附表 6 中可以看出，合肥与武汉的经济联系最密切，相互引力值为 18.21，接受武汉的辐射远高于南昌、长沙。尤其是与地理距离较远的长沙，相互引力值最低仅有 4.77。另外，由于选取的四个城市属于同级省会城市，因此经济联系隶属度 F_{ij}就没有被采纳。

附表 6　相互引力计算　　（单位：万人×亿元/平方千米）

R_{ij}	合肥	武汉	长沙	南昌
合肥	—	18.21	4.77	6.43
武汉	18.21	—	27.97	18.99
长沙	4.77	27.97	—	13.58
南昌	6.43	18.99	13.58	—

数据来源：《中国城市统计年鉴 2013》、《合肥统计年鉴 2013》、《武汉统计年鉴 2013》、《长沙统计年鉴 2013》、《南昌统计年鉴 2013》。

3. 经济联系强度指数

为了具体测算合肥与其他三市的经济联系量，引入式（7）和式（8）：

$$L=K_j\frac{\sqrt{P_iV_i^{*}P_jV_j}}{D_{ij}^2} \tag{7}$$

$$K_j=\frac{1}{3}\left(\frac{V_j'}{V_j}+\frac{P_j'}{P_j}+\frac{T_j'}{T}\right) \tag{8}$$

式中，P_i、P_j 为 i、j 城市人口数（万人）；V_i、V_j 为 i、j 市 GDP（亿元）；D_{ij}为 i、j 城市间最短交通距离（km）；K_j 为引力系数；P_j、V_j 为 j 市市区非农人口和非农产值；T_j 为 j 市和 i 市联系的各项交通设施总分值（包括铁路、高速公路、国道、省道、一般道路和轮船），T 为全部交通分值。如果 L 值小于 5，则可以认为经济联系很弱，若在 25 以上，则认为经济联系度较强。

鉴于交通分值的确定比较烦琐，引入可达性指标来反映城市之间的交通联系便捷程度。具体计算公式如下：

$$A_i = \frac{D_i}{V_i};\ \overline{A_i} = \frac{1}{n}\sum_{i=1}^{n} A_i;\ a_i = \frac{\overline{A}}{A_i} \tag{9}$$

式中，A_i 为 i 城市可达值，D_i 为 i 城市与某城市间公路最短距离；V_i 为 i 城市与某城市间的公路平均车速；$\overline{A_i}$为 i 市与其他城市间 A_i 的平均值；a_i 为 i 城市可达性系数。

附表 7　城市之间的可达值

	A_i
合肥—武汉	4.60
合肥—长沙	7.97
合肥—南昌	4.95
武汉—长沙	4.13
武汉—南昌	4.28
长沙—南昌	4.30

资料来源：百度地图。

附表 8　合肥市与其他三市经济联系强度指数

	K_j（%）	L
合肥—武汉	86	15.71
合肥—长沙	63	2.99
合肥—南昌	76	4.91

资料来源：《中国城市统计年鉴 2013》、《合肥统计年鉴 2013》、《武汉统计年鉴 2013》、《长沙统计年鉴 2013》、《南昌统计年鉴 2013》、百度地图。

根据经济联系强度指数 L 得到，合肥与武汉的联系最强，与长沙、南昌的联系较弱，有待进一步加强。这与附表 6 相互引力值的结论完全一致。通过对这两个指标的测度，得出具有地缘关系的合肥、武汉、南昌三市之间的经济往来比较密切，互相之间的经济辐射较大，因此城市间的合作具有广阔的前景。

五、研究结论与合作方向

1. 研究结论

本书运用 2012 年统计数据分析长江中游核心城市的竞争与合作关系，首先构建城市竞争力评价指标体系，运用主成分分析法计算合肥、武汉、长沙、南昌四个核心城市的竞争力综合得分，分析合肥在该区域中存在的相对优劣势；然后借助经济关联度指标对城市间合作的可能性进行估测。研究结果表明：

（1）合肥的创新城市竞争力、宜商城市竞争力和文化城市竞争力在四市中排名第三。虽不及武汉和长沙，但高于南昌。不容忽视的是，合肥的创新城市竞争力已进入上升通道，正在不断提升。2011 年，合肥作为国家首个创新试点市获得了十大创新型城市称号，这一突出成绩的获得主要来自以下两点：第一，经济结构的优化。合肥以新兴产业为带动实现高新技术产业增加值不断提高，同时也实现主导产业竞争力的进一步提升。根据统计数据，2012 年合肥高新技术产业增加值占工业总产值比重为 49.53%，高于武汉、南昌。第二，节能降耗成效十分显著。2012 年合肥万元 GDP 综合能耗为 0.60 吨标准煤，低于其他三市；生活垃圾无害化处理率达到了 100%。可以看出，合肥在坚持经济快速发展的同时也致力于建立资源节约型、环境友好型社会。

（2）合肥的宜居城市竞争力低于长沙，高于武汉和南昌。数据显示，合肥人均道路面积 2012 年为 15.8 平方米，远高于其他三市，城市货运总量达到了 34417.1 万吨，远高于武汉、南昌。正所谓谋城先谋路，路举则城张，城市路网建设能够提高城市的辐射力和竞争力。近年来，合肥在交通建设上持续发力，修建规模大、进程快，实现了便捷的水陆空沟通，公交城市的建设更被列入国家第二批公交都市创建示范城市。

（3）合肥的综合城市竞争力排名第三，与武汉、长沙相比，竞争力还有待进一步提升。首先，合肥的高新技术产业发展十分迅猛，但是与之相对应的科技活动人员、R&D 经费、市场融资能力却相对较弱，跟不上其发展速度。其次，非农业人口比重、每万人拥有医生数、绿化覆盖率、人均社会保障和就业财政支出、每百人图书馆藏书等城市提供的公共服务及基础设施水平指标，显示出与武汉、长沙之间的差距。最后，合肥信息建设和对外交流方面依然较为薄弱。千人国际互联网用户数、千人移动电话年末用户数、旅游入境人数等指标有待提高。

（4）核心城市间合作共赢前景广阔。合肥相对于其他三个省会城市，具有较高的中心职能强度，具备了发挥其经济辐射力的前提条件。通过引力模式和联系强度指数的计算可知，合肥与武汉、南昌的联系更加紧密。

2. 合作方向

一个城市的发展往往不是孤立的，既需要其他城市的配合，也需要进行城际间劳动力、资金、技术等生产要素的相互流动，通过双方优势互补，实现共同发展。基于上述实证分析，本书提出四市的合作方向，包括以下几点内容：

（1）构建交通网络化体系。交通是区域内实现资源流通的基础载体条件，城市间交通的合作将是城际合作的一个基本方向。四个省会城市拥有较完善的交通设施和交通网络，各城市可以在充分利用已有的交通运输设施的基础上，加强城际快速轨道建设，开拓节约成本、高速便捷的新交通方式。通过构建起衔接配套与功能共享的交通网络化体系，为城市间生产要素的有机疏散和重新配置创造条件，从而发挥交通设施对区域发展的支撑作用。

（2）建立统一的要素市场。各城市在资源、人才、资金、技术等生产要素方面存在流动，基于各种生产要素的市场属性，决定其需要在充分竞争的市场环境才能够实现恰当地流动和合理地配置，城市间市场的合作也就成为城际合作的一个方向。所以，区域内各城市的政府部门可以充分发挥其宏观调控作用，制定统一的市场规则和产业政策，通过健全市场竞争秩序，消除城市的政策特权和城市间政策壁垒，加快培育和完善统一的要素市场，从而发挥市场机制在城际合作中的基础性作用。

（3）实行产业整合。这四个城市由于资源禀赋相似及发展重心同向，城市产业发展存在一定程度的趋同。对该区域内四个城市产业同构性测度表明，合肥与其他三市产业结构相似度平均超过 0.99，同构性很严重。解决这一困境的有效途径就是进行产业整合，四市可以通过收购、兼并、合并等方式组建跨地区的大型企业集团，整合各自的生产要素，完成生产要素市场交易的内部化，降低市场交易成本和风险，实现资源优化配置，提高产业的专业化分工与合作水平，实现产业组织结构调整和优化。

（执笔人：徐晓红、李璐、陈欣）

附件二　国外大城市群及区域经济合作的经验

“中四角”省会城市所在四省（安徽、江西、湖南、湖北）的总面积为 70.47 万平方千米（相当于德国、意大利、荷兰、比利时、卢森堡五国面积之和），总人口为 2.5 亿（比法国、德国、意大利、荷兰、比利时、卢森堡六国之和还多，略少于美国的 3.2 亿人口）。因此，从“中四角”城市群的庞大规模出发，思考深化区域经济合作的路径和策略，都有必要借鉴西方发达国家实施城市群发展、建设的成功做法。

一、建立健全、自由、开放的一体化市场体系

消除各种区域性市场保护壁垒，建立健全、自由、开放的一体化市场体系，为区域内各城市间的商品、投资、劳动力自由流动创造条件，给予外来务工、投资、商品销售提供“本地居民待遇”。这方面最成功的是欧洲联盟建立一体化市场的做法，或者美国建立州际自由贸易的做法。

在今天的欧洲联盟内部的“申根协定区”（以下简称“申根区”）（包括法国、德国、意大利、西班牙、荷兰、比利时、希腊、奥地利、波兰等 27 个国家）从 1990 年“马斯特里赫特条约”签订以来，欧洲统一市场机制日益完备，现在内部各成员国间消除了一切内部贸易壁垒，取消了各成员国政府采取的单方面的限制自由竞争的任何措施，保证了各成员国的劳动力、资本和工商业企业家在区域内的自由流动。同时“申根区”内部还建立了单一的对非成员的商业政策，由欧盟统一协调统筹成员国之间的运输政策、农业政策和

一般经济政策。现在，在欧洲联盟“申根区”内部不存在任何阻碍投资、务工、交通、运销商品的区域性保护壁垒，企业或个人的各种资质，比如学历、从业资格等都获得统一承认。例如，一名法国人可以自由地到德国任何区域投资、就业、居住、学习、就医等。任何持有“申根区”签证的非欧盟国家公民，也可以自由地在“申根区”各国家间旅行。

在美国州际贸易方面，虽然在美国联邦体制下，各州保留了高度自治的权力，各州都有自己的州宪法，甚至在刑法、民法等方面都存在巨大的州级差异，例如有的州废除了死刑，但有一些州保留死刑。但是在保证州际自由贸易、建立全国性统一市场方面却取得巨大成功，在1787年美国宪法的第一条第八款中明确规定由美国联邦国会管理“州际贸易”，从而确保了州际贸易的自由，此后经过200多年的立法、司法和行政实践，在美国国会参议会和众议院都设有的“州际贸易委员会”的监督下，美国内部各州间的人员、资金、商品的自由流动畅通无阻，任何一级地方政府试图设立地方壁垒阻挠外地人员、资金、商品进入的做法都会招致美国联邦政府的干预与处罚，任何有关此类事件的诉讼纠纷都会提交联邦法院（各州法院或地方法院无权受理此类案件）裁决。美国从行政、立法、司法三个方面保证州际自由贸易的做法，值得借鉴。

二、建立发达、便捷的交通网络设施

交通网络的发展对城市群产业空间演化具有重大的影响，建立发达、便捷的交通网络设施是城市群快速发展的重要支撑。因此，应当在城市群内建立畅通快捷的人员通勤与货物运输交通网，以及高铁、货运铁路、公路、航空、内河航运“五位一体”、海陆空立体交叉的快捷交通网络。

随着区域经济的发展和区域合作的不断强化，城市群产业空间结构内部向心集聚的同时，扩散辐射作用也不断强化。在这一过程中，沿交通通道的轴线集聚与扩散是城市群产业空间结构扩展最普遍的形式。特别是在现代条件下，各城市之间要彼此合作，形成各具特色的劳动地域分工城市群体系，就必须以发达的交通运输网为依托。

国外城市群大多拥有由高速公路、高速铁路、航道、通信干线、运输管道、电力输送网和排水管网体系所构成的区域性交通基础设施网络，其中发达的铁路、公路设施构成了城市群空间结构的骨架和连接枢纽。例如，日本著名的“新干线”铁路，便是联通以东京、大阪、名古屋、京都等城市的“太平洋沿岸城市群”的交通纽带。

日本在经济、文化上存在“关西”地区与“关东”地区之间的巨大差异。在政治与文化上，体现为京都与东京之间的竞争，在明治维新（1869年开始）之前，京都是日本历代天皇驻跸的首都，形成了优雅的宫廷文化，而以德川幕府所在地江户为中心，则形成了相对通俗的市民文化。1869年以后，明治天皇迁都江户，并将其改名“东京”，京都衰落，引发关西人对关东的严重不满。在经济上，关西地区的经济中心是大阪，东京则是关东地区的经济中心，两城市距离遥远，存在巨大的经济竞争，有时候甚至是敌对。例如在公共场所，关东人一般是靠右侧站立，而关西人则习惯靠左侧站立。又比如，日本的电网便分成关东和关西两部分，在日本发生海啸和福岛核电站泄漏后，关东地区电力供应短缺，许多地方拉闸限电，但是却无法从电力充裕的关西电网供电，这是由于日本的电网分成两个周波数，关东电网是50Hz，关西地区则是60Hz，虽然电压相同，都是100V交流电，但电流频率不同，导致关东和关西的电网各成一体，难以连通。

但新干线的开通将这两座原本“敌视”的城市紧密联系在一起。在开通新干线以前，从东京到大阪乘火车需要6.5小时，新干线运行初期，缩短为3.1小时，现只需要2.3小时，而从东京到福冈1069千米，现只4.5小时就可到达。新干线开始运行以来，共运载乘客约60亿人次，如果这些乘客原来乘火车需要4小时，现只需要2小时。

新干线的建设不仅带动了日本土木建筑、原材料、机械制造等有关产业的发展，更重要的是促进了人员流动，加速和扩大了信息、知识和技术的传播，从而带动了地方经济发展，缩小了城乡差别。

据调查，东海道新干线和山阳新干线，每年约有乘客2亿人次，仅此而产生的食宿、旅游等的消费支出约为5万亿日元，增加就业50万人。1975年新干线从大阪进一步延伸到九州后，冈山、广岛、大分乃至福冈、熊本等沿线地带的工业布局迅速发生变化，汽车、机电、家用电器等加工产业和集成电路等尖端产业逐步取代了传统的钢铁、石化等产业，促进了日本产业结构的调整。通向仙台、岩手的东北新干线1982年开始运行后，沿线城市的人口和企业分别增加30%和45%，地方财政收入明显增加。

随着新干线交通网的形成，人们的活动范围扩大了，文化交流也更加活跃起来，生活质量也明显提高。比如，住在静冈等地的人要想观看传统艺术“歌舞伎”或“文乐”，须到东京或大阪，过去需要用两天，现在当天就可以来回。新潟县浦佐町是个典型的山村小镇，只有2万多人，但吸纳来自世界各地学生的国际大学就设在这里。由于北陆新干线在浦佐设了车站，国际大学的教员不论是到新潟还是东京，最多只需1小时，知识的交流和更新不受影响，而这里的自然环境在城市是享受不到的，所以大家都乐意到那里教学，国际大学聚集了一大批高水平的人才。

根据日本交通省的研究认为，高速铁路有效竞争半径为旅行时间5小时以内，单程旅行时间超过5小时，高速铁路的快捷程度相对于航空将毫无优势。

现在“中四角”已开通的高铁路线，如合肥到武汉、合肥到长沙的交通时间都在3.5小时以内，处于高速铁路有效竞争曲线的最佳值上，中四角内部人员的通勤问题比较容易解决，但在货运方面，还有极大的发展空间。

三、西方城市群合作成功的个例

在英国苏格兰的中部地带矗立着两大城市：作为苏格兰首府和政治中心的爱丁堡市和作为苏格兰高等教育中心和工业中心的格拉斯哥市。作为苏格兰最为重要的两大城市，这两座城市犹如一对双胞胎，在经济基础和传统文化上存在巨大差异，长期存在竞争关系。爱丁堡的政府、金融服务和旅游业与格拉斯哥的重工业之间存在悠久的竞争史。但是经济形势的改变和全球化迫使这两座城市在一定程度上进行区域合作，如交通基础设施、产业集群和城市营销之间的合作，由此成为有影响力的世界性城市群。

爱丁堡是世界金融中心之一，一些具有全球影响力的金融机构将总部设在爱丁堡，如苏格兰皇家银行，苏格兰的哈利法克斯银行（它们都是由于收购和兼并活动在起作用，其在世界银行的排名均在前十），保险业巨头苏格兰保诚和苏格兰孤寡基金等。与之相对，格拉斯哥则是世界领先的重工业中心，生产钢铁、船舶、铁路机车和重型工业厂房，同时格拉斯哥大学等世界著名大学也坐落在这里，成为世界性的科技研发中心。

格拉斯哥和爱丁堡之间相距 75 公里，有便捷的铁路和公共汽车服务，两座城市之间由 M8、M9 高速公路连通，两城的城区人口为 100 万，在其功能辐射区域约有 300 万人口。两座城市各自有一个国际机场。格拉斯哥的机场在城市西部，主要业务涉及休闲旅游（80% 休闲、20% 商务），而爱丁堡的机场主要是商务旅行（80% 商务、20% 休闲）。

格拉斯哥和爱丁堡的合作达到了强强联合、取长补短、优势互补的良好效果。当前，格拉斯哥和爱丁堡提供的工作岗位超过全苏格兰工作岗位的 1/3，这其中包括 25 万个通勤工作岗位（即为到这两座城市工作的非本地居民提供的工作岗位）。自 1995 年以来，这两个城市的就业增长率 21%，是苏格兰其他地区的 2 倍。

从 1995 年到 2005 年的 10 年间，格拉斯哥和爱丁堡的人均国内生产总值增长速度是苏格兰其他地区的 2 倍，高于英国全国的平均增长速度约 50%。

目前格拉斯哥和爱丁堡两座城市的 GDP 占苏格兰 GDP 总量的 1/3 左右；吸引海外游客数量以及旅游收入超过苏格兰的一半；提供了超过 2/3 的金融服务岗位。

四、成功的经验

1. 投资改善交通运输等基础设施，强化两城之间的交通联系，便利两城同外部世界的联系

尽管电子通信技术、网络技术快速发展，但是面对面地接触仍然是商业的基本要素。随着“知识经济”的发展，个人的知识和创造力变得越来越重要，商业旅行、休闲旅行的需求也正在不断增加。因此，高效率的运输条件同人才或科学技术等因素一样，是经济发展成功的必不可少的要素。

苏格兰中心地带的交通供给落后于许多其他竞争对手，这让苏格兰地方政府和社会各界充分意识到，交通基础设施的额外投资对推动格拉斯哥和爱丁堡成为英国经济的新增长地带是至关重要的。最近的一项研究发现，交通条件的改善能产生更高的经济效益：①提高效率，减少商务旅行的成本和时间；②促进经济专业化和集聚效应，通过更好地获得熟练劳动力，客户和供应商实现降低成本和更高的利润；③建立更广泛和更深入的劳动力市场，使专业技能和工作能够更好地在更大的地理区域相匹配。

格拉斯哥和爱丁堡之间的交通发展措施包括：

铁路方面，通过旧线路的改造升级，提高列车时速，将旅行时间缩短 20%，同时调整列车运行时刻表，将运行车次增加 1 倍。通过这两种做法能使两城之间的旅行时间缩短 35%。现在正考虑修建两城之间的高速城际铁路。

在公路交通方面，由于直接联系两个城市的 M8 高速公路目前严重拥堵，因此到 2011 年修建完成了第二条高速公路 M9，有效缓解了交通压力，同时修建了 M74 高速公路，连通了从格拉斯哥的边界到市中心以南的克莱德河之间，为 M8 高速公路在最拥挤的位置提供一个替代。

航空运输方面，格拉斯哥和爱丁堡都有国际机场并且自 2006 年容量明显不足，在苏格兰地方政府的支持下，为爱丁堡国际机场增建了一条新跑道。这虽然在一定程度上引发了格拉斯哥市的不满，但通过开通连接格拉斯哥市与爱丁堡国际机场之间的长途机场大巴，在一定程度上缓解了压力。

2. 加强区域内高等教育机构和科研机构的合作，打造英国的科研基地和海外教育中心

格拉斯哥和爱丁堡之间拥有 8 所大学，包括两所欧洲最古老、最负盛名的学校——格拉斯哥大学和圣安德鲁斯大学。英国经济学家亚当·斯密曾经在格拉斯哥大学任教，并写成了被奉为经济学经典的《国富论》。蒸汽机的发明人瓦特曾经在格拉斯哥大学担任实验仪器修理员，并在这里完善了蒸汽机的设计。圣安德鲁斯大学是欧洲最古老的大学之一，校史超过 800 年，英国王位继承人威廉王子曾在此学习，使其名声大振。此外，爱丁堡大学等学校在全球大学排行榜上也都名列前茅，加上相对低廉的学费，使苏格兰的大学吸引了大批外国学子不远万里来这里求学。现在苏格兰的大学之间正在探索建立针对外国学生的联合招生、联合培养机制，突破大学与大学之间的壁垒，进而联合发展，打造竞争力更强、吸引力更大的苏格兰高等教育航母。

3. 合作发展旅游业和金融业

格拉斯哥和爱丁堡两座城市在发展旅游业上开展了有效合作。格拉斯哥和爱丁堡各自具有独特的旅游资源和城市气质，恰到好处地成为“双胞胎”城市。在对外国游客的调查中发现，基于休闲文化、音乐文化、零售、历史和友好的人际关系上，在英国各大旅游城市中，格拉斯哥和爱丁堡仅次于伦敦。目前，格拉斯哥和爱丁堡成为重要的国际旅游城市，也是召开各类重要国际会议的地点，两城市的海外游客收入，占苏格兰海外游客收入的一半。

在金融业方面，两城市的金融服务业拥有约 20 万名员工，成为苏格兰中心地带的第二大主要收入来源。起初，大部分金融机构位于爱丁堡的城市中心地域，但近年来随着爱丁堡城市的发展，城市中心地区租金提高、劳动力成本增加、空间相对狭窄、道路拥堵等，特别是随着两城之间交通条件的改善，促使许多金融机构在格拉斯哥开办分支机构，承办增加业务，这在一定程度上促进了格拉斯哥城市经济结构的调整。

（执笔人：尹建龙）

合肥市“十三五”时期加快转型发展问题研究

项目负责人：

江三良　安徽大学教授、博导，合肥区域经济与城市发展研究院城市管理创新研究所所长

执　笔　人：

徐晓红、陈燕玲　安徽大学副教授，合肥区域经济与城市发展研究院研究员；范观兵　合肥市发改委处长；孙伟、杨军　江胜名（在读博士生）；韦玮　吴超（在读研究生）

学 术 指 导：

荣兆梓、马怀礼、胡艳　安徽大学教授、博导

“十三五”时期既是合肥深入贯彻落实党的十八大和十八届三中、四中全会精神，加快转变发展方式，全面推进现代化、市场化、国际化的重要战略机遇期，也是落实国家“四个全面”战略布局，践行“一带一路”愿景，贯彻长江经济带发展战略的重要历史阶段，同时也是合肥加快建设“大湖名城、创新高地”和全面建成小康社会宏伟目标的关键时期。在经济发展进入“新常态”背景下，面对“全国性综合交通枢纽”、“内陆开放新高地”、“长三角世界级城市群副中心”、“优化提升沪宁合主轴带”、“提升合肥都市区国际化水平”等一系列新定位、新机遇和新要求，全面分析合肥转型发展的现实基础、阶段进程，研究提出了加快转型发展的目标、任务和对策，并辅以有效的保障措施，对我们立足现实，着眼长远，统筹谋划，站在全局高度明确“十三五”时期合肥经济社会发展方向具有十分重要的战略价值和引领作用。

一、合肥转型发展的背景分析

“十二五”以来，合肥抢抓中部崛起、产业转移、自主创新、区划调整等历史性机遇，探索出一条“创新、转型、升级”的科学发展之路，全市经济社会发展进入厚积薄

发的上升期。“十三五”时期，在全球化和区域化并存的国际背景下，合肥既要在长三角、长江中游城市群的升级与联动中突出自身的优势，发挥关键“副中心”和关键“节点”的作用，又要成为省内“领头羊”、第一增长极，城市战略的新定位对合肥新一轮转型发展提出了新要求。

（一）城市转型发展的趋势与动力

1. 政府和市场的关系问题

政府和市场的关系一直是政治学和经济学讨论的核心问题。在区域和城市转型发展中，这是不能回避也不能忽视的问题。综观已有的研究成果，很多学者赞同，考虑社会相关因素和市场的滞后性等原因，政府应该在促进经济转型中发挥主导作用；创新精神、市场思路、经营理念三者有机融合，通过科学规划、政府引导、市场运作，可以达到社会效益、经济效益和生态效益共赢。

2. 城市转型的发展趋势

基于工业城市转型发展理论和发达国家城市转型实践的研究表明，转型城市类型的演化和变迁呈现出一定的规律性，让城市生活更美好，同时信息化、休闲、生态、低碳是未来城市大的发展方向；在关注“人”的生活方式为核心的多维目标导向下，城市规划与城市发展战略中，从关注经济发展、物质形态、道路交通，延伸到环境评估、历史保护、社会公正和节能减排，到注重经济、人文、自然的多方面平衡。东京、大阪、釜山等国外先进港口城市在从港口国际化和多元型经济发展阶段向港口城市网络或城市自增长阶段转型，产业转型发展往往与城市功能转型具有内在的一致性，而就业结构及其内涵的调整一般滞后于产业转型。这说明，适时促进产业转型在加快城市转型中有着特殊重要性。

3. 合肥实现城市转型的驱动力

近年来，关注合肥发展的学者明显增多，主要以安徽省内的学者和政策研究者为主，他们发表的一些研究成果为本书的研究提供了很好的参考，有些学者对改革开放以来安徽城镇空间结构演变的研究指出，安徽要从广域、局域和县域 3 个层次空间上提升城镇群空间内部整合力、区域性中心城市功能和增强县城与大镇的人口承载力。合肥市委书记吴存荣指出，合肥最大的优势是科教资源丰富，但因条块分割、体制不顺等原因，科技资源难以形成集聚合力，因此以体制机制创新为突破口，整合、优化、激活科技资源可以加快转型发展、跨越发展。合肥市长张庆军说：“坚持把转型升级作为参与区域竞争、抢占高端市场的主要路径。”

以上指明了合肥市“十三五”时期以改革促创新、以创新促转型的方向，但如何更进一步制定发展方略加快转型，需要更系统、更全面、更深入地研究合肥市情、“十三五”时期合肥面临的内外环境与变化。

(二) 中国城市转型发展的宏观背景

转型是指一个主体的结构形态、运转模式、功能内容、目标定位等由现有的状态向理想状态发生的根本性转变。转型是主动求新求变的过程，是一个创新的过程。转型发展一般包含以下三个层面的内容：一是为什么要转型发展。这是动机性的问题。运用系统理论加以分析，就是因为现行的状态（路径）已不能适应它所依赖的客观环境的变化，转型发展就是要改变现行的状态（路径）。二是向何处转型发展。这是目标性的问题。现行的状态（路径）要向能够适应环境变化的方向转变，这是一个新的状态（路径），是转型发展的目标、结果。三是如何转型发展。这是路径选择的问题。由于不同主体的状态及其与客观环境的适应程度的不同，决定了转型方向和发展路径选择的多样性。转型发展的实质就是由现行的状态（路径）向新的状态（路径）转变的过程与结果的统一。转型发展这一概念在城市领域的具体应用即是城市转型发展，是指一个城市的结构形态、运转模式、功能内容、目标定位等由现有的状态向理想状态发生的根本性转变。城市转型发展是一个永恒的课题，它是伴随着城市的产生、发展而不断演化的。我国自20世纪90年代中期就提出了转变经济增长方式的问题，从转变经济增长方式的成效来看，除北京、上海、广州等少数城市已经初步形成了服务经济体系之外，包括合肥在内的多数城市还处在产业结构调整的加速期，同时，正在从以工业为主向以工业与服务业并重的产业模式转变。也就是说，合肥必须在发展理念、发展模式等方面探索出全新的、具有地方特色的转型发展之路，来完成城市转型发展的战略任务。

1. 城市转型发展的新阶段

中国当前的城市转型是在国家转变经济发展方式的新常态下，在新型城镇化战略指导下来整体推进的，政府主导的作用更大，每个城市在转型发展的过程中，固然存在争先进位的竞争，但在一个大的行政区或都市区内，也完全可以实行协同发展、分工合作，从而提升转型的效率和速度。因此，我们所说的城市转型发展，最大的动力机制应该是基于国家层面的转变经济发展方式的战略行动，这一行动主要包括以下三个维度：一是继续在全球生产网络中提升核心产业的控制力，向价值链的高端环节攀升；二是遵循国际城市转型发展的产业升级规律，加速从制造业主导的产业体系向服务产业主导的现代产业体系转变，实现从生产型城市向服务型城市的功能跃升；三是注重“在地化”的资源整合与产业空间重组，在都市区的空间范围内进行产业布局和功能优化，让城市转型与区域发展形成联动关系。

2. 城市转型发展的新特征

所谓新常态即打破旧惯例、旧常态，其中包含经济新常态，以及对治理理念和治理体系的新要求，同时，国家战略上的新常态也将带来我国整体发展观的变革和国家政治、经济、社会、文化、生态的全方位变革。与之相适应的是，中国城市的发展将面临急剧转型期，“一带一路”和长江经济带新规划的提出就颠覆了以往城市发展规划的观点，也是新常态城市转型的必然趋势和具体体现。

新常态下的中国城市转型，一要充分尊重城市转型和城市群的发展规律，科学制定超长期的城市转型发展战略规划和具体推进步骤，保障转型发展战略性方向不改变；二是城市转型不是在单个城市封闭式进行的，而是要在区域联动的背景和环境中转型；三是我国新一轮现代化交通网络正在布局和变化之中，城市发展要借助国家基础设施建设的大机遇，迎接并乘上“双铁”（高铁与地铁）时代的新风，在城市群和区域一体化的发展过程中重组城市产业空间；四要进一步释放改革的红利，全方位破除新型城镇化和城市转型进程中的制度性障碍，尤其是土地以及户籍制度。

3. 转型发展中政府与市场的新关系

“转型”一词源自社会学，意指从一种社会形态向另一种社会形态的转变。转型不同于一般的变动或是改变，它不是事物局部的变异，而是主导性质（整体性质或根本性质）的变化。新中国成立60多年来，合肥由新中国成立前的县城发展成为即将进位全国“前十强”的省会城市，转型的脚步从未停止过。根据我们的研究，合肥的转型经验中，政府与市场的互动对提高转型步伐和效率起到了至关重要的作用。

转型是全局和根本性质的系统性变革，但它不是一蹴而就的，而是在非线性、多向、集群、循环累积的过程中发生着符合规律的升级（见图1）。转型意味着政府要引领发展指导思想的转变，新的指导思想要由重“量”转向重“质”、要由重“物”转向重“人”；转型意味着全面深化改革，要充分发挥市场在资源配置中的决定性作用；转型意味着要在新常态下走出新路子，合肥由“工业强市”向“创新高地”的转型，要动员创新资源在市场的大舞台中担当主角，这其中，依然离不开政府与市场的互动。

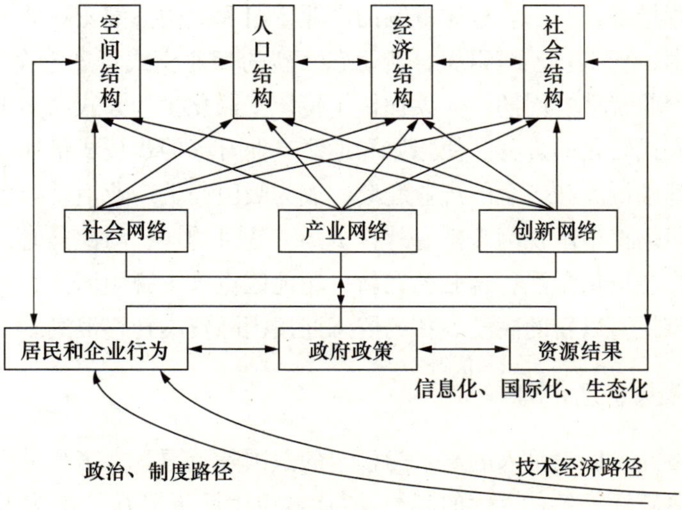

图1 政府与市场关系视角的城市转型模型

（三）合肥的实践需要

1. 合肥转型发展的新标杆

2014 年 9 月，《国务院关于依托黄金水道推动长江经济带发展的指导意见》出台，2015 年 4 月，《长江中游城市群发展规划》获批。在《国务院关于依托黄金水道推动长江经济带发展的指导意见》中，把合肥定位成全国性综合交通枢纽；定位为与南京、杭州并列的长三角城市群副中心，明确要求提升合肥都市区的国际化水平，明确沪宁合为长三角两大主轴带之一，合肥经济圈、皖江城市带承接产业转移示范区、合芜蚌自主创新综合试验区以及安徽省全域全部纳入长三角。这赋予了合肥和安徽更多的东部身份和沿海元素，但不等于合肥已经就达到了这些定位。如果合肥不能乘势而上，仍有可能在新一轮的区域竞争中被边缘化，沦为长三角城市群和长江中游城市群两大隆起带的中间“塌陷区”。

面对区域竞相发展的逼人态势，顺应国家区域发展大战略，合肥必须瞄准新的标杆，以国际化标准加快城市功能提升，稳固在全省发展中的核心地位和龙头引领作用，加快建设长三角城市群副中心。

2. 合肥转型发展的新视野

新定位下，必须以全球视野来考量合肥的国际化水平和国际化都市区建设问题。与上海、南京、杭州等开放前沿相比，合肥目前的国际化水平还很低，比如，合肥利用外资规模偏小、对外投资企业不多；国际组织尚为空白、洲际航线尚未开通；双语路牌很少看到、双语播报很少听见等。

经济全球化背景下，新一轮全球范围的产业重组和重构浪潮正在展开，国际产业转移方兴未艾。新技术、新工艺、新组织、新业态、新的商业模式等席卷全球的应用和扩散，明显缩短了国际产业转移的周期，大大加快了传统工业化生产方式向集工业化、信息化于一体的现代生产方式转化的进程，使国家和地区产业升级的步伐成倍加快。中国巨大的本土市场、完善的基础设施和齐全的产业配套，成为吸引高端产业活动与生产要素的首要因素，全球跨国公司仍将中国视为未来海外投资的首选目的地。与此同时，中国地区间争夺跨国资本的竞争将会更加激烈，合肥要在新一轮地区竞争中脱颖而出，也必须加快加大对外开放的国际化步伐，以新的高度、新的姿态迎接国际资本转移浪潮。

3. 合肥转型发展的新方向

城市的发展终究是以满足人的需求为根本的。国际范围看，当今世界城市发展不断受到资源紧张、环境破坏等各种因素的制约，“让城市生活更美好”成为世界各国政府与城市居民的共同愿景，智慧城市、工业 4.0、“互联网 +”等城市和产业发展新战略的涌现，雾霾、酸雨、气象灾害等环境问题的暴露，需要城市发展道路做出新的适应性调整，未来城市将逐渐呈现出智能化、信息化、休闲、生态、低碳等特性。

基于此，合肥应树立起“高”、“富”、“绿”、“美”的崭新发展特征。“高”是指产业的高端化，构建高新技术产业、高附加值产业主导的现代经济体系；“富”指的是城市的聚集性、聚富能力强，是产业资本和金融资本的集中地，提供更多的高收入的岗位，培育出中等收入阶层的“白领”、企业家和“金领”等构成的社会群体，使城市具有生生不息的创新创业的文化资本；“绿”指的是绿色发展的理念和行动，产业导向是绿色产业、低碳产业，生活导向是低碳、节能的生活方式；“美”指的是城市发展以生态为本，城市治理以人文为本，形成和谐、幸福、包容的美丽城市、都市区。

4. 合肥加快转型发展的研究重点

2014 年 3 月，《国家新型城镇化规划（2014～2020）》颁布，信息化、工业化、城镇化和农业现代化相互协调四化同步；以城市群为主体形态，推动大中小城市和小城镇协调联动发展；经济、政治、社会、文化、生态“五位一体”的指导思想贯穿其中。转型升级是合肥“等高对接”长三角、抢占高端市场，在区域竞争中争先上位的主要路径，同时也是在新型城镇化时代要求下的具体实践，而经济、政治、社会、文化、生态五个方面的转型是密切关联的，相邻区域间的转型既有竞争也有联动，通过构建转型发展评价指标体系①，对地处长江经济带的 10 个城市（包括合肥、长沙、武汉、南昌、南京、上海、杭州、苏州、无锡、宁波）进行对比，我们发现，合肥市各领域的转型速度总体上比较协调，但与同区域其他城市相比，还是有不小的差距，其中最突出的问题在于产业转型缓慢导致经济发展转型比较缓慢，社会结构转型较为迟缓。本书确定的合肥转型发展面临的突出问题也就从这几个方面展开。

二、“十三五”合肥加快转型发展的现实基础

（一）实力渐强的经济基础

1. 综合实力迈上新台阶

“十一五”以来，合肥确立了工业立市、创新推动、县域突破、东向发展和可持续发展等发展战略，强力推进“大湖名城、创新高地”建设，经济发展取得了巨大成就。

2005～2014 年，合肥国内生产总值从 853.57 亿元增加至 5157.97 亿元，增加了 6 倍，总量由全国省会城市的第 18 位升至第 14 位，前进 4 位；年均增长 13.5% 左右，增幅保持全国省会城市前列。在安徽省的经济首位度由 15.9% 提高到 24.7%，提高了 8.8 个百分

① 我们的指标体系只包括经济、社会、生态三个方面，原因是政治、文化的衡量难以量化，而且，假设合肥与其他地方的政治、文化无差异是可以接受的。

表1　2005~2014 年合肥市主要经济指标①

指标	单位	2005 年	2006 年	2007 年	2008 年	2009 年	2010 年	2011 年	2012 年	2013 年	2014 年
常住人口	万人	652.7	656.9	678.7	688.3	696.1	746.4	752.0	757.2	761.1	769.6
地区生产总值	亿元	1056.2	1265.5	1569.5	1975	2321.3	2961.7	3636.62	4164.3	4672.9	5157.97
第一产业	亿元	84	92.3	111.6	145.9	150.3	178.6	208.22	229.1	247.2	257.63
第二产业	亿元	475	590.9	755.4	971	1199.5	1578.4	2002.1	2303.9	2583.7	2872.01
其中：工业	亿元	371	464.4	593.1	742.4	915.3	1218.6	1560.4	1813.9	2053.6	2293.91
第三产业	亿元	497.2	582.3	702.4	858.1	971.5	1204.7	1426.29	1631.4	1842	2028.33
规模以上工业增加值	亿元	343.87	385.77	570.12	819.75	1002.67	1099.49	1489.65	1653.54	1907.4	2126.59
社会消费品零售总额	亿元	365.86	432.11	525.66	687.47	780.67	934.08	1111.12	1293.62	1480.84	1666.75
全部财政收入	亿元	140.52	180.10	231.51	322.82	367.66	508.37	623.77	694.36	768.27	880.68
其中：地方财政收入	亿元	63.28	86.62	111.87	174.33	196.54	279.43	338.51	389.5	438.62	500.34
全社会固定资产投资额	亿元	549.44	892.94	1418.43	1981.77	2640.72	3297.47	3386.28	4001.10	4707.99	5385.17
其中：工业投资	亿元	110.89	223.74	399.04	605.18	833.39	1113.67	1335.94	1551.40	1752.98	1910.10
城镇居民人均可支配收入	元	9684	11013	13426	15591	17158	19051	22459	25434	28083	29348
农民人均纯收入	元	3047	3472	4165	4967	5535	6621	7862	9081	10352	14407

点。财政收入由 130.88 亿元增加到 880.7 亿元，年均增长 23.6%，其中地方财政收入由 57.64 亿元增加到 500.3 亿元，年均增长 27.1%，总量在全国省会城市位次由第 18 位上升至第 11 位，前进 7 位。规模以上工业增加值由 263.74 亿元增加到 2126.6 亿元，总量增加近 10 倍，总量在全国省会城市位次由第 18 位上升至第 10 位，前进 8 位。合肥城市综合实力的大幅提升，为合肥“十三五”实现更高水平的转型发展奠定基础。

2. 转型升级取得新成效

“十二五”以来，合肥市坚定不移地实施“工业立市”战略，坚持把转型升级作为合肥参与区域竞争、抢占高端市场的主要路径和提升城市影响力、竞争力的现实选择，瞄准国际国内前沿和高端，大力构建现代产业发展新体系。坚持“领军企业—龙头项目—产业链—产业集群”的发展思路，“重点打造新型平板显示、新能源、家用电器 3 个 2000 亿元级产业，汽车及零部件、装备制造、食品及农产品加工 3 个千亿元级产业”②，推动

① 2011 年开始工业统计范围调整为年主营业务收入 2000 万元及以上工业企业；城镇投资范围调整为 500 万元以上投资项目。

② 《合肥市国民经济和社会发展第十二个五年规划纲要》。

主导产业集聚集群发展和产业升级取得重大进展。2014 年，战略性新兴产业完成产值 2553.9 亿元、占全市工业 30.2%，实现增加值 681 亿元、增长 29.7%，对工业增长贡献率达到 66.3%。其中，电子信息产业（含新型显示、集成电路、智能语音、量子通信等）实现产值 1255.5 亿元，实现增加值 350.7 亿元、增长 48.5%，快于全市工业 36.5 个百分点，成为对经济增长贡献最大的产业，继家电、装备之后，成为合肥第三个突破千亿元的产业。光伏产业呈爆发式增长，实现产值 246.8 亿元，同比增长 69.9%，成为国内有较大影响力的光伏产品生产基地。分布式总装机规模达 225MW，位居全国省会城市之首。产业集中度进一步提升，六大主导产业实现产值 5292.4 亿元，占全市规上工业总产值比重 62.6%，较 2011 年 58.4% 提升 4.2 个百分点。坚持把创新驱动作为经济转型升级的主引擎，实行“出政策、建平台、促改革、聚产业、强服务”五位一体，全社会研发投入占生产总值比重达 3.1%、居全国省会城市第 5 位，发明专利申请量达 12929 件、居全国省会城市第 6 位。

3. 产业结构趋于优化

在经济总量规模不断扩大的同时，合肥市产业结构也日趋变化，2005 ~ 2010 年，三次产业结构由 6.2：44.8：49 调整为 4.9：53.2：41.2（区划调整前）。2011 年区划调整后，受区划调整影响，合肥的三次产业结构为 5.7：55.1：39.2，到 2014 年调整为 5：55.7：39.3。总体来看，“十一五”以来，合肥三次产业结构发生了深刻变化，工业作为经济发展的强力支撑，为带动和引领全市转型发展注入了强大动力。2005 年合肥的“三、二、一”结构并非经济发展达到一个较高层次后出现的完美结果，而是由于工业发展缓慢造成的整体经济水平较低的一个表现。经过 10 年的发展，三次产业结构逐渐变为“二、三、一”，随着合肥发展阶段变化，预计在未来 5 年，合肥三次产业结构会实现在更高水平上的“三、二、一”（见表 2）。

表 2　2005 ~ 2014 年合肥市三次产业结构

年份	第一产业占比（%）	第二产业占比（%）	第三产业占比（%）
2005	6.2	44.8	49.0
2006	5.8	47.6	49.0
2007	6.0	49.0	45.2
2008	6.3	50.2	43.5
2009	5.2	52.6	42.2
2010	4.9	53.2	41.2
2011	5.7	55.1	39.2
2012	5.5	55.3	39.2
2013	5.3	55.3	39.4
2014	5.0	55.7	39.3

4. 要素保障能力明显增强

（1）土地资源总量扩容升级。合肥在2011年实施重大行政区划调整后，实现了土地资源的扩容升级，国土面积从7055平方千米增至11445平方千米，截至2013年年底，全市建设用地2099.46平方千米，其中建成区面积672平方千米，行政区域也由三县四区扩大为四县一市四区。土地资源的供给增加为产业转型升级、交通基础设施建设、中心城区扩容提质、产业园区建设提供了强力支撑。

（2）金融综合实力明显增强。“十二五”以来，合肥市金融业快速发展，金融综合实力明显增强，对经济社会发展的支持作用日益显现。以存贷款为例，2010年合肥金融机构本外币存贷余额分别为4541.8亿元和4214.1亿元，到2014年年末，分别达到9269.6亿元和8666.8亿元，增速远远高于全国、全省的平均水平。2014年前三季度合肥实现金融业税收73.1亿元，对财政贡献度达10.6%；金融业增加值189.3亿元，同比增长12.1%，占GDP 5.5%。

（3）劳动力数量较为充裕。人口规模的扩大是合肥发展为国际大都市的基础，行政区划的调整使合肥市人口规模在原来的基础上增加了100多万。2013年合肥市15～59岁之间的中青年年龄段人口比重为65.40%，数量庞大的青壮年群体形成了充裕的潜在劳动力资源，这为城市经济的发展提供了劳动力资源的数量保障。

（二）全面发展的社会基础

1. 居民生活水平持续提高

（1）人民生活水平持续提高。经济社会发展速度加快，人民生活水平持续提高。城镇居民人均可支配收入由2010年的19051元增长至2014年的29348元，年均增长11.4%；农民人均纯收入由2010年的7118元增长至2013年的14407元，年均增长19.3%，农村居民家庭恩格尔系数逐年下降。住房方面，2010年城镇居民人均住房总建筑面积为26.3平方米，农村居民人均住房使用面积为33.4平方米，2014年分别为35.2平方米和38.7平方米，年均分别增长7.56%、3.85%。家庭耐用消费品数量、闲暇时间、预期寿命等一系列生活水平指标持续向好，合肥市也连续四次荣登“中国最幸福城市”。

（2）民生工程惠民功效进一步发挥。2007年，合肥实施12项民生工程，2008年增加为18项，2009年增加为28项，2010年以后连续推出“33＋X”项民生工程，稳步推进基本公共服务均等化，让城乡居民共享发展成果。2014年全面实施“32＋14”项民生工程，各级财政投入71.8亿元，民生总支出达到552.2亿元，比上年增长14%，占财政总支出79%。民生投入增速远超同期GDP、财政收入增速，民生工程惠民功效进一步发挥，人民群众的幸福指数逐步提高。

（3）社会保障体系逐步建成。2012年1月1日起，合肥启动市区城乡居民社会养老保险试点，标志着合肥实现了社会养老保险制度全面覆盖。2014年城镇居民基本医疗保险参保人数 207.23 万人，城乡居民养老保险参保人数 291.31 万人，分别比上年增长 19.35 万人和 2.68 万人。新农合筹资标准增加到年人均 390 元，大病保险实现全覆盖；农村五保户集中供养率为 51.8%，城市“三无”人员全部纳入社会救助。从 2015 年 1 月 1 日起，合肥市市区城乡居民最低生活保障标准由 2014 年的户月人均 460 元调整为户月人均 510 元。各县（市）城市居民最低生活保障标准市定指导线为户月人均不低于 440 元。农村居民最低生活保障标准市定指导线为年人均不低于 2100 元。同时，合肥市还建立健全最低生活保障与物价挂钩机制和动态调整机制，确保城乡低保标准年均增长 10% 以上。

2. 城市社会环境日益改善

2010 年合肥被中央政法委、中央综治委列为全国首批社会管理创新综合试点市，社会治理创新全力推进。“十二五”以来，合肥市围绕目标，强化理念创新，强化项目推进，强化试点试用，强化责任落实，社会治理创新工作取得显著成效。特别是以项目推进社会管理创新成为合肥市工作的亮点和特色，被各地广泛学习借鉴。总体来看，合肥市社会管理、治理创新体系主要涵盖六大工程 46 个项目，即社会管理基础工程、民生保障建设工程、实有人口服务工程、公共安全建设工程、社会环境建设工程、社会管理保障工程六大工程，包括特殊人群服务管理、社区“四化”建设、社会组织孵化培育、老旧小区综合治理、流动人口服务管理、社会治安防控体系等 46 个方面的内容。

（1）多元主体共治的社会治理体系不断完善。志愿服务制度化、规范化、品牌化“三化”同步，志愿服务管理不断完善。围绕志愿服务建设，颁布了《合肥市志愿服务条例》，成立阳光志愿服务基金会，市财政每年单列 100 万元专项经费，加上基金会募集的社会爱心基金，志愿活动的经费基本得到保障；通过建立爱心档案，对志愿者参与社区志愿服务的时间、内容、效果进行评价；涌现出徐辉假日服务小分队、市供水集团贴心小棉袄、蜀山区“彩虹快递”爱心服务队、包河区滨湖家园“快乐学堂”服务队和“夕阳红”服务队等志愿服务品牌。

坚持“三轮驱动”，助推社会组织跨越式发展。2013 年起，全面实行社会组织直接登记，全市共依法登记备案各级各类社会组织 4406 个，对新登记的公益慈善类和城乡社区服务类社会组织，正常运行 1 年后，根据服务开展情况申报财政奖补，积极争取中央财政和省福彩公益资金支持；切实推进公益性社会组织捐赠所得税税前扣除资格和非营利组织免税资格的认定，目前，全市已有 7 个社会组织获得资格认定；2013 年起开展政府购买居家养老服务，5 家社会组织中标参与服务提供；2014 年出台《关于深入推进政府向社会力量购买服务的实施意见》，将继续推进社会组织承接社区“老少活动家园”服务、社区养老服务岗位、养老服务评估等 5 项基本社会服务。

（2）多模式立体化的社会治理格局基本形成。社会矛盾“大调解”工作格局基本形成。通过建立行业性专业性调委会、城区矛盾纠纷排查化解中心、乡镇街道人民调解委员会、社区村居调委会，在册人民调解员达 1.6 万多人；由综治部门牵头协调，整合基层综治、维稳、防邪、信访、司法、公安、团委、妇联等职能部门，在全市所有乡镇街道规范建立了综治工作中心；不断涌现出各种特色鲜明的人民调解新模式，如合肥电视台民生调解类栏目《庐州和事佬》，长丰县、肥东县、庐江县等地建立“个人调解工作室”，蜀山区稻香村街道调委会设立的人民调解“怨气栏”，庐阳区、蜀山区乡镇（街道）的开展信访代理制等；开展“律师进社区”活动，引导律师为弱势群体维权。

服务和管理流动人口的模式不断优化。出台了《合肥市房屋租赁管理办法》，进一步规范完善“以房、以证、以业”管理三种模式，对全市建筑工地流动务工人员进行实名登记，流动人口管理基本实现全覆盖。着力共建广覆盖的流动人口公共服务体系，将原先的“1+8”服务保障体系拓展为“1+16”服务保障体系，让流动人口在就业服务、子女就学、医疗卫生、社会保险等方面享受市民化待遇、均等化服务。

特殊群体服务管理不断强化。对刑释解教人员、社区矫正对象、吸毒人员、易肇事肇祸精神病人等特殊群体，根据服务和管理对象的生活、就学、就业、创业的需要和特点，建立了帮扶、管控、排查、治疗、救治的相应机制。此外，开展服刑在教人员未成年子女“亲情互动”接对和留守儿童之家、青少年服务中心建设，及时帮助解决和化解有关青少年的矛盾和问题。

“平安合肥”建设质量不断提升。近年来，市、县（市）、区两级财政投入近3亿元，在城区布局选点1万多处，建成智能交通视频监控，全市140多个路口实现交通信号可联可控，技术防控不断推进；建立专职巡守员队伍守点、派出所包格、巡警大队控面、特警重点加强、交巡警合理兼顾的“五位一体”地面巡控网络，建立了警务航空大队和巢湖水上分局，建成“水、陆、空”社会化立体防控网络，社会防控不断优化；通过强化群防群治力量建设、专业治安辅助力量建设、治安重点地区挂牌整治，可防性案件有效下降。

风险隐患得到及时防范。在评估范围上，将范围扩展到自然灾害、重大疫情、群体性事件、公共安全事件、生产安全事件、防恐反恐等方面，做到应评尽评；在评估主体上，突出企业改制、征地拆迁、重点工程、涉农利益、教育医疗、环境保护、安全生产、食品药品安全等容易引发社会矛盾的重点领域，并由相关部门制定具体操作办法；在评估程序上，不仅注重机制内评估，强调社情民意、网络舆情、社会评价等因素的加入，还强调立法、司法、政策制定部门和有关专家学者的加入，切实保障群众的知情权、参与权、监督权，确保依法按政策办事。

（3）多平台全覆盖的社会治理载体建设完成。社区服务管理能力大幅提升。大力推进社区网格化、社区组织化、社区信息化、社区服务化“四化”建设。2011年全市统一部署的社区网格化建设，到2014年上半年，实现了城镇社区网格化管理全覆盖；根据开发区、老城区、新城区不同情况，分类实施的“大社区”管理模式、街道社区整合模式、“两委两站多中心”社区组织模式和扁平化管理模式，全面建立了“服务基层、贴近群众”的社区工作机制；借助手机、GPS系统等高科技手段，将全市网格责任人采集的动态信息录入信息化平台，从而使基层动态及时掌控，社区管理更为精细，办事效率明显提高。

社会组织和志愿者数量大幅增长。创立社会组织孵化园，搭建社会组织培育发展平台，截至2014年5月，全市共建有7个社会组织孵化园基地，通过为入驻社会组织提供场地支持、能力建设、公益宣传等免费服务，促其快速成长；通过志愿者网上注册登记管理系统，实现招募注册制度化，截至2014年6月，环境保护、法律援助、文明交通、应急救护、扶弱助残、文体健身等19类注册志愿者已达43.1万人，占市区常住人口总数的11%以上。

社会风险化解机制有效运作。健全风险预测常态化、风险评估大众化、风险化解定期化的社会稳定风险化解机制。建立健全了社情民意调查机制，通过建立党政领导定期接访、重点约访、带案下访制度，社情民意反映渠道畅通，热点、难点问题及时得到反馈；完善了公开听证、专家论证会等制度，确保重大社会决策或重大工程项目出台实施前，充分听取各方意见；建立了党委常委会、政府常务会定期分析调度社会稳定工作机制，对可能的风险定期排查、定期研判、定期化解；通过建立应急联动机制、预警信息发布机制、突发事件信息报送机制和专家组工作机制，进一步提升了突发事件应急处理能力。

3. 城乡一体化发展正在发力

（1）规划同绘，彰显城市综合承载力和辐射带动力。在"141"城市组团发展基础上，顺应行政区划调整后的发展空间、发展要求和发展目标，围绕打造"大湖名城、创新高地"，确立"1331"市域空间发展战略，实现了从环城时代到滨湖时代，再到环湖时代的全域发展规划。同时，合肥市于2009年6月30日经省政府同意，被安徽省发展改革委批准为全省城乡一体化综合配套改革试验区。5年多来，合肥市按照"直面难点、积极探索、规范运作、稳步推进、务求实效"的总原则要求，健全机制，整合资源，在城乡规划、创新突破、产业融合、基建配套等领域做了大量探索。在"全域合肥"大视野下，合肥市委市政府以城乡规划一体化为突破口，打破二元地域分割，优化城镇、工业、农业、居住、生态、水系6个规划布局，加速推进工业向集中发展区集中、农民向城镇和新型社区集中、土地向适度规模经营集中"三个集中"，努力实现由过去城乡分割规划为城乡统筹规划、区域分割规划为区域联动规划、产业分割规划为产业协调规划、注重按行政层级编制规划为按经济流向和发展潜力编制规划"四个转变"，初步形成了引导城乡空间有序融合的梯次分明、发展有序的"四位一体"的城乡空间布局规划体系，即以中心城区为极核、4大组团为辐射、19个新市镇为带动、900个中心村为基础的"1419"城乡一体化发展空间布局。全域规划覆盖带动城乡一体化发展的张力进一步迸发，以城带乡的城市综合承载力和辐射带动力进一步彰显。

（2）产业互融，各具特色的主导产业集聚初具规模。紧抓皖江城市带承接产业化示范区、合肥经济圈、合芜蚌自主创新示范区建设的重大机遇，拉开城市空间发展框架，加速近郊融入城区，辐射带动中心城镇和农村，打造现代产业体系发展平台，通过产业、基础设施、公共服务对接，促进城乡资源优化配置。在推进"县域突破"中下活城乡一体化发展全盘棋，增强县域经济发展蓬勃活力，优先加快发展县域新型工业，工业在县域经济中的比重大幅提升。所辖各县（市、区）主动承接城区工业产业转移辐射，把工业园区作为加快县域突破的主载体，推进市县园区对接发展、优势互补、合作共建，以先进制造业、城市配套工业、农副产品加工业为主攻方向，加快形成各具特色的主导产业。

按照"转型调结构、增收惠民生、监管保安全、改革促统筹、强基增后劲、承接快发展"总体思路，各县（市、区）紧紧围绕加快农业发展方式转变主线，以农业转型升级为重点，结合本地实际，深入推进农业产业集聚集群发展，积极打造农业经济发展新优势，促进城乡产业加速融合发展。如肥东县实施蔬菜产业提升行动，新增露地蔬菜1.5万亩、设施栽培2000亩、水生蔬菜3000亩，创建一批蔬菜标准园，打造一批主导产业亿元村和十亿元村群；肥西县按照“创建森林肥西　发展庄园经济　打造休闲胜地　建设美好家园”的发展定位，制定出台《肥西县现代农业庄园建设实施方案》，大力发展城郊型现代农业，新增苗木花卉种植面积1.5万亩，建成3个万亩蔬菜基地和2个千亩连片精品蔬菜和草莓基地，通过引领苗木花卉、蔬菜瓜果、家禽水产等优势产业向城郊型农业转型发展；长丰县深入实施特色农业“双20万亩”工程，着力推进草莓树莓、南瓜马铃薯、蔬菜产业3个20万亩生产基地建设，力争全年蔬菜播种面积达35万亩，促进农民种植业收入大幅提升。5年多来，合肥市现代农业园区发展到近300个，面积超过70万亩。

（3）设施共享，城乡一体的公共服务体系基本建成。创新工作机制。成立了高规格的城乡统筹工作委员会和办公室，初步形成了党政齐抓共管、统筹办综合协调、有关部门各负其责的城乡统筹工作组织领导体制和工作机制。创新政策制度。相继出台了50多个配套文件，在全省率先建立了市级支农惠农强农的政策支撑体系。在全省率先完成农村集体资产确权发证工作，探索建立了农村产权交易中心，55个乡镇全部建立了土地流转管理服务中心，累计流转土地突破100万亩。创新工作思路和推进方式。认真总结新农村建设经验，进一步完善土地整治和整村推进新农村建设“合肥模式”，因地制宜，有针对性地组织实施整村推进型、土地整理型、城中村改造型、项目带动型、产业培育型、环境整治型六种不同类型的新农村建设模式，合肥新建和在建农民住房近58万平方米，使5100户农民居住条件在年内得到大幅改善。创新农村新社区管理机制。按照“管理有序、服务完善、文明祥和”的要求，推进“1+8”模式的农村社区综合服务中心建设，农民不出社区就可以享受办事、医疗、购物等高效便捷的配套服务。

目前，已经初步建成连接城区、覆盖乡村、城乡一体的交通基础设施体系。结合农民集中区建设，已经做到水、电、路、气、电信、网络等基础设施全面覆盖，农民的生产生活条件明显改善。通过加强农村环境综合整治，农村卫生条件和人居环境得到显著改善。通过城乡一体化的流通体系建设，建成数十个乡镇示范超市、乡镇连锁超市和数百个村级服务社，有力地推动了家电、农机、汽车下乡，实现了城乡农产品流通大联结，现代农村服务业发展迅速。

（4）要素对流，县乡经济实力上台阶的步伐明显加快。按照总量稳定增加、比例逐步提高的要求，建立起“三农”投入稳定增长机制，实现财政支持现代农业发展、农村基础设施建设和农村社会事业的投入大幅增加。5年多来，合肥市共争取涉农资金21571万元，其中：中央资金18800万元，省级资金2771万元。主要项目包括农村饮水安全、中小河流治理、灌区续建配套、田间工程及农技服务体系建设、生猪标准化养殖、退耕还林等。这些资金的投入，对改善合肥农民生活质量，转变农业增长方式，实现城乡社会经济一体化发展，具有重要意义。

充分利用合肥经济圈、皖江城市带承接产业转移示范区建设大好机遇，出台了扩权强镇实施方案，培育和集聚特色产业，试点镇经济发展步伐明显加快，如长丰县岗集镇主动承接产业转移，主攻汽配企业，汽车零部件产业基地已初具规模；下塘镇“合肥新型重工业基地”规划已编制完成，正式申报列入皖江城市带承接产业转移示范区规划和合淮同城化合淮工业走廊共建开发区规划；双墩镇和新站区三十头镇全力打造平板显示产业基地，建设八代线产业的规划已形成，并列入合肥市皖江城市带承接产业转移示范区建设规划。肥东县撮镇镇以商贸物流业为核心，打造具有区域影响力的商贸物流基地。肥西县花岗镇大力发展机械加工和农副产品加工业；小庙镇积极申报省级工业园区；三河镇全力争创国家级5A旅游景区；高刘镇快速推进临空物流园区建设等。县域经济实力不断增强，产业聚集区、人口集中区、和谐社会示范区的示范引领作用初步呈现。

（三）环境改善的生态基础

1. 可依赖的生态资源较为丰富

（1）森林资源总量稳步提高。2005～2013年，合肥活立木总蓄积量稳步增长（见表3）。为建立各县区政府保护发展森林资源目标责任制，合肥市出台了《合肥市保护发展森林资源目标责任制考核办法》（合政办秘〔2013〕26号）。按照“十二五”期间年森林采伐限额，规范林木采伐审批流程，严格控制林木采伐。严格林地征占用审批手续，开展林地保护利用规划编制和林地年度变更调查，建设“森林资源一张图”数据库。加大森林病虫害监测防治，形成了以3个国家级中心测报点为骨干，12个市级测报点、33个县级测报点为支撑的森林病虫害监测预警体系。高度重视森林防火工作，2013年全年无重特大森林火灾、无人员伤亡事故、无过夜火、年森林火灾发生率均低于0.2‰。

表3　2005～2013年合肥市森林资源增长概况

指　标	2013年	2012年	2011年	2010年	2005年
林业用地面积（千公顷）	183.31	158.21	148.20	45.44	50.12
森林覆盖率（%）	14.30	11.62	11.32	6.28	14.80
活立木总蓄积量（万立方米）	937.45	872.10	833.00	536.42	240.1

合肥现有冶父山、紫蓬山、大蜀山、合肥滨湖4个国家级森林公园；东庵、浮槎山、庐州和百花寨4个省级森林公园。其中，大蜀山、合肥滨湖分别是2013年和2014年升为国家级森林公园，使合肥成为全国唯一城区拥有两处国家级森林公园的省会城市。

（2）湿地开发利用强度加大。湿地是城市生态系统的重要组成部分，它在推进合肥区域生态转型、提升城市文化品位、改善人居环境、支撑城乡经济发展等方面具有十分重要的战略意义。为加强对湿地生态系统的保护，持续发挥湿地在生态系统中的作用，合肥市在全省率先起草了《合肥市湿地保护办法》，并列入市政府立法计划。下发《关于加强湿地保护管理工作意见》（合政办〔2013〕17号），制定了湿地保护具体实施方案，建立湿地保护联席工作机制。落实专项资金，推进湿地保护利用和湿地公园建设总体规划编制工作。积极实施湿地保护恢复工程，逐步构建以湿地自然保护区为基础、湿地公园为主体、自然保护小区为补充的湿地保护体系。

目前，合肥拥有河流湿地、湖泊湿地、沼泽湿地和人工湿地 4 大类湿地（稻田/冬水田不计入统计范围）。8 公顷以上的湿地共有 900 余个，总面积为 118200.4 公顷，其中河流湿地有 8000 公顷，湖泊湿地有 82000 多公顷，沼泽湿地有 1200 多公顷，人工湿地有 26000 多公顷。湿地占合肥国土面积的 10.33%，占全省湿地总面积的 11.35%，在全省仅次于安庆市。其中，湿地保护区主要为荒沛河湿地保护区、庄墓河湿地保护区、瓦东干渠湿地保护区、滁河干渠湿地保护区、环巢湖湿地保护区，占地面积 1400 平方千米，占合肥总面积的 19.8%。荒沛河湿地保护区包括双河水库、龙丰水库、荒沛河，面积 125.31 平方千米；庄墓河湿地保护区主要为庄墓河，面积 44.73 平方千米；瓦东干渠湿地保护区包括东方红水库、双河水库、红旗水库、龙门寺水库、陶老坝水库、魏老何水库、瓦东干渠等，面积 114.33 平方千米；滁河干渠湿地保护区包括袁河西水库、张桥水库、众兴水库、蔡潭水库，面积 420.14 平方千米；环巢湖湿地保护区包括大圩、牛角大圩、三河水系、巢湖沿岸等，面积 701.31 平方千米。全省首个市级湿地公园合肥龙栖地市级湿地公园通过评审并在建设中。根据《合肥市湿地公园发展规划（2013～2030 年）》，到 2030 年，合肥市的国家级湿地公园将达到 7 个（包括岱山湖、三汊河、少荃湖、下汤水库、大张圩、金汤水库、荒沛河等国家级湿地公园），省级湿地公园 3 个（包括巢湖市的龟山湿地、包河区的牛角大圩、蜀山区的江淮运河遗迹），市县级湿地公园总数 16 个（蜀山区的西山湖、庐阳区的十三岗湿地和四里河、肥东县的龙栖地、肥西县的紫蓬山湿地、巢湖市的槐林湿地、炀河和黄麓湿地、长丰县的梅冲湖、卧龙山、双凤湖、鹤翔湖、大官塘、双龙湖、魏老河和寿子湖等）。

（3）绿地与城市公园建设加快。合肥市始终坚持园林城市特色，加快园林绿化步伐。建成了合肥植物园、野生动物园、杏花公园、天鹅湖公园、翡翠湖公园、徽园、生态公园、新海公园、和平广场、市政府广场、胜利广场、黄山路园林大道、南淝河沿岸及包河大道景观绿带等一批重点绿化工程。

合肥市建成区绿地面积、建成区绿地率等虽逐年增长，目前均已超过国家园林城市标准。

表 4　2005～2013 年合肥市绿化建设概况

指　标	2013 年	2012 年	2011 年	2010 年	2005 年
建成区绿化覆盖面积（公顷）	16460	15088	14720	12653	6768
建成区绿地率（%）	35.79	33.47	35.54	34.6	—
公园绿地面积（公顷）	3890	3533	3436	3269	—

2. 生态建设目标完成情况良好

2015 年是“十二五”的最后一年，截至 2014 年年底，合肥“十二五”的节能降耗指标多数已经提前完成。

（1）单位 GDP 能耗降低的“十二五”目标可以完成。单位 GDP 能耗成为新常态下经济和生态转型的重要指针。2011 年、2012 年、2013 年和 2014 年合肥单位 GDP 能耗分别下降4.06%、6.25%、3.36%、6.41%，实现“十二五”下降17%的目标压力已经不大。

（2）主要污染物排放总量的控制目标可以较好实现。“十二五”期间，合肥化学需氧量、氨氮、二氧化硫、氮氧化物等主要污染物排放总量的控制目标分别下降11.3%、14.4%、17.4%、12.2%，2013年的实现情况分别是：9.36%、16.64%、15.22%、8.47%，预计到2015年可以较好地实现这些目标。

（3）万元工业增加值用水量控制目标可以超额完成。合肥是缺水城市，节约用水的工作常抓不懈。合肥“十二五”万元工业增加值用水量的目标为52吨，2011年、2012年、2013年，合肥分别为50.6吨、39.8吨和34吨，超额完成这一目标毫无悬念。

3. 污染状况基本得到控制

（1）空气质量在改善，噪声污染有效控制。2014年9月，国家环保部公布了8月全国74个城市空气质量状况，合肥总排名在62位。情况比较严峻，但没有继续恶化，2014年全年PM10浓度下降1.7%，空气质量优良天数190天，比2013年增加8天。2013年年末，区域噪声等效声级54.8分贝，道路交通噪声等效声级67.7分贝，保持稳定，基本符合《中华人民共和国城市区域环境噪声标准》中的相关规定（以居住为主的区域，白天等效噪声值为55分贝，夜间为45分贝；城市中交通干线两侧，白天噪声的等效噪声值为70分贝，夜间不超过55分贝）。

表5　2005～2013年合肥市空气质量与噪声污染变化概况

指　标	2013年	2012年	2011年	2010年	2005年
空气质量达到及好于二级的天数	182	319	296	310	329
二氧化硫（毫克/立方米）	0.022	0.022	0.024	0.020	0.018
二氧化氮（毫克/立方米）	0.037	0.030	0.029	0.031	0.025
噪声均值（分贝）	67.8	67.5	67.4	69.3	68.0

（2）水环境质量比较稳定。合肥市主城区饮用水水源地水质达标率100%。董铺水库和大房郢水库是合肥市饮用水水源地，2013年度所监测的各项指标均值符合GB3838—2002《地表水环境质量标准》Ⅲ类水质标准，水质基本稳定。市属县级巢湖市城市饮用水水源地位于巢湖东半湖的西坝口和巢湖船厂附近，总磷、总氮有超标现象，2013年巢湖市一水厂、二水厂取水口总氮超标率分别为25.0%和41.7%，总磷超标率分别为33.3%和41.7%。2014年合肥市严格落实了“河长制”，强力推进南淝河、十五里河、派河综合治理，望塘污水处理厂PPP试点有序推进，王小郢污水处理厂提标改造如期完成，环湖32座乡镇污水处理厂建成调试，巢湖流域11个国考断面7个达标、创历史最高水平。

（3）环境效率名列中部四省会城市之首。选取全社会从业人员数（万人）、社会资本存量（亿元）、能源消耗总量（万吨标准煤）为投入指标；实际的地区生产总值（亿元）为期望产出指标，工业废水排放量（万吨）、工业废气排放量（万吨）、工业固体废物产生量（万吨）作为非期望产出指标。另外，对合肥、南京、杭州、上海、苏州、无锡、宁波、武汉、南昌、长沙10个城市2006～2013年的相关数据运用SBM模型进行环境效率测度与评价，结果如表6所示。

表6　2006～2013年各城市环境效率值

城市	2006年	2007年	2008年	2009年	2010年	2011年	2012年	2013年	平均	排名
	效率值	效率值	效率值	效率值	效率值	效率值	效率值	效率值		
合肥	1.00	1.00	0.66	0.60	0.61	1.00	1.00	0.95	0.85	5
南京	1.00	1.00	0.88	0.85	0.97	1.00	1.00	1.00	0.96	2
杭州	1.00	1.00	1.00	1.00	1.00	1.00	1.00	1.00	1.00	1
上海	1.00	1.00	1.00	1.00	1.00	1.00	1.00	1.00	1.00	1
苏州	0.95	1.00	0.80	0.72	0.78	1.00	1.00	1.00	0.91	3
无锡	1.00	1.00	1.00	1.00	1.00	1.00	1.00	1.00	1.00	1
宁波	1.00	0.93	0.73	0.70	0.83	1.00	0.96	0.95	0.89	4
武汉	1.00	1.00	0.28	1.00	1.00	1.00	0.46	0.92	0.83	7
南昌	0.49	0.43	0.39	0.40	0.42	0.50	0.48	0.78	0.49	8
长沙	0.89	1.00	0.68	0.65	0.60	0.98	1.00	0.90	0.84	6

杭州市、上海市、无锡市在2006～2013年的环境效率均达到DEA有效水平；合肥市平均值排名第七，与长三角各城市有差距，在中部四省会城市中名列第一。保持经济高速发展的同时注重生态环境的保护，是“十三五”时期无法回避的“硬骨头”。

三、合肥转型发展进程测度与阶段性特征研判

（一）转型发展指标体系构建

面对全球经济仍然处于调整期，国内经济进入新常态，合肥的发展环境既面临诸多挑战，也存在诸多有利因素。通过构建转型发展指数对合肥经济、社会、生态三个方面进行系统测度，与长江经济带城市进行比较分析①，进而对合肥转型升级的阶段性特征进行研判。

目前，有关对我国转型发展的评价研究主要集中在经济转型方面，对转型发展的综合评价不多见。不过，由于经济转型与社会、文化及环境等其他领域的转型密切关联，在各

① 因数据可得限制，也因为目前合肥与云南、贵州、四川、重庆等的联系不占主导，这里没有包括长江经济带所有城市。

种关于经济转型评价指标体系中，都不同程度地涉及社会发展和生态环境改善等其他领域的指标。本书原始数据主要来源于2006～2013年的相关地区《统计年鉴》和统计公报，通过标准化处理，计算转型发展指数。研究对象为地处长江经济带的10个城市（包括合肥、长沙、武汉、南昌、南京、上海、杭州、苏州、无锡、宁波），通过转型升级指数的对比，综合把握合肥市的转型发展水平，找出合肥市与该区域发达城市之间存在的差距。因此，本书在综合参考现有的经济发展方式转变评价指标体系以及现代化指标体系基础上，基于全面性与简洁性相结合、科学性与可行性相结合、可比性与连续性相结合三个原则，主要从经济发展、社会发展、生态环境三方面构建转型发展评价指标体系，如表7所示。

表7　转型发展评价指标体系

核心指数	具体指标	相应权重
经济发展转型指数 0.3706	GDP与居民收入的增长协调度	0.064431977
	第三产业增加值占GDP的比重	0.064031061
	文化产业增加值占GDP的比重	0.059717301
	一般贸易出口相当于GDP的比例	0.056822363
	商品销售总额占全国的比重	0.061380955
	高新技术产业产值占工业总产值的比重	0.064266188
社会发展转型指数 0.3753	城镇居民人均住房面积	0.062399573
	人均基本公共服务支出额	0.054659784
	基本社会保障覆盖面	0.063000428
	城市登记失业率	0.061227798
	燃气普及率	0.070247789
	城市化率	0.063730839
生态转型指数 0.2541	绿化覆盖率	0.065215831
	空气质量优良率	0.06525038
	人均绿地面积	0.058581594
	工业废水处理达标率	0.065039981

注：经济增长协调度指数为城市居民收入增长幅度与人均GDP增长幅度的比值。

资料来源：《上海统计年鉴》、《浙江统计年鉴》、《江苏统计年鉴》、《安徽统计年鉴》、《湖北统计年鉴》、《湖南统计年鉴》、《江西统计年鉴》。

（二）数据处理及模型构建

1. 数据标准化处理

由于各指标的量纲、数量级及指标的正、负趋向均有差异，需要对本书原始数据进行标准化处理。本书采用离差标准化，将所有原始数据转化成［0，1］之间的数据。对于正指标，利用如下公式：

$$Y_{ij}=\frac{X_{ij}-\min\limits_{1\leqslant i\leqslant n}X_{ij}}{\max\limits_{1\leqslant i\leqslant n}X_{ij}-\min\limits_{1\leqslant i\leqslant n}X_{ij}} \tag{1}$$

对于逆指标，利用如下公式：

$$Y_{ij}=\frac{\max\limits_{1\leqslant i\leqslant n}X_{ij}-X_{ij}}{\max\limits_{1\leqslant i\leqslant n}X_{ij}-\min\limits_{1\leqslant i\leqslant n}X_{ij}} \tag{2}$$

式中，X_{ij}是第 j 个指标第 i 个城市的原始数据，$maxX_{ij}$为每组指标数据的最大值，$minX_{ij}$为每组指标数据的最小值。

2. 权重的确定——熵值法

由于主观赋权的 AHP 法操作起来具有一定困难，本书只采用客观赋权的熵值法。一般认为，熵值法能够深刻地反映出指标信息熵值的效用信息。利用熵值法估算各指标的权重，其本质是利用该指标信息的价值系数来计算的，其价值系数越高，对评价的重要性就越大。熵值法公式如下：

第 j 指标的信息熵值为：

$$e_j=-\frac{1}{\ln(m)}\sum_{i=1}^{m}y_{ij}\ln y_{ij} \tag{3}$$

某指标的信息效用价值取决于该指标的信息熵 e_j 与 1 之间的差值：

$$d_j=1-e_j \tag{4}$$

各组合的权重为：

$$w_j=\frac{d_j}{\sum\limits_{j=1}^{n}d_j} \tag{5}$$

指标差异系数越小，赋予其的权重越小；反之，指标差异系数越大，赋予其的权重就越大。因此，可用某指标差异系数占指标差异系数总和的比重来确定该指标的权重。

结合非期望产出的 SBM 模型得出的结论，即合肥市的技术进步增长率最高，年均增长率达到 10.2%，然而，其技术效率指数小于 1，这一现象从侧面说明合肥市的经济发展更加注重技术进步而忽视对生产效率的提高，通过 DEA－SBM 分析，得出合肥市的发展主要靠要素投入和技术进步来推动，故经济发展转型、科技文化转型的具体指标权重设置得相对大一些。二级指标分层加权总和即为一级指数权重，各指标权重值具体如表 7 所示。

3. 转型发展指数及模型构建

在指标体系的基础上，形成转型发展指数 TDI，其模型如下：

$$TDI=\sum_{i=1}^{20}W_iY_i \tag{6}$$

式中，Y_i 为所有二级指标标准化后的数据，W_i 为每个指标对应的权重。转型发展指数反映了一个地区或城市的转型发展水平，数值越大，表示转型发展水平越高；反之，表示转型发展水平越低。

（三）合肥转型进展分析

为了综合把握合肥市转型发展进程及其在长江经济带转型过程中的地位，本书选取了该区域综合实力位列全国先进的上海、南京、杭州以及长三角地区经济发展水平较高的苏州、无锡、宁波和长江中游省会城市武汉、长沙、南昌。

1. 转型升级指数综合得分对比分析

选取“十一五”开局之年2006年以及“十二五”规划承上启下的关键之年2013年两年的横截面数据，采用离差标准化，分别计算出长江经济带10个城市在这两个时点的转型发展水平，其TDI值以及排名情况如表8所示。表中，上海在两个时点的转型发展水平均是最高，毫无争议地位列榜首；南京、苏州分列第二三位，仅次于上海市；无锡、杭州转型发展水平中等偏上，宁波在2006年排名第十，2013年实现赶超上升至第四；武汉、长沙同属省会城市，转型发展水平大体相当；而合肥、南昌转型发展水平较低。

表8　10个城市TDI值及排名

地区	2013年		2006年	
	TDI得分	TDI排名	TDI得分	TDI排名
上海	0.7210	1	0.6604	1
南京	0.6244	2	0.6592	2
苏州	0.5817	3	0.6010	3
宁波	0.5137	4	0.2722	10
无锡	0.4676	5	0.5437	4
杭州	0.4520	6	0.4444	5
武汉	0.3874	7	0.4188	6
合肥	0.3792	8	0.3649	9
长沙	0.3356	9	0.4082	7
南昌	0.2862	10	0.3660	8

资料来源：《上海统计年鉴》、《浙江统计年鉴》、《江苏统计年鉴》、《安徽统计年鉴》、《湖北统计年鉴》、《湖南统计年鉴》、《江西统计年鉴》（2006～2014）。

2. 转型发展指数分项得分对比

截取2013年合肥、长沙、武汉、南昌、南京、上海、杭州、苏州、无锡、宁波10个城市A1（经济发展转型）、A2（社会发展转型）、A3（生态转型）三个分项转型指数做柱状图（见图2至图4）。得出，上海作为区域龙头，不仅转型发展指数综合得分远高于其他9个城市，而且在各分项转型指数得分也名列前茅，尤其是在经济转型领域，位列第一。2013年合肥市在TDI总得分排名倒数第三，但在经济转型方面，合肥略高于平均水平，排名第四，这说明合肥在经济转型发展过程中取得了较大进步，转型发展水平远高于同区域其他城市，因此，要继续加快推进合肥产业转型进程和力度，全方面多方位促进经济转型；在社会转型方面，合肥也与同级别的武汉、长沙存在较大差距，TDI 得分远未达到 0. 205 的平均水平，经济社会发展转型的滞后是造成城市转型落后的重要原因之一；在 A1、A2、A3 三个分项 TDI 得分中，合肥市最接近平均得分的是 A1（经济发展转型）与 A3（生态转型）这两项。

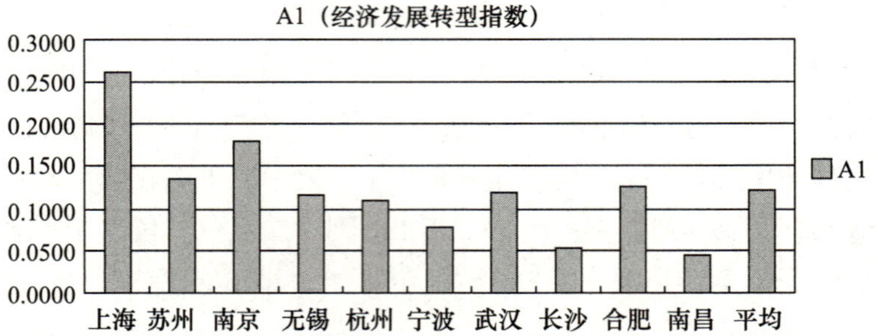

图 2　2013 年 A1 转型发展指数对比

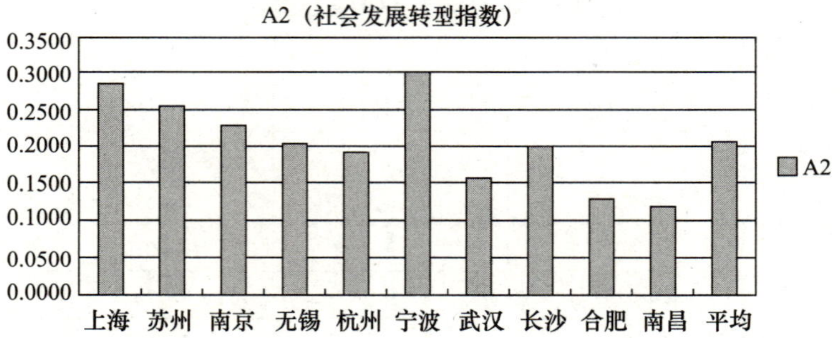

图 3　2013 年 A2 转型发展指数对比

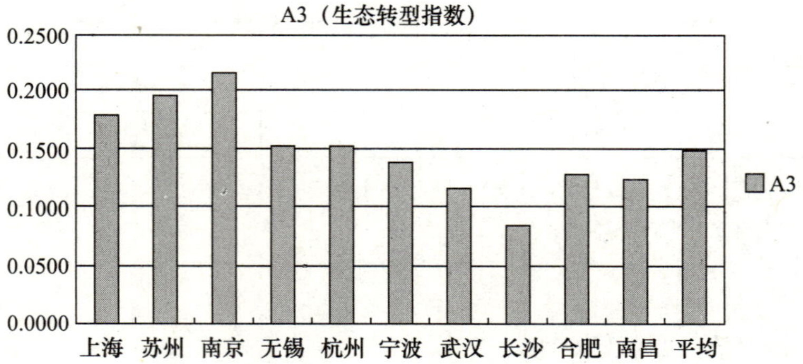

图 4　2013 年 A3 转型发展指数对比

3. 合肥与上海、宁波、长沙的比较

为了进一步分析合肥在转型发展过程中所处的地位，将合肥与上海、宁波、长沙进行对比。上海市是长江经济带城市群中发展程度最高，转型升级最充分的城市；宁波虽不是省会城市，但其经济水平较高且在该区域城市转型发展中处于中等偏上水平；而长沙与合肥同属于长江中游省会城市，转型程度在该区域城市群中属于中等水平。与这三座城市进行对比，更能反映自“十一五”以来合肥在转型过程中存在的差距和问题，以及赶超上升的空间。

将四市在2006年和2013年两个时点的各准则层得分进行比较可知（见图5），2006年，合肥的A1（经济发展转型）、A2（社会发展转型）、A3（生态转型）得分略高于宁波，其中，A3得分还位列长沙之前与上海得分相差甚微；2013年，合肥的A1（经济发展转型）得分开始反超长沙，却在A2（社会发展转型）方面倒数第一。宁波则在这一时期加快了社会发展转型的步伐。

究其原因，合肥近年来GDP增速、高新技术产业产值及其增速较快，居长江经济带城市群前列，同时，科教文卫支出、政府公共支出也在不断增加。这说明，合肥产业转型升级的骄人成绩与政府创新引领和创新推动密不可分。虽然合肥在转型发展总体水平上落后于上海、南京等城市，但由于得天独厚的教育科技资源以及政府正着力打造“大湖名城，创新高地”，加大生态转型与环境保护力度，合肥近年来在城市转型方面取得了骄人的成绩。

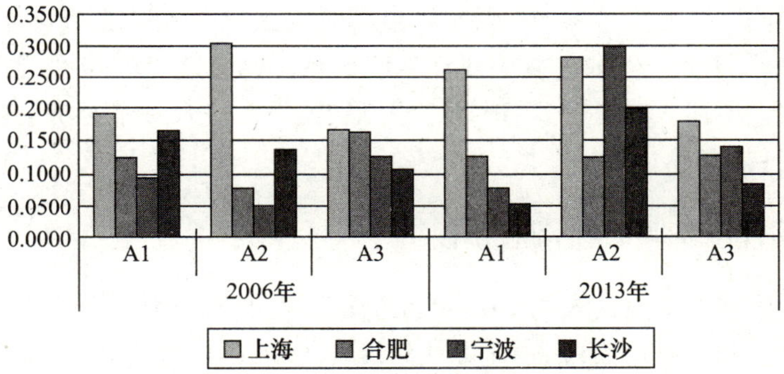

图5　合肥与上海、宁波、长沙转型发展各准则层得分比较

（四）合肥转型发展的阶段性特征研判

人类文明的进程不是直线式的，就现代化进程来说，阶段性特征更加明显，转型因此成为现代化题中的应有之义。因此，依据转型发展指数、人均国内生产总值、城市化、三次产业比重以及恩格尔系数等现代化重要指标和经济社会发展的阶段性理论，科学分析和判断合肥经济社会发展所处的阶段，可以为城市转型升级提供理论依据。

1. 转型发展进入“三位一体”的新阶段

由于转型发展指数（TDI）反映了一个地区或城市的转型发展水平，数值越大，表示转型发展水平越高；反之，表示转型发展水平越低。选取合肥市2006～2013年数据对TDI以及经济转型、社会转型以及生态转型三方面进行测度，以各项转型发展指数值作为纵轴绘制合肥转型进展变化趋势图①（见图6）。

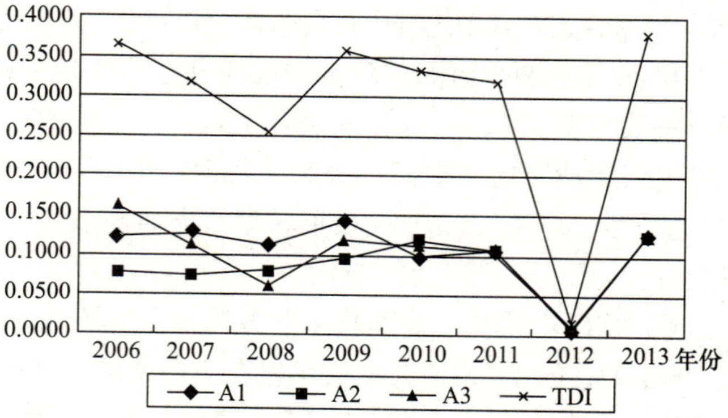

图6　2006～2013年合肥转型进展变化趋势

由图6可知，TDI转型总体趋势与经济发展转型趋势一致，其变化趋势与合肥转型升级总趋势基本相同。合肥市各领域的转型速度总体上比较协调，在2009年以后差别缩小，2011年以后经济、社会、生态三项转型呈黏性状态，说明这三项转型已经成为相辅相成的一个系统，综上所述，"十三五"时期，合肥转型发展进入一个经济、社会、生态"三位一体"的新阶段。

2. 经济发展处在工业化中后期新阶段

美国经济学家钱纳里根据人均GDP把经济社会发展划分为三个阶段六个时期，即初级产品生产阶段（传统社会阶段）、工业化阶段（工业化初期阶段、工业化中期阶段、工业化后期阶段）和发达经济阶段（后工业化社会阶段、现代化社会阶段）。钱纳里指出，人均GDP水平越高，工业化程度越高；同时，随着时间的推移，不同时期人均GDP标准逐步上升。

表9　经济发展阶段划分②

时期	经济发展阶段		人均生产总值（美元）	
			1970年	2007年
1	初级产品生产阶段	传统社会阶段	140～280	781～1562
2	工业化阶段	初期阶段	280～560	1562～3125
3		中期阶段	560～1120	3125～6250
4		后期阶段	1120～2100	6250～11718
5	发达经济阶段	后工业化社会阶段	2100～3300	11718～18749
6		现代化社会阶段	3300～5040	18749～28123

① 2012年的反常下降概因区划调整所致。

② 钱纳里等．工业化和经济增长的比较研究［M］．上海：三联书店，1989.

按常住人口计算，2014 年，合肥人均 GDP 折合美元首次超过 1 万美元，达到 10971 美元。鉴于钱纳里经济社会发展阶段理论的局限性，主要适用于独立关税体的国家或地区。按照产业经济学的基本原理，衡量一个地区所处发展阶段，要突出以各产业的状况及其在国民经济中的地位和作用为标准，2014 年，合肥工业增加值占 GDP 比重已达到 44.4%。未来 5 年，世界经济结构深度调整和我国经济发展方式转型继续推进，结合合肥实际以及合肥发展面临的历史性任务，新时期的工业化必须与信息化更加密切融合，突破传统模式转向高端化、高效化的质量提升模式，这对合肥“十三五”工业化提出了更高的要求。综合判断，合肥正处在工业化中后期阶段，仍须把推动产业转型升级作为加快工业化进程的首要任务。

表 10　2006～2014 年合肥人均 GDP 与经济发展阶段划分

年份	合肥（美元）	阶段
2006	3186	工业化中期
2007	3885	工业化中期
2008	4840	工业化中期
2009	5652	工业化中期
2010	7209	工业化中期
2011	6793	工业化中期
2012	7732	工业化中期
2013	9939	工业化中期
2014	10971	工业化中后期

资料来源：《合肥市统计年鉴》（2006～2014）、2014 年统计公报。

3. 社会发展处在补齐“短板”的新阶段

“十一五”以来，尽管合肥经济发展取得长足进步，整体发展已接近国内先进水平，但社会发展相对滞后，已经成为制约合肥转型发展的一个重要因素。城市可持续发展指数 2013 报告显示（根据 2011 年数据分析），在全国 185 个城市中，合肥的社会发展居于第 94 位（其中城市就业率 45 位、人均拥有医生数量 32 位、中学生占年轻人口比例 150 位、养老保险覆盖率 89 位、医疗保险覆盖率 118 位），从一个侧面反映教育、医疗、社保对包括外来人口在内的常住人口的覆盖水平。

从人口密度等指标看，合肥市已处于重要的可持续发展转型决策点。合肥市的城市建成区人口密度已达 9662 人/平方千米（2011 年数据），已遇到中国城市普遍存在的可持续发展拐点（8000 人/平方千米）。从人口规模看，“十三五”期间，合肥城市人口将由 440 万人增加到 550 万人，期间将遇到重要决策点（450 万人）。由此可见，“十三五”时期对合肥的社会发展至关重要，这就要求合肥市更加重视社会转型发展，优化公共财政支出结构，加大对民生和社会事业方面的投入，补齐社会发展“短板”，实现广大人民群众充分享受改革发展成果。

4. 生态发展处在保护性开发的新阶段

自2012年以来，合肥以巢湖流域生态文明示先行范区建设为统揽，强力实施环巢湖道路桥梁、防洪、航道、河道整治、生态修复、生态农业、入湖截污、旅游开发“八大工程”，启动实施巢湖生态环境综合治理一、二期工程，累计完成投资400多亿元，氮磷污染削减8%左右，巢湖蓝藻暴发次数和藻密度都只有往年的一半不到，巢湖总体水质由中度污染转为轻度污染，已由劣Ⅴ类转为Ⅴ类及以下，纳入重点流域水污染防治规划考核的10个断面中有7个已达标，另外3个阶段性达标，这为合肥生态发展奠定了良好基础。

当前和今后一段时期，党的十八大突出强调要把全面协调可持续作为深入贯彻落实科学发展观的基本要求，将生态文明建设纳入“五位一体”总体布局之中，不断开拓生产发展、生活富裕、生态良好的文明发展道路。特别是随着广大人民群众对美丽自然环境和优质生态产品的需求必将进一步提升。这就要求“十三五”期间，合肥必须把生态环境保护放在更加突出位置，把巢湖生态文明先行示范区建设作为全市转型发展中的一项重要任务进行部署，抓好落实。

5. 空间形态处在向多中心晋级的蓄势阶段

“十二五”以来，合肥城乡空间扩张迅速，合肥城区建成区面积逐年攀升，城市空间布局日趋合理。一方面，城市外围沿对外交通放射线向在东、南、西南、西、北五个方向伸展出五个生长轴，城市呈指状向外发展趋势明显。另一方面，依靠紧邻长三角，承东启西的区位优势，注重高速公路、国省道在主城区、新城区和县域中心镇周边的合理分布，逐步形成全国重要的交通枢纽城市。主城区向周边扩展，与城区周边县城融为一体，一体化发展趋势明显；庐江、长丰等县城逐步扩大，向中等城市迈进；环巢湖生态环境优良，旅游景观风貌积极构建，市域“1331”整体空间格局雏形初现。从合肥城市空间演变的态势来看，基本可以判断，合肥城市空间正在发生由单中心向多中心晋级的蓄势阶段。

（五）“十三五”时期合肥面临的四大转型要务

1. 产业结构面临向后工业化过渡转型

英国经济学家克拉克提出，随着人均国民收入水平的提高，劳动力会逐步由第一产业向第二产业，再向第三产业转移。随着经济的发展，农业在经济中的比重不断下降，工业和服务业的比重则逐步上升。贝尔（1973）进一步指出，随着经济发展水平的进一步提高，工业部门的比重在上升到一定水平之后又会开始下降，服务业则逐步成为经济的主体部门。各国经验表明，在经济发展水平较高的阶段，无论劳动力比重还是产值比重，第三产业都是最高的。

表 11　各类经济发展水平相对应的三次产业劳动力分布结构

经济发展阶段	三次产业劳动力分布（%）		
	第一产业	第二产业	第三产业
准工业化阶段	大于 63.3	小于 17.0	小于 19.7
工业化初级阶段	小于 63.3	大于 17.0	大于 19.7
工业化中级阶段	小于 46.1	大于 26.8	大于 27.1
工业化高级阶段	小于 31.4	大于 36.0	大于 32.6
发达经济阶段	小于 17.0	大于 45.6	大于 37.4

从表 12 可以看出，自 2006 年来合肥市三产产值变动情况以及三产劳动力分布，2006 年合肥市第一产业劳动力占比超过第二产业，相应的第一产业产值比重为 5.75%，第二产业产值略高于第三产业产值，工业化处于中期阶段；自 2007 年后，合肥第三产业劳动力占比开始超过第二产业，且两者间差距越来越大，第一产业从业人数占比持续下降，从劳动力分布结构的变化来看，第一产业吸纳劳动力的能力逐渐减弱，而第二产业、第三产业吸纳劳动力的能力逐渐增强，同时存在劳动力从第一产业向第二产业，再向第三产业转移的现象，这种转移在 2010 年前后达到最快。

表 12　2006～2014 年合肥三次产业劳动力分布结构

年份	三次产业劳动力分布（%）			产值结构（%）		
	第一产业	第二产业	第三产业	第一产业	第二产业	第三产业
2006	31.7	22.7	45.6	5.75	47.55	46.70
2007	25.8	36.4	37.8	6.30	50.2	43.50
2008	24.3	37.5	38.2	5.92	49.96	44.12
2009	23.2	37.0	39.8	5.17	52.57	42.26
2010	23.6	33.5	42.9	4.91	53.92	41.17
2011	24.2	32.9	42.9	5.73	55.05	39.22
2012	22.0	33.9	44.1	5.50	55.32	39.17
2013	20.3	34.8	44.9	5.30	55.30	39.40
2014	18.0	35.3	46.7	5.00	55.70	39.30

资料来源：《合肥统计年鉴》（2006～2014 年）。

综合判断，合肥“十二五”后半段开始进入工业化后期，这就需要合肥市瞄准沪宁杭等先发城市的新标杆，把握向工业化中后期过渡的产业转型规律，突出高端产业和产业高端，聚焦发展战略性新兴产业和现代服务业，打造一批国际化世界级产业集群，全面提升产业发展质量。

2. 社会结构要向富裕社会做重要转型

恩格尔系数（食品支出总额占个人消费支出总额的比重）是国际上通常用来衡量居

民生活水平高低的一项重要指标，一般随着居民家庭收入和生活水平的提高而下降。根据联合国粮农组织提出的标准，恩格尔系数在60%以上（包括60%）为贫困、50%～59%为温饱、40%～49%为小康、30%～39%为富裕、低于30%则为最富裕。

表13　2006～2014年合肥城乡居民恩格尔系数及所处阶段研判

年份	城市居民恩格尔系数（%）	阶段	农村居民恩格尔系数（%）	阶段
2006	46.10	小康	50.3	温饱
2007	42.60	小康	—	—
2008	39.63	富裕	—	—
2009	37.10	富裕	—	—
2010	35.80	富裕	48.6	小康
2011	38.03	富裕	48.3	小康
2012	34.20	富裕	45.0	小康
2013	35.57	富裕	43.1	小康
2014	33.70	富裕	37.0	富裕

资料来源：《合肥市统计年鉴》（2006～2014）、《2014年合肥经济社会发展统计公报》。

2006年以来，合肥市居民收入及消费水平平稳增长，恩格尔系数持续降低。2006年、2007年城市居民恩格尔系数均高于40%，说明合肥市仅处于小康水平；2008年以后，随着我国经济的快速发展，人民生活水平得到明显改善，合肥城市居民恩格尔系数首次低于40%，从平均水平看，合肥城市居民已经迈入了富裕阶段，但也存在收入差距扩大的现象。相比之下，合肥农村居民的恩格尔系数在2014年才首次低于40%，2014年，城乡人均收入水平比和人均消费水平之比分别为2.04和2.01，城乡一体化发展和缩小收入差距的任务依然不可轻视。

表14　按等级分的城镇就业居民平均每人年收入状况　　单位：元

年份	平均收入	低收入	中低收入	中等收入	中高收入	高收入	高中等收入之差
2010	21125	9710	15574	18854	24678	45539	26685
2011	24828	12451	18034	21921	27510	56852	34932
2012	27885	12689	20314	24818	32400	61675	36857
2013	30401	14075	20584	26171	37177	66364	40193

资料来源：《合肥市统计年鉴》（2006～2014）、《2014年合肥经济社会发展统计公报》。

对"未富先老"、"性别失衡"问题要高度关注。近几年合肥市老龄人口逐年增长，2013年已达到12.70%，根据联合国人口统计的标准，65岁以上老人占总人口的7%，即为进入老龄化社会。因此，合肥市早已步入老龄化的人口结构类型，并且老年人口比重持续增加。从性别结构来说，合肥市近几年人口性别比都在107左右，略高于全省性别比，分年龄段的性别比例有比较明显的随着年龄的下降而升高的趋势，其中新生儿的性别比例高于正常值。2013 年合肥出生人口性别比为 117.75，部分县市性别比更高，肥东县高至 123.03。这就要求，“十三五”期间，合肥市要进一步加快城乡一体化进程，优化人口结构，缩小城乡差距，努力实现城乡居民共同富裕。

表 15　2010～2014 年合肥市人口发展情况

年份	2010	2011	2012	2013	2014
常住人口（万人）	570	752	757	761	769
合肥市性别比	108.88	107.91	107.84	107.63	
安徽省性别比	107.92	107.80	107.78	108.08	
老年系数（%）	8.46	10.42	12.12	12.70	
少年儿童系数（%）	14.05	16.89	15.96	15.72	
出生率（%）	11.09	10.08	12.60	11.88	13.09
自然增长率（%）	6.75	4.83	4.64	4.35	6.99

资料来源：《合肥市统计年鉴》（2006～2014）、《2014 年合肥经济社会发展统计公报》。

3. 生态环境要向生态文明系统化转型

美国地理学家诺瑟姆通过分析各国城市化发展轨迹，发现城市化进程总体上呈现为一条稍被拉平的“S”曲线，并将城市化进程进行分类。方创琳等在此基础上提出改进，将城市化进程分为四大阶段：初期阶段（城市化水平在 1%～30%之间，为起步阶段）、中期阶段（城市化水平在 30%～60%之间，为成长阶段）、后期阶段（城市化水平在60%～80%之间，为成熟阶段）、终期阶段（城市化水平在 80%～100%之间，为顶级阶段）。

表 16　2006～2014 年合肥城市化水平及阶段研判

年份	合肥城市化水平（%）	阶段
2006	57.7	中期阶段
2007	60.3	后期阶段
2008	62.5	后期阶段
2009	64.1	后期阶段
2010	68.2	后期阶段
2011	64.6	后期阶段
2012	66.4	后期阶段
2013	67.8	后期阶段
2014	69.1	后期阶段

数据来源：《合肥市统计年鉴》（2006～2014）。

在城市化后期，西方发达国家因为资源能源的约束甚至出现“逆城市化”趋势，对生态文明的追求成为引发一系列技术变革和新能源革命的内在动力。通过表 16 可以看出，自 2006 年以来合肥市城市化进程不断推进，处在城市化的中期阶段，虽总体水平不如上海、南京等发达城市，但在“十一五”期间城市化水平一直接近全国平均水平。从 2007 年起进入城市化的后期阶段，2011 年前后因为行政区划分的调整有所回落，但随后又得到快速发展。总体来看，合肥经济发展整体水平不高，综合竞争力不强，产业结构和空间布局还不尽合理，一些不利于生态文明建设的体制机制障碍还没有根本消除，未来统筹人和自然、经济和社会、城镇和乡村的协调发展将是一项长期艰巨的重大任务。随着合肥进入城市化后期阶段，这就要求合肥要更加注重城市发展的质量，按照打造“大湖名城、创新高地”的战略部署，把生态转型作为“十三五”转型发展的重要战略任务，从而加快构建新时期合肥生态文明建设体系。

4. 空间形态向世界级城市群副中心转型

城市空间结构的变化是与城市内在经济和社会文化的兴衰密不可分的，观察目前世界大城市正经历着的空间结构重构，可以发现，伴随发生的变化是：资本主义步入后工业化社会，社会文化出现了向后现代主义转变，以国家干预为主要特征的凯恩斯主义转向福利经济为主要特征的后福利主义，相对封闭的国家经济被经济全球化所取代。以电子信息、生物技术、新材料以及文化产业、高端服务业为主要内容的科学技术革命则更强有力地推进了城市空间的变革，特别是城市边缘地区的开发区、新城建设规模越来越大，且形成相对独立的城市新区，促进了城市空间的分散化趋势。

表 17　1990～2010 年沪宁杭合建成区扩张速度与紧凑度①

城市	扩张速度（km^2/年）	扩张系数	1990 年紧凑度	2010 年紧凑度
上海	42.13	2.02	0.41	0.32
南京	22.44	1.90	0.36	0.16
杭州	22.40	1.63	0.33	0.48
合肥	13.09	1.51	0.64	0.36

近半个世纪以来，世界城市、区域空间组织形式发生了巨大变化，即由单中心向多中心结构的转变和沿交通干线的走廊式发展，空间网络化已成为城市空间扩展的一个基本现象，一些具备强大增长实力的核心城市通过空间水平与垂直的扩张逐渐演变为大都市地区。在这样的背景下，国家对合肥提出升级为长三角世界级城市群副中心的新定位，符合世界潮流，也为合肥进一步打开空间扩展提供了契机（见表 17）。

---

① 根据 2015 年第 1 期《经济地理》的潘竟虎、戴维丽《1990～2010 年中国主要城市空间形态变化特征》相关内容整理所得，比对沪宁杭，合肥近 20 年的扩张速度并不快，2011 年合肥区划调整可能有所变化，但总体建成区变化不大。

空间是人口与产业的载体，城市空间扩展是一定历史时期内城市空间的变动过程，是一个城市动态发展的概念，包括了从用地形态到社会地域结构、城市人口从中心到外围的分布、就业与居住的关系和交通形式等方面。世界级城市群副中心，当然意味着城市的发展必然处在与世界经济接轨的开放复杂变化的动态之中，城市的空间扩展更直接、更深刻地受到来自国内外政治经济文化环境的多重影响，比对世界级城市群副中心加快空间转型，对外，提高合肥的影响力；对内，提高合肥的凝聚力，成为合肥“十三五”时期的重要任务。

四、经济转型

（一）目标

通过推进“大湖名城、创新高地”建设，实现合肥在全国省会城市“新跨越，进十强”，使合肥市创新能力显著增强，产业结构渐趋优化，发展质量明显提升，城乡发展更加协调，社会事业全面发展，生态文明全省先行。到2020年，初步形成长三角世界级城市群副中心的综合功能，经济总量超万亿元，经济发展水平进入全国发达地区“第一方阵”，人均收入达到长三角城市群平均水平，生态环境质量居全省先进水平。“十二五”期间全市生产总值预计年均增速12%左右，并且出现前高后低的走势，考虑到“十三五”期间面临的调结构、转方式、促转型、防风险等因素，发展速度适度调低，与全国与全省的发展态势总体一致，是主动适应新常态的正确选择，因而是必要的。“一带一路”把合肥列为重要节点城市，特别是长江经济带发展的国家战略把合肥市定位为全国性综合交通枢纽、长三角世界级城市群副中心，提出建设沪宁合主轴带、提高合肥都市区国际化水平等要求，这为合肥提供了难得的历史机遇，特别是经过多年的打基础、聚能量，合肥具备了较快发展的基础条件和内在动力。预计到2020年，合肥经济总量超过10000亿元，年均增长9%～10%（不变价），总量占全省比重提高到28%左右，三次产业结构调整为3：51：46。

1. 保持较高增速，实现总量跃升

根据国家对合肥的新定位，合肥必须加快发展，经济总量要有显著的增加，要迈出一大步才能补上，因此增长速度必须继续保持在一个比较高的水平。新常态发展背景下，我国整体经济增长速度放缓。2014年中央经济工作会议对下一年的经济增长速度预期为7%。合肥是安徽的省会城市，且需要进一步追赶南京、杭州两市，“十三五”期间经济增长速度需要保持在10%以上，2020年能达到10000亿元，但即使如此，差距依然不容忽视，新常态下，如何保持较高增速是合肥“十三五”时期的重要课题。

表 18 不同增长率下 2015～2020 年合肥市 GDP 预测值 单位：亿元

年份	增长率 10.38%	增长率 10.09%	增长率 12.20%	增长率 12.10%	增长率 11.42%	增长率 11.74%
2014	5693.37	5678.41	5787.24	5782.08	5747.01	5763.52
2015	6284.34	6251.36	6493.29	6481.72	6403.32	6440.15
2016	6936.65	6882.12	7285.47	7266.00	7134.58	7196.23
2017	7656.68	7576.53	8174.29	8145.19	7949.35	8041.06
2018	8451.44	8341.00	9171.56	9130.76	8857.16	8985.08
2019	9328.70	9182.61	10290.49	10235.58	9868.65	10039.93
2020	10297.02	10109.13	11545.93	11474.09	10995.65	11218.62

注：上述各增长率为现价。

2. 构建现代产业新体系，实现“质”的提升

（1）第一产业基础地位更加稳固。这并不意味着农业在国民经济中地位的降低；相反，农业是国民经济发展的根本是不变的。降低第一产业比重的同时，必须转变农业发展方式，拓展农业的功能，建立都市现代农业体系。

（2）第二产业发展质量明显提升。传统工业要降低能耗，争取在 2020 年将能源消费弹性系数降到 0.5 以下，提高能源综合利用效率。对战略性新兴产业、高新技术企业，要加大科技研发投入，加强产学研之间的联动合作，积极进行技术改造升级，主要解决产业综合实力不强、受生产要素和环境制约较大、外延式产业扩张难以进行、自主创新能力不高、科技成果转化效率不高等方面的问题。

（3）第三产业拉动作用更加突出。提高生活性服务业的质量，提升城市居民生活品质。同时，调整生产性服务业和生活性服务业的结构，争取到 2020 年，生产性服务业产值占服务业产值比重超过 50%。

（二）任务

1. 缩短与南京、杭州的差距

近年来，合肥市经济发展速度较快，整体水平有了很大提高，但与周围其他城市相比，总量规模仍然偏小，综合实力不强。2013 年合肥市生产总值为 4672.91 亿元，而南京、杭州分别为 8011.78 亿元、8343.52 亿元，合肥仅相当于南京、杭州的 58%、56%。其次，合肥的产业结构层次较低。2013 年，合肥市三次产业结构比例为 5.3∶55.3∶39.4，是典型的“二、三、一”模式，而南京、杭州分别为 2.5∶43.1∶54.4 和 3.2∶43.9∶52.9，是“三、二、一”形式，第三产业占主要地位。合肥仍然处于以工业为主导的工业化后期，而南京、杭州已进入以知识密集型为主体、服务业为主导的后工业化阶段。

“十三五”时期，合肥产业转型的主要任务是要从经济总量和结构优化两方面缩小与南京、杭州的差距，在沪宁合（上海、南京、合肥）主轴带功能中发挥应有的作用。

2. 提升第三产业比重与质量

从产业结构时间序列的变动趋势来看，2005 年以来，合肥市第二产业比重连续上升了 10.9 个百分点，而该时期内，上海、南京、杭州第二产业占 GDP 的比重一直在下降。第二产业占比的上升与合肥“工业立市”和承接产业转移的产业政策导向密切相关。众所周知，工业和服务业是相辅相成、协调发展的。工业的发展为服务业提供了基础和空间，而有了发达的服务业才会有发达的工业，生产性服务业的发展对第二产业的发展有着至关重要的作用，故合肥市整体经济水平的提升需要统筹好第二、三产业的发展关系。

2014 年，合肥市服务业比重为 39.3%，以都市化产业体系的标准来看，这一比重偏低。从服务业的主导类型上看，合肥市的服务业以生活性服务业为主，用于为生产提供服务的生产性服务业所占比重较小。2010 年以来，受到国内外复杂经济形势的影响，服务业与国民经济呈同趋势放缓。与新定位下的标杆城市上海相比，合肥市生产性服务业占比较小，实力较弱，且占比上升缓慢。以合肥所有生产性服务业产值中比重最大的金融业和现代物流运输业为例，上海作为金融中心和长三角的入海口，这两个行业的绝对实力远远超过合肥，如何提升第三产业的比重与质量，走出合肥特色的现代服务业发展道路是“十三五”时期合肥产业转型的又一重要任务。

表 19　2005 ~ 2014 年合肥市三次产业增长率对比

年份	第一产业增加值（亿元）	增幅（%）	第二产业增加值（亿元）	增幅（%）	第三产业增加值（亿元）	增幅（%）
2005	52.50	1	382.69	20.2	418.38	16
2006	61.76	7.7	510.59	22.7	501.51	13.7
2007	80.02	7.3	651.20	23.5	602.98	13.8
2008	105.2	7.3	834.92	21.7	724.72	13.3
2009	108.69	6.2	1104.98	22.5	888.45	12.4
2010	132.6	3.5	1457.6	22.3	1112.3	12.7
2011	208.2	3.5	2002.2	19.8	1426.2	11.4
2012	229.05	5.4	2303.91	15.4	1631.38	12.3
2013	247.21	3.2	2583.75	12.9%	1841.95	10.6
2014	257.63	4.8	2872.01	11.4	2028.33	8.5

资料来源：合肥市 2005 ~ 2014 年国民经济和社会发展统计公报。

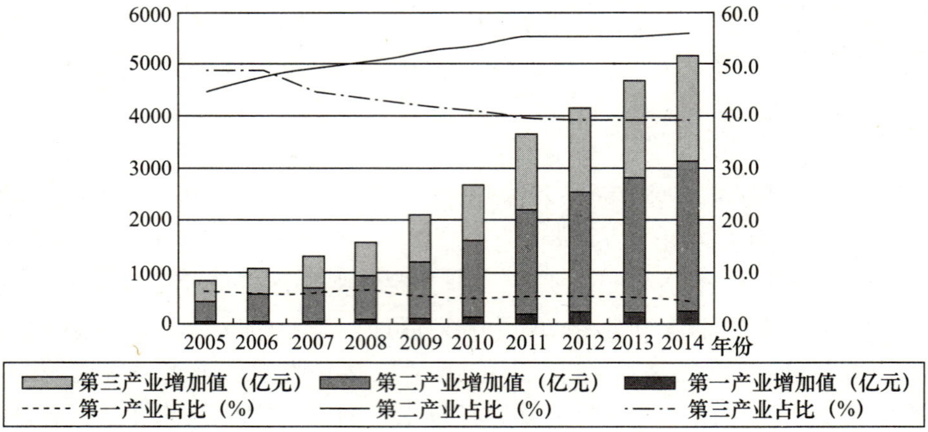

图7 2005～2014年合肥市三次产业增加值及其比重变化

3. 进一步降低单位GDP能耗

单位GDP能耗说明了一个国家（或地区）经济活动中对能源的利用程度。“十一五”以来，合肥市该指标值一直处于下降趋势，每万元GDP消耗的标准煤从0.96吨下降到了0.58吨，但与上海市比起来，还是有很大的差距。2013年上海市单位GDP能耗为0.55吨标准煤，比合肥市要低（见表20）。能源消费弹性系数则反映能源消费增长速度与国民经济增长速度之间的比例关系。[①] 该弹性系数值越小越好，越小则说明能源消费量年均增长速度比国民经济年均增长速度要低，经济增长所消耗的物质、能源较少。2013年，上海市该指标值降为0.39，而合肥市为0.55。节能减排、低碳发展是新常态下城市转型的必由之路，合肥市任重道远。

表20 合肥市与上海市能源消耗指标对比

年份	合肥市		上海市	
	单位GDP能耗（吨标准煤/万元）	能源消费弹性系数	单位GDP能耗（吨标准煤/万元）	能源消费弹性系数
2006	0.96	0.73	0.85	0.62
2007	0.91	0.67	0.81	0.59
2008	0.86	0.65	0.78	0.57
2009	0.81	0.61	0.73	0.19
2010	0.78	0.76	0.71	0.78
2011	0.64	0.70	0.62	0.30
2012	0.60	0.48	0.57	0.11
2013	0.58	0.67	0.55	0.39

① 能源消费弹性系数的计算公式是能源消费量年平均增长速度比上年国民经济平均增长速度。

4. 凸显主导产业的特色和优势

2014 年，合肥市六大主导产业为汽车及零部件、装备制造、家用电器、食品及农副产品加工、平板显示及电子信息、光伏及新能源。各产业实现的增加值绝对数相对来说较小，特别是光伏及新能源产业，其增加值仅为 62.81 亿元，占该年规模以上工业总增加值的 2.95%。

另外，从行业分类工业总产值的排序来看，合肥市前六位的产业有五类产业与上海、南京、杭州类似，如汽车制造业是上海、南京和杭州的优势产业，通用设备制造业同样为上海和杭州所重点发展的产业，计算机、通信和其他电子设备制造业亦是上海和南京的第一位产业。制造业的内部同构不利于实现错位发展和良性互动，会使合肥在国家新一轮长江经济带开发战略中难以构筑特色竞争新优势。

表 21　2013 年合肥、上海、南京和杭州工业总产值排序前六位产业

位次	合肥市	上海市	南京市	杭州市
1	电气机械和器材制造业	计算机、通信和其他电子设备制造业	计算机、通信和其他电子设备制造业	化学原料和化学制品制造业
2	汽车制造业	汽车制造业	化学原料和化学制品制造业	纺织业
3	计算机、通信和其他电子设备制造业	石油加工、炼焦和核燃料加工业	汽车制造业	电气机械和器材制造业
4	通用设备制造业	黑色金属冶炼和压延加工业	石油加工、炼焦和核燃料加工业	通用设备制造业
5	专业设备制造业	通用设备制造业	黑色金属冶炼和压延加工业	计算机、通信和其他电子设备制造业
6	化学原料和化学制品制造业	化学原料和化学制品制造业	电气机械和器材制造业	汽车制造业

（三）对策

“十三五”时期，合肥要加快推动由“工业立市”战略适时向“新型工业与现代服务业并重”战略转变，强化新型工业与现代服务业“双引擎”的作用。在继续壮大城市工业体系、提高城市工业化程度的同时，大力发展第三产业，做到新型工业与现代服务业并重。

1. 改造传统引擎，打造新引擎

坚持以“增量新兴，存量升级”思路，全面推进产业结构转型升级，科学布局一批战略性新兴产业集聚区、国家新型工业化产业示范基地和高技术产业基地，聚焦重点领域，全力打造国家级和世界级产业集群。

大力发展战略性新兴产业。坚持“领军企业—大项目—产业链—产业集群”的发展路径，集中力量、集聚资源、集成政策来着力做大、做强、做优新一代信息技术、智能装备、生物医药以及光伏新能源四大战略性新兴产业集群。力争到2020年，建成四个世界级产业集群。

加快推进传统产业转型升级。突出“互联网+”、“中国制造2025”，围绕装备水平、科技含量、管理水平、产品附加值、品牌价值、节能减排、综合竞争力“七个提升”的要求，加速信息化与工业化深度融合，积极探索工业4.0发展道路，运用高新技术和先进工艺，重点培育智能家电、汽车及车辆装备、食品和农产品加工等产业集群，增强核心竞争力和国际影响力，力争到2020年，建成若干个国家级产业集群。

加快发展现代服务业。大力促进现代服务业与第一、二产业及第三产业中传统服务业的有机融合与互动发展。围绕服务实体经济，优先发展金融保险、节能环保、现代物流、航运服务等生产性服务业。围绕满足居民需求，加快发展旅游休闲、健康养老、家庭服务、文化教育等生活性服务业。大力培育和发展服务外包、信息技术、电子商务、研发设计、知识产权、检验检测、认证认可等新兴服务产业，重点发展高技术服务业。

2. 分类指导，分层实施，促进产业梯度转型

随着制造业由发达国家和我国沿海地区向中西部地区的大规模转移，合肥作为皖江城市带承接产业转移示范区核心城市，综合发展优势更加凸显，承接产业转移的黄金期已经到来。促进产业梯度转型，需要区分不同产业不同区域的不同功能。

（1）转变农业功能，形成立体城乡农业体系。农业要完成空间和功能两方面的转型。市区的农业基地要逐步向郊区和县级市转移，城区主要是大力发展高效精品农业和都市农业，推进现代农业先行发展，全面推进单功能的传统农业向多功能的现代农业转型升级，发展具有经济、生态、社会、文化等复合功能的都市农业。县乡则要加快实现传统农业向现代农业和特色农业转变，形成立体的城乡农业发展体系，以现代农业示范区为载体，高标准建设若干规模化、多功能、大循环的农业优势产业基地。推进第一产业“接二连三”，立体整合农业农村资源，加快发展农产品加工及贸易，培育一批技术力量强、市场信誉高的加工及贸易龙头企业，打造长三角地区重要的农副产品基地。

（2）促进产业链延伸、升级，提升本地工业竞争力。传统工业逐渐转移出城区，逐步淘汰落后产能，以安徽《生态强省建设实施纲要》为抓手，结合合肥市发展现状，有计划有步骤地分期、分批改造提升传统优势产业。认真贯彻国家《产业结构调整指导目录》（2011），严格控制高能耗、高污染、高排放、超标排放、超总量排放“三高两超”项目的建设，依法淘汰浪费资源、污染环境的落后生产工艺和技术设备，走绿色工业化道路；新型工业发展要基于本地高新技术产业园区、经济开发区等园区内产业集群的发展，以强化合肥六大主导产业为核心，有选择有目标的承接长三角转移进来的各类本地主导产业供应商，融入长三角的产业分工，逐渐提升本地配套能力，延伸产业链，提升本地产业园区和产业集群的核心竞争力。装备制造、汽车、家用电器、新型平板显示、食品及农副产品加工等主导产业要做大做强，变“合肥制造”为“合肥精造”；要围绕芜马合机器人集聚发展试点、电子信息国家高技术产业基地、生物经济先行实验区、“中国光伏应用第一城”、新能源汽车示范城市建设、量子通信城域网等载体，谋划打造若干引领产业发展和技术革命方向的新兴产业，朝高端化方向发展。

（3）优化布局，加快产业集群发展。加强污染企业搬迁整治。搬迁影响居民生活、居住环境，特别是存在安全生产隐患和环保、节能减排问题且难以治理的企业和不符合城市功能规划的企业。科学制定扶持、补偿和奖励政策，鼓励、引导、支持企业自愿搬迁、自动关闭和自觉整治。推进新上项目入园进区。上海、杭州、南京在20世纪90年代以来，都进行着以开发区为先导带动区域整体发展的城市化道路和空间扩展进程。合肥可以仿造，“十三五”时期，对于新上的项目，必须进各类产业园区或聚集区发展，彻底根除企业布局散乱的现象。促进工业污染物集中治理。污染物集中处理既可以降低污染治理成本，又可以提高污染治理效率。因此，要加强园区规划和环保设施建设，促进污染物集中处理。有序地推进工业园区的循环化改造。强化企业协作，积极开展企业内或企业间“三废”的资源化综合利用，实施资源化利用示范项目，对工业园区进行循环化改造，逐步建立废物交换、企业间的闭路循环系统，努力达到园区内“三废”无害化。

表22　“十三五”五大重点产业集群

电子信息产业集群	新型显示产业、集成电路产业、软件产业、量子通信产业
智能制造产业集群	智能机器人产业、燃气轮机产业、数控机床产业、精密制造产业
生物产业集群	生物医药和医疗器械产业、生物农业产业
新能源及新能源汽车产业集群	太阳能光伏产业、新能源汽车产业
高技术服务产业集群	信息技术服务产业、研发设计服务产业、科技成果转化服务产业、检验检测认证服务产业、数字内容服务产业、电子商务产业

资料来源：根据《中共合肥市委合肥市人民政府关于聚焦重点领域加快产业创新转型升级的指导意见》整理。

（4）丰富业态、完善功能，加快服务业向中高端转移。依托黄金水道，充分发挥合肥在中部地区的优越地理位置，大力发展现代物流业，从“铁公空水”等方面纳入长江经济带全方位布局，加速融合；加强合芜在长江水道上的联动，加快健全合肥港的枢纽集散功能，提高货物的吞吐量和转运能力，提升合肥周边城市圈的整体物流能力，加强综保区、出口加工区、合肥空港保税物流中心（B型）、空港经济示范区检验检疫指定口岸、新亚欧大陆桥等重大开放平台建设，加快争取跨境电子商务试点。通过股权转让、兼并重组等方式，扩大与长三角地区的金融保险中介等生产性服务业的合作。要适应制造业转型升级要求，推动生产性服务业特别是高科技服务业向专业化、市场化方向发展发展。要围绕满足群众多元化需求，突出科技融合、商业模式创新和新型业态开发，促进服务业发展高级化、国际化；同时，随着城镇化率的提高，城市居民对生活水平和质量的要求的提高，就要适应居民消费需求多样化的要求，提升生活性服务业水平，扩大服务供给，提高服务质量，加快推进服务业向中高端转移。

3. 挖掘、引进与培育并举，壮大本地企业主体

完善合芜蚌自主创新综合试验区合肥创新平台（即“一中心、三基地”：科技创新公共服务和应用技术研发中心，科研集群基地、孵化基地、产业基地）。推进合肥经济圈创新合作，围绕区域主导产业发展，深化合肥经济圈相关城市的科技交流与合作，进而形成整体优势。

（1）分类培育本地企业主体，培养企业的创新能力和自主创新意识。对初创期企业采取上门服务、开会培训等形式，引导企业充分理解政策、专利申请转化方面的知识，培养企业创新的技能和自觉性；对于成长型企业，积极鼓励其与高校院所合作，提高自身科技水平。对于成熟型企业，鼓励其做强研发机构，切实提高核心竞争力，力争成为领军企业。

（2）促进外源型经济与内生力量协同发展。近 10 年来，“大招商”、“招大商”、“大项目”、“大资金”在合肥跨越发展中起着功不可没的作用。2008 年，投资百亿元的京东方落户合肥，带来的冲击影响了整个城市。如今从引进大项目到扶持大项目，再到谋划大项目，全市上下凝聚一心、全力投入，“招商洼地、投资热土”的国际形象已然形成，许多世界 500 强、行业领军企业纷纷“抢滩登陆”。项目“请进来”后，只有与内源性经济和本地优势资源形成协同发展的局面，合肥的转型、升级、跨越发展才有后发潜力。合肥的优势资源是什么？科教应该是我们最大的优势，政府要加大科技创新平台建设力度，致力于变创新资源为创新要素。围绕新型显示及电子信息、汽车及零部件、装备制造、光伏和新能源等主导产业，选择一批有影响力、实力、潜力的大型企业，建设“少而精”具有全球研发水平的先进技术研究院，积极促进科技成果产业化，提高科研成果的转化率，加大知识产权保护力度，加强对科技创新的税收、信贷和公共采购政策支持，发展科技中介专业服务，完善科技创新的激励机制，形成“政府引导、体制创新、要素集聚、重点突破”的创新发展模式。

4. 进一步提高要素保障能力

市场经济从本质上讲就是一种发达的货币信用经济或金融经济，它的运行表现为价值流导向实物流，货币资金运动引导物质资源运动。货币资金作为重要的经济资源和财富，成为沟通整个社会经济生活的命脉和媒介，“十三五”期间，国家将继续扭转长期以来过度依赖信贷刺激经济的模式，实施金融去杠杆化，金融成为提高要素保障能力促进经济转型的关键。

（1）改变金融供给相对疲软的势头。受宏观经济形势的影响，当前合肥金融供给出现了相对疲软的现象，预期这一现象可能在未来一段时期内仍会持续。具体表现在企业尤其是小微企业能够获得的信贷支持明显不足。2014 年前三季度，金融机构的小微企业“两个不低于”目标均未实现，小额贷款公司贷款总量和融资性担保公司在保余额连续多月环比小幅回落。金融机构利润增速回落，信贷资产质量持续下行。票据及各类同业业务呈上升趋势，资金运转与实体经济仍存在部分程度的脱节。合肥市要积极发展地方金融体系、推动金融机构与优质中小企业对接等方面的工作力度，同时，把新常态下拓宽企业直

接融资渠道、引导金融机构为实体经济创新直接融资产品等作为解决融资难、融资贵问题的主攻方向。

（2）提高金融业对经济发展的贡献率。2014 年 9 月，合肥正式被定位为未来的长三角城市群副中心城市，合肥市即将迎来发展的大好契机。但相比宁杭及部分中部省会城市，合肥市金融业整体发展水平不高，金融业对经济发展贡献率不足。2014 年前三季度，合肥市金融业增加值占 GDP 的比重为 5.5%，而上海、南京、杭州占比分别达到 12.8%、10.7%、10.9%，同是中部省会城市的太原、郑州、武汉，比重也分别达到 12.8%、8.9% 和 7.2%，差距十分显著。目前，入驻滨湖金融后台服务基地的中国工商银行、农业银行、中国银行、建设银行、交通银行、邮政储蓄银行等 15 家金融机构的后台中心大都为直接隶属于各家银行总部的“成本中心”，它们在当地不开展前台业务，不创造利润，当然也不创造合肥的金融业增加值。而事实上，随着滨湖地区的开放开发，人口不断集中，居民对金融网点的需求在提高，滨湖仅仅作为金融后台服务基地不能满足当地居民的需求。根据我们的调研，利用金融后台服务基地的已有技术条件和设施，鼓励和促进原有的金融机构利用互联网金融，由目前的“成本中心”向“利润中心”或“投资中心”转变，是很有可能的。因此，我们建议，“十三五”时期，合肥市政府要依托滨湖金融后台服务基地，促进金融机构“成本中心”向“利润中心”或“投资中心”升级。

（3）减少金融结构的多种不平衡性。从融资结构来看，虽然直接融资占社会融资规模比重从 2013 年年底的 9.3% 上升至 2014 年三季度末的 18%，但仍相对较小。从机构结构来看，银行、证券、保险等传统金融机构占绝对优势，基金、资管、租赁等新型金融业态发展不足，保理、第三方支付等服务方式还不够充分。同时，地方法人金融机构和金融控股平台规模小、实力弱、主业不突出的情况依然存在。从地域结构来看，市区的金融支持力度明显大于县域，2014 年合肥县域人民币贷款余额仅为全市的 11.2%。各地直接融资工作进展差距较大，以新三板为例，挂牌企业主要集中于高新区、庐阳区、包河区、经开区、肥东县和长丰县有少量挂牌企业，其余各地有部分企业尚在准备阶段，少数县（市）区、开发区至今未出台支持企业上市、挂牌政策。从产品结构来看，现有的金融支持产品主要集中在传统经济领域，普惠金融、科技金融、民生金融和生态金融等新兴经济领域的产品严重缺乏。这些状况在“十三五”期间要通过金融创新得以改善。我们建议要加快组织已有的市级产业基金与中小企业对接，加快设立“大湖名城”中小企业创新发展基金、中小企业转贷资金池等，推动各类产业基金与企业无障碍沟通，发挥资金效益，加快引进一批专项领域产业基金和专业化的人才。要组织企业申报发行小微企业增信集合债、中小企业集合债、项目收益债、中期票据等，引导鼓励企业在主板、创业板、“新三板”、“新四板”上市融资以及众筹等。另外，要深化重点领域投融资改革，加快推进 PPP 试点工作。

5. 构建生态产业体系，促进产业生态双转型

根据环境问题的库兹涅茨曲线，合肥市的经济发展水平不高，环境污染水平仍然处于上升阶段（见表 23、表 24）。合肥地区整体经济发展相对薄弱和粗放，产业结构层次偏低，实现产业绿色化和节能减排等目标还存在诸多困难。

表23　2005～2013年合肥市“三废”治理概况

指　标	2013年	2012年	2011年	2010年	2005年
废水治理设施数（套）	288	267	258	196	173
废水治理设施运行费用（万元）	19595.4	19037.6	14604	9428.6	
工业废气治理设施数（套）	603	626	590	404	469
废气治理设施运用运行费用（万元）	43062.5	62652	61641	13806	
工业固体废物综合利用量（万吨）	955.17	1011.72	1000.83	335.36	166.62
工业固体废物综合利用率（%）	93.16	93.85	93.8	98.76	

表24　2005～2013年合肥市“三废”排放概况

指　标	2013年	2012年	2011年	2010年	2005年
工业废水排放总量（万吨）	6017.56	5971.01	6038.90	3289.79	5689.28
化学需氧量排放量（万吨）	7898.14	8440	8468.06	4008.66	7240
氨氮排放量（万吨）	386.81	516.2			
工业废气排放总量（亿标立方米）	2862.3	2769	2775	701.51	566.42
工业二氧化硫排放量（吨）	41483.1	45572	49497	31988	21000
工业烟粉尘排放量（吨）	42387.4	41120			
工业固体废物产生量（万吨）	946.44	1076.85	1065.96	339.46	168.6

正如前述分析，“十三五”时期，合肥转型发展已经进入一个经济、社会、生态“三位一体”的新阶段。“十三五”时期，产业体系方面做研究离不开生态，要大力发展生态农业，加快发展现代服务业特别是生态旅游业，着力改造提升传统产业，积极有序地发展战略性新兴产业，形成符合区域资源禀赋和环境承载力要求、体现绿色循环低碳发展理念的生态产业体系，促进产业生态双转型，实现经济可持续发展。

五、社会转型

（一）目标

1. 人口结构均衡，创建现代合肥

人口是经济社会可持续发展的关键因素。2020年，合肥将建成千万人口的国际化都市，还有很大的人口增长空间。吸引高素质人才和专业技术人员，逐步形成规模适度、结构优化、多元和谐、分布合理、服务有效与城市可持续发展和城市功能相适应的人口发展格局。

2. 阶层结构合理，构建和谐合肥

十八届三中全会明确提出，“增加低收入者收入，扩大中等收入者比重，努力缩小城乡、区域、行业收入分配差距，逐步形成橄榄形分配格局”。阶层分化是社会常态，也是社会发展进步的动力，形成合理的社会阶层结构，要使社会的中流砥柱占主要比例。

（二）任务

1. 适应产业转型需要，培养储备中级技术工人

从各级各类的在校学生人数和毕业生人数可以推断出合肥市的高素质人才比较多，在高等院校和大中专院校总毕业人数中，2013 年高等院校毕业生占 82.6%，其中研究生占 5.26%。学生层次的构成反映社会人口素质的构成，合肥作为快速发展的省会城市无疑是大容量地吸收各类毕业生和外来人口。2013 年合肥市人均受教育年限为 9.49，总体上高于省内其他地市，教育程度反映了人口素质结构特征。整体人口素质呈现出“两头重、中间轻”的哑铃型结构特征，缺少以中级技术工人为主导的技术操作层，这容易造成科研到生产的“科技价值链”中断。

从人口素质结构的地域分布来看，高素质人才主要集中在市区，尤其是高新技术开发区和经开区，四县人口素质相对较低。在人口政策与引进人才战略上做适应调整，为产业转型储备中层技术工人成为重要任务。

2. 加快完善城乡社会保障体系，防范社会风险

“十三五”时期，合肥市社会保障仍面临重大的压力和更多的问题。人口老龄化使城镇养老负担系数将大幅增加，医疗费用加重；城市化背景下必须抓紧完善农民工和被征地农民的社会保障办法，建立城乡衔接的社会保障制度；在经济全球化不断加快的背景下，将面临越来越大的就业新问题，迫切需要加快完善社会保障体系。

同时，在工业化和城市化继续快速发展过程中，面对经济增速下滑和结构转型的新常态，合肥市“十三五”时期可能面临社会矛盾的凸显期。经济调整和结构转型将导致失业人员增加，就业再就业矛盾更加突出；城市化进程中失地农民就业、生存保障问题；城乡收入差距的扩大将导致社会阶层进一步分化、重构；政府监管力度不到位导致社会违法经营，政府社会建设等无法满足社会需求的上涨等，可能成为新的社会不安定因素，导致社会风险上升。因此，提高社会治理水平保障社会安定工作不可松懈。

3. 壮大县域经济，缩小城乡差距

（1）加强县域经济基础，缩小城乡经济差距。随着时间的推移，合肥虽然经济发展水平增幅较大，绝对量有了较大幅度的提高，但通过与中部六省省会城市相关数据的横向对比，它仍然处于一个较低的水平。2013 年，合肥人均 GDP 和人均财政收入在中部六省省会城市中排名第五，仅高于山西太原。第二、三产业占 GDP 的比重、农村居民人均纯收入、在中部六省省会城市中排名垫底。在几项关键性指标中，仅城镇居民人均可支配收入和城镇化率分别位列第三、第四（见表25）。2014年，长丰、肥东、肥西、庐江四县完成GDP总量分别为333.5、448.5、508.8、200.2，加总不足全市的30%，以城带乡的一体化发展能否实现，其关键在于城区经济体量大，县乡经济基础扎实对产业的关联效应有足够的敏感性，目前看来，合肥尚有差距。

表25　2013年安徽省内外部分城市城乡一体化发展主要指标对比

（按城镇化率分类排序）

城市		常住人口（万人）	人均生产总值（万元）	人均财政收入（万元）	第二、三产业比重（%）	城镇居民人均可支配收入（万元）	农村居民人均纯收入（万元）	城乡收入比	城镇化率（%）
全国		136072	4.18	1.03	90	2.70	0.89	3.03	53.73
安徽省		6029.80	3.17	0.56	87.7	2.31	0.81	2.85	47.90
中部省会市	太原	427.77	5.65	0.58	98.4	2.40	1.13	2.12	84.12
	长沙	722.14	9.96	1.22	95.9	3.37	1.97	1.71	70.60
	南昌	518.42	6.41	1.08	95.3	2.62	1.08	2.43	69.83
	郑州	919.10	6.81	1.21	97.6	2.66	1.40	1.9	67.10
	武汉	1022.00	8.86	1.69	96.3	2.98	1.27	2.35	66.08
安徽试点市	铜陵	73.40	9.31	1.77	98.2	2.72	1.12	2.43	75.00
	合肥	757.20	6.17	1.01	94.7	2.81	1.04	2.70	67.80
	淮南	233.90	3.52	0.73	91.9	2.29	0.89	2.57	67.05
	马鞍山	219.50	5.91	1.03	96.5	3.41	1.47	2.32	61.20
	芜湖	357.80	5.86	1.07	93.9	1.93	0.92	2.10	59.60
	淮北	212.30	3.30	0.44	91.6	2.25	0.85	2.65	58.50
	郎溪	34.30	2.45	0.27	85.2	2.13	0.85	2.51	44.20
江浙	嘉兴	455.80	6.92	1.14	95.1	3.91	2.06	1.90	57.10
	南通	729.80	6.91	0.67	93.2	3.11	1.48	2.10	59.90
国家试点	成都	1435.00	6.35	0.63	96.1	3.00	1.3	2.31	64.60
	重庆	2970.00	4.28	0.57	92.1	2.69	0.83	3.24	58.34

（2）提高第二、三产业对第一产业发展的带动力。近年来，合肥市突出强调工业立市和现代化滨湖大城市建设，第二产业增长迅猛，城市建设日新月异，但作为社会稳定剂的第一产业对经济增长的贡献率则处于比较低的水平，农业体系和转型发展进步不明显，农民收入增长有限，农村面貌改变不大。虽然合肥市第一产业增加值在逐年增加，从2005年的52.5亿元增长到2014年的257.63亿元，但农业（包括相关配套的服务产业）占GDP的比重却在逐渐下降，从2005年的6.2%降到2014年的5.0%。

农业在国民经济中的地位下降符合经济发展规律，但世界和发达地区的经验表明，农业对经济增长贡献率的降低是与工业发展的加速、第三产业的经济拉动力增强相伴发生的，是技术进步和劳动生产率提高的结果，但合肥乃至安徽的情况可能并不如此乐观。农业生产率不高，生产要素的投入所带来的边际收益远远低于第二、三产业可能是更现实的原因，国际化都市区的新定位要求较高水平的城乡一体化发展，从产业角度看，提高第二、三产业对第一产业发展的带动力是必然要求。

（3）促进人力资本投资，加快农业现代化进程。长期来看，推动经济发展的核心动力是人力资本。2005 年至 2014 年，合肥市农村居民可支配收入从 3207 元增长到 14407 元，而城镇居民人均可支配收入从 9684 元增长到 29348 元，虽然 2014 年城乡绝对收入差距由 2013 年的 17731 元缩小到 14941 元，城乡收入比缩小到 2.04，农村居民恩格尔系数降到 37.0%，接近于城镇居民恩格尔系数。但根据国际经验，城乡收入差距适中的比值为 1.5：1，根据合肥市经济社会统计公报，2014 年合肥农村居民人均生活消费支出 9077 元，增长 8.6%，其中食品烟酒支出增长 6.9%、衣着增长 3.1%、居住增长 0.7%、生活用品及服务增长 9.8%、医疗保健增长 13.9%、交通通信增长 37.0%、教育文化娱乐服务增长 15.2%，交通通信增长最多，其次是教育文化娱乐服务、医疗保健，这些项目与政府的民生投资密切相关，政府在这些方面的投入越多，支出越多，则农民家庭与个人的支出和负担相对降低，这些项目关系到农民的人力资本投资与人力资本水平，“十三五”以后，引导和促进农民加大人力资本投资，培育现代农业主体成为重要任务。

（4）建设城乡无差异的公共服务和生活设施。合肥作为安徽的省会城市，有大量的农业转移人口迁入，但他们没有相应的城市户口，因此不能享受均等的公共服务水平。这严重制约着农业转移人口市民化，阻碍着城乡发展一体化。从表 26 可以看出，2013 年，合肥市常住人口城镇化率与非农户籍人口比率之差超过了 29%，远远高于全省平均水平 23.61%，这意味着现行城乡分割的户籍管理制度固化着已经形成的城乡利益失衡格局。城市发展与农村发展另一个较为明显的差距就是医疗水平。从表中可以看出，城市居民每万人拥有的医生数普遍高于农村，且差值还比较大。合肥市城镇居民平均每万人就比农村人口多出了 83.5 名医生。城市用水普及率大部分市都接近于 100%，农村近年来也在进行自来水改造、安装，但农村发展速度不相同，以至于城市用水普及率与农村自来水普及率之差在各地方差异较大，合肥市该数值为 44.78，达到全省平均水平。

表 26　2013 年合肥等 16 个市城乡建设及其与全省的比较

地区	常住人口城镇化率与非农户籍人口比率之差（%）	城乡居民收入差距（元）	城乡每万人拥有的医生数之差（人）	城市用水普及率与农村自来水普及率之差（%）
安徽省	23.61	15016	84.6	44.41
合肥市	29.21	17731	83.5	44.78
淮北市	13.73	13074	86.4	39.16
亳州市	22.04	13937	70.8	61.54
宿州市	21.26	13096	92.2	47.54
蚌埠市	20.10	12955	95.7	73.55
阜阳市	21.98	13050	89.2	59.13
淮南市	19.28	12898	78.6	46.07
滁州市	23.01	12335	73.7	36.98

续表

地区	常住人口城镇化率与非农户籍人口比率之差（%）	城乡居民收入差距（元）	城乡每万人拥有的医生数之差（人）	城市用水普及率与农村自来水普及率之差（%）
六安市	25.15	12834	69.1	51.18
马鞍山市	25.51	20017	78.8	13.98
芜湖市	15.56	14109	85.2	4.34
宣城市	28.49	11442	95.5	32.53
铜陵市	18.17	14837	93.0	7.62
池州市	29.29	13399	90.0	40.45
安庆市	21.36	13633	93.1	22.46
黄山市	19.61	12047	126.6	4.54

资料来源：《合肥市统计年鉴》（2014）。

（三）对策

1. 进一步优化人口分布

（1）人口地理分布方面。要通过经济均衡发展、服务均衡供给，有效疏解中心城区的人口压力。一要增强县域的经济能力，实现本地人口就地解决工作，促进城乡共同发展；二要向全体市民提供基本公共服务，加大政府对公共产品的投入力度，为社会提供更多优质的公共产品；三要建立健全符合市情、覆盖城乡的可持续的公共服务体系，逐步缩小城乡间公共服务的差距；四要推进中心城区优质公共服务资源向副中心城区转移，完善基础设施和公共配套建设，促进重大功能项目落户产业新城，大幅提升副中心城区和产业新城的吸引力和承载力。

（2）人口的年龄、性别分布方面。一要主动积极地迎接老年化社会的到来；二要在稳定生育率的同时，逐渐降低性别比。对待老年化社会的到来，要加快发展社会养老服务，鼓励社会资本参与养老事业，拓展养老服务领域，从基本的生活照料到医疗健康、法律援助等方面培育发展老龄事业和产业，开发利用老年人力资源，要关心老年人口的身心健康，以社区为单位定期开展身体检查和心理疏导，对于特殊的居家老人要开展上门服务。对待性别比问题，要继续加大宣传，推进“关爱女孩行动”，进一步消除人们重男轻女的思想，在社会生活中，尤其是在就业中真正保障女性的权益，消除性别歧视，同时加强对医疗机构的监督和管理，实施B超实名制，禁止做非医学需求的胎儿性别鉴别，对出生性别比偏高的地区进行重点监管。

2. 继续坚持教育优先发展

（1）进一步发展学前教育。优质的学前教育在某种意义上可以成为吸引高质量人才的“筹码”。为解决“入园难”、“入园贵”的难题，2011年开始合肥启动“学前教育三年行动计划”，新建、改扩建185所公办园，让更多适龄幼儿读上低价幼儿园。日前，合肥市发布了第二期“学前教育三年行动计划（2014～2016年）”，按照规划，到2016年，全市将新建、改扩建公办幼儿园66所；全市学前3年毛入园率达97%；新增优质幼儿园45所，构建“广覆盖、保基本、有质量”的学前教育公共服务体系。目前看来，“广覆盖、保基本”已经初步实现，“十三五”时期，更重要的是要实现“有质量”。

（2）继续优化中小学教育资源。随着城市空间的进一步扩大，优化中小学资源教育有了新的任务。首先要保障外来务工人员子女享受平等的公办义务教育，推荐教师、校长跨校流动制度、城乡教师交流与合作机制，努力缩小城乡差距、区域差距。其次要提高优质高中资源的覆盖范围，深化课程改革，满足不同潜质学生的需求，鼓励大学向高中开放课程、实验室等教学资源，普及社会各学科基本知识，使学生能够找准自己将来发展方向。

（3）进一步发展现代职业教育。现代职业教育在改变合肥“两头重、中间轻”的人口素质结构中起着重要作用。“十三五”时期，要进一步加强对职业教育的统筹规划和管理，围绕合肥市产业发展，推进职业教育的资源整合和专业结构调整，促进学校企业合作制度化，培养满足社会发展需求的专业技术人才。同时，要完善职业学校毕业生升学制度，拓宽学生继续学习的通道。持续打造“人才高地”，加强高管型、商务型、创新型人才的引进，广泛开展教育国际合作与交流，积极参与和发起国际研究计划，创办国际学术组织，共建研究机构，提升教育和研发国际化水平。积极培养中高级工程技术人才、高级技师、高级技工等技能人才。

3. 扩大中等收入阶层规模

（1）提高全民收入，确保实际生活水平提高。充分保障劳动所得，深化工资制度改革，形成反映劳动力市场供求关系和企业经济效益的工资决定机制和增长机制。健全工资支付保障机制，逐步提高工资标准，个人收入增长要和经济发展同步，同时收入的增长幅度要高于物价水平的上涨幅度，确保实际收入的增长。

（2）减轻中低收入群体的负担，调整高收入，防止收入差距扩大。严格规范国有企业、国有控股金融机构经营管理人员特别是高层管理人员的收入；加强对部分行业工资总额和工资水平的双重调控等，特别是对国企高管、垄断行业的过高收入，要加强监管和调控，控制其不合理增长；建立健全财产税制度。同时，要对在市场竞争中取得的合理高收入进行保护，鼓励人力资本积累。

4. 大力推进城乡一体化建设

（1）进一步推进城乡规划布局一体化。高标准编制城乡总体规划和产业布局、土地利用、村庄布点、县乡道路、网络通信等专项规划，构建层次分明、覆盖城乡、互联互通、有机融合的规划体系。遵循“布局优化、功能多元、产业转型、发展融合”的原则，积极探索要素的“集中、集聚、集约”利用和功能特色鲜明的合肥都市现代农业发展的空间格局。

（2）进一步推进城乡产业发展一体化。促进城乡产业链互联，统筹城乡产业分工和协作。要突出工业引领带动，形成以产兴城、依城促产的协调发展格局，并以现代工业的理念改造传统农业，引导农业向高效农业、规模农业、园区农业、加工农业、休闲观光农业、外向型农业、生态型农业发展，着力提高农业劳动生产率和农产品市场竞争力。

（3）进一步推进城乡要素配置一体化。通过要素市场体系建设，突出体制性和政策性改革加快实现城乡要素市场一体化，积极破解土地、资金、人才等制约“瓶颈”。进一步强化城区与县域间的经济社会联系，形成以优势资源要素互利共享为基础的新型城乡合作模式，推动资源要素的合理优化配置。

（4）进一步推进城乡基础设施一体化。促进城市公共服务设施向农村延伸，实现公共基础设施的城乡对接和共享；抓好水利基础设施建设，为城乡一体化发展提供安全可靠的水资源保障；搞好“城中村”改造和新型社区建设；按照城市社区属地化、网格化管理要求，逐步建立社区管理长效机制。推进城市管理职能向农村延伸，强化城镇执法、环卫保洁、园林绿化、道路养护等工作。按照“村容整洁、环境优美”的要求，实施村庄整治工程，基本实现“三清（清理土堆、粪堆、垃圾堆）、四改（改路、改水、改厕、改线）、五化（硬化、绿化、亮化、美化、净化）”。

（5）进一步推进城乡社会事业发展一体化。加大对农村社会事业的投入，整合社会文体资源、教育资源、卫生资源、政务、公共服务信息系统和网络，构建城乡一体的公共文体、教育、公共卫生、科技信息、精神文明建设和社区服务体系。全面加强农村社区基础设施、民主政治、文明乡风、卫生服务、社会保障、平安6项服务，大力推进城乡社区结对共建，打造一批示范社区；深化“城乡文明牵手共建”活动，扎实开展以创建文明村镇为主要内容的群众性精神文明创建活动，组织实施社会公德、职业道德、家庭美德、个人品德“四德”建设工程，着力构建和谐人际关系，加快文明和谐新农村建设。

（6）进一步推进城乡民生保障一体化。按照“城乡一体、全面覆盖、低点起步、逐步提高”的思路，健全完善就业、养老、医疗、住房、教育、文体、救助、安全、权益九大民生保障体系。逐步实现“应保尽保、应助尽助”，基本形成项目较全、形式多样、覆盖面广、相互衔接的城乡社会保障体系，主要民生指标超过全国平均水平。

（7）进一步推进城乡生态建设一体化。按照建设“资源节约型、环境友好型社会”的要求，通过建立一体化的生态环境保护体系、污染治理体系、生态补偿机制、生态经济示范区，加快生态市、生态县和生态镇（村）的建设，进而促进城乡经济社会的可持续发展。

六、生态转型

（一）目标

1. 推动生态文明的生产与生活方式转型

一是按生态文明要求转换生产方式。单位GDP能耗和碳强度进一步降低，高效生态农业、资源节约型和环境友好型工业以及现代服务业居于主导地位，节能环保产业快速增长，循环经济发展模式广泛推广，清洁生产机制基本建立，建成一批生态低碳产业园，形成若干个具有国际竞争力的生态产业和一批生态绿色产品生产基地。

二是推动生态文明的生活方式成为潮流，生态制度体系初步完善。绿色、低碳消费理念深入人心，节能、节水、节粮和节材等生态环保消费行为成为主流，政府绿色产品采购比重大幅提高，公益支出中生态支出比重不断上升，生态环保投资占财政收入比重有所提高；绿色、低碳、节约的生活方式逐步形成，生态文明理念成为社会共同价值观。

2. 建成宜居宜业生态城市

生态城市框架体系基本完善，成为水清、天蓝、山绿、气爽的生态宜居城市。到2020年，森林覆盖率提高到30%以上，城市大气质量优良率达到95%以上，污水处理率达到90%以上。基本形成节约资源和保护生态环境的产业结构，工业污染和农业面源污染防治取得明显成效；节能降耗取得新突破，全面完成国家下达的主要污染物减排任务，雾霾现象明显缓解，大气细颗粒物（PM2.5）浓度达标，巢湖水质和入湖主要河流达标率大幅提升，部分水域及支系河流氨氮和总磷等主要指标基本达到Ⅲ—Ⅳ类水平；沿湖岸线生态化率达到70%，河口湿地、滨水湿地和人工湿地得到大面积恢复，物种多样性明显改善，生态环境质量明显提高。

（二）任务

1. 打造湖城共生体系，促进生态修复转型

依照生态控制区、生态保育区、生态协调区的要求，协调生态保护与经济发展的关系。构筑湿地生态屏障，持续开展巢湖生态的修复和保护，按照“湿地为基、治河为本、构筑通道、护岸防洪、修复环湖”的思路，构建完整的巢湖梯级湿地体系，恢复巢湖水体的自净能力，为水鸟等生物提供生存空间以及塑造巢湖特色的湿地景观；保护、恢复、重建巢湖沿岸湖滨湿地和滨岸湿地植被带，逐步形成适宜动植物群落栖息的湖滨带生态环境。同时，加快绿色城市、绿色屏障、绿色村镇、绿色长廊建设，从而形成绿色生态屏障。另外，精心打造森林板块，大力开展植树造林，实施山林复绿修复工程，建设森林生态屏障。

2. 降低污染物排放，促进环境保护转型

积极应对气候变化，调整产业结构，优化能源结构，以“三厂两尘两气”（火电厂、钢铁厂、水泥厂，燃煤烟尘、各类扬尘，机动车尾气、工业废气）污染防治为重点，实施大气污染联防联控。推进噪声污染治理，让人民享受宁静的环境。加强固体废弃物控制与管理，实施垃圾分类收集和无害化减量处理，建设整洁有序的城乡环境。提升污水处理能力，强化污染源控制，推进农业面源、工业点源污染防治。

3. 加大新能源使用力度，促进资源消耗转型

强力推动节能降耗，进行能源消费结构调整，实施清洁能源普及计划，加速能源升级替代。推动资源利用方式根本转变，加强全社会、全领域、全过程资源节约，大幅降低生产、流通、消费过程中能源、水、土地等资源的消耗强度，构建支撑经济社会发展的合理资源消耗系统。实施最严格的耕地保护制度，城乡用地集约化，保护土壤生态系统，提高土地生态服务功能。依托再生资源回收体系试点城市建设，构建区域性的再生资源回收利用体系，重点推进合肥资源综合利用产业园区建设，实施园区循环化改造。

4. 提升生态文明意识，促进生活方式转型

倡导尊重自然、顺应自然、保护自然的生态文明理念，加强生态文明宣传教育，提高生态文明意识，构建文明、节约、绿色、低碳的消费模式和生活方式。发展文化事业，宣传民族优秀生态文化，坚持统筹考虑，科学规划，打造生态文化资源转换的政策引擎和制度平台。

（三）对策

1. 防治与综合建设相辅，建立生态宜居的城湖共生体系

（1）进一步推进巢湖生态环境综合整治。加强巢湖蓝藻拦截和移除能力。采用源头负荷拦截、湖体蓝藻清除和水质风险应急的治理策略，对巢湖湖体蓝藻实施拦截导流，配备高效蓝藻打捞装备，快速移除蓝藻。稳步推进包河水体除磷控藻科技示范工程和塘西河藻水分离港示范工程建设。实施巢湖污染底泥疏挖及处置工程。清除高营养盐含量的表层沉积物质，利用浮床种植陆生植物净化巢湖水体，在以富营养化为主体的污染水域种植粮油、蔬菜、花卉等各种适宜的陆生植物，截流、转化与吸收水中氮、磷等污染物，变废为宝、净化水域、保护水生生态环境。构建湖滨带生态环境。在巢湖沿岸滨湖缓冲地带结合环境景观要求种植以柳树、意杨、池杉，香根草、狗牙根、扒根草、三时草等为主的乔木草植被带，在护岸易坍塌地带种植以芦苇、杂交柳、池杉、意杨、水杉为主的消浪、防浪林带，构筑具有消浪、促淤、固土保堤功能的生物防护林带，逐步形成适宜动植物群落栖息的湖滨带生态环境。加强巢湖流域生态环境监管和行政监督管理。加强巢湖流域生态环境的行政监督管理，严禁流域内林业资源的乱砍滥伐行为，严禁在河流和湖泊的堤身和护堤内放牧、挖掘、建窖、开沟、爆破等，提高森林覆盖率，改善植被条件，控制水土流失。

（2）加大湿地和森林保护力度。以湿地保护为重点，推进各类自然保护区建设。建立湿地自然保护区是保护湿地资源的最有效途径，但湿地资源丰富的合肥市目前尚没有湿地自然保护区。合肥市域可以建立湿地保护区的湿地主要为荒沛河湿地、庄墓河湿地、瓦东干渠湿地、滁河干渠湿地、环巢湖湿地，总面积可达 1400 平方千米，占全市总面积的 19.8%。应加强对这些湿地的保护、利用工作，编制完善合肥市湿地保护和利用相关规

划，积极申请省级、国家级湿地自然保护区。此外，应加快建设一批代表各类生态系统的自然保护区、国家地质公园等。新建巢湖地质实习基地省级自然保护区，银山猿人遗址省级自然保护区、庐江黄陂湖省级自然保护区等自然保护区。巩固国家森林城市创建成果，继续在“森林合肥”上加大力度，扎实推进“五森”工程，突出抓好环巢湖、江淮分水岭、董铺水库、大房郢水库等林业重点工程。更加注重城市园林建设，提升街头游园、道路交口和道路绿化的品质，进一步扩大绿量，打造亮点、形成体系。

（3）建设自然宜人的绿地景观。合理布局城镇绿色空间，加强城市绿道、公园绿地建设，积极建设生态与景观相协调、类型各异、规模不等的城市绿地人工植物群落和城市广场，营造赏心悦目的城市生态景观形象。大力推进环城公园、绿色高压走廊和绕城高速三条生态景观和众多绿荫廊道建设，加强道路林带抚育管理和四季景观定向诱导，不断提升城市出入口和景观道路绿化的效果，加快形成环网相连的绿色生态景观通道。整合提升城区生态区位较好、环境品质较高的生态绿地，打造大蜀山城市中央森林公园。加强慢行绿道、绿荫车场、景观阳台等多元绿色空间建设，为市民提供宜居健康的生活环境。重点利用合肥市水网资源，以水为骨架，合理布置居住区绿地系统，大大提升临河景观效果。最大限度地发挥文物古迹等在展示城市风貌特色中的独特作用，有效改善城市景观。

（4）建设低碳智慧城市。在“经济、公众、管理、流动、环境、生活”六维度（EU）实现智慧城市的标准。一是建设智慧的交通体系，即以信息化管理为主的数字交通支撑体系；二是建设智慧的医疗管理体系，包括医疗档案数字化、家庭健康服务信息化、医疗费用关系信息化等内容；三是建设智慧的公共安全管理体系，包括犯罪信息仓库、突发事件响应、数字监控系统等在内的信息化管理；四是建设智慧的产业体系，包括城市的基础产业、制造业、应用产业、服务产业等不同产业门类，这些都能体现出环保、集约、信息化、智能化的特征；五是建设智慧的教育与科技体系，即以数字化、信息化的方式提升城市整体教育水平，增加教育覆盖面，从而实现面向公众的开放式学习条件、建设先进的信息化教室、建设能服务于产业技术革新的科技研发机构和科技园区；六是建设智慧的社会民主管理体系，包括对实业保险金、就业服务、家庭服务、住宅信息等一系列问题的智能化、信息化管理平台的建设。在创新驱动下，通过建立可以智慧运作、智能响应的一系列管理服务平台，实现城市的整体科学高效运转，创造城市的绿色未来。

2. 防控污染点源，提升环境支撑能力

（1）改善水环境质量，做好“水”文章。贯穿落实国务院《水污染防治行动计划》，加强水污染综合治理。加强污水处理设施建设和运行保障，抓好乡镇污水处理厂及小区污水处理设施建设，加快形成“厂网并举、泥水并重、再生利用”的格局。执行最严格的污水排放标准，严格实施“河长制”，切实推进河道补水计划。实施最严格的水资源管理制度，不断强化水资源保障。积极推进合肥、双凤、蜀山等经开区和庐阳、包河、新港等工业园区工业废水集中处理、污水管网升级改造和污水处理厂建设。加快南淝河、十五里河、滨湖新区和所有建制镇污水处理厂、配套管网及截污管网等的建设步伐。对南淝河、十五里河、派河等优先控制单元内的城镇污水处理厂执行比一级 A 更严格的排放标准，对王小郢等污水处理厂出水氨氮和总磷等执行地表水环境质量Ⅳ类水质标准。积极推进丰乐—杭埠河流域丰乐镇、山南镇、花岗镇、郭河镇、同大镇、严店乡、柿树岗乡和白石天河流域石头镇、万山镇、金牛镇、白山镇及汤池镇等的污水处理厂及管网工程建设。

（2）改善气环境质量，做好“气”文章。加强大气污染综合防治。以“三厂两尘两气”（火电厂、钢铁厂、水泥厂，燃煤烟尘、各类扬尘，机动车尾气、工业废气）污染防治为重点，实施大气污染联防联控。采用合理的能源政策，供热设备提高热效率，鼓励使用清洁能源，大力推广城市集中供热、天然气等清洁能源，淘汰污染严重、分散的小燃煤锅炉；加强机动车污染防治，加大新能源汽车推广和“黄标车”限行，大力发展公共交通和清洁能源汽车，出租车和公交车等高频使用的车辆推广清洁燃料和替代燃料，加快建设机动车排气监控与管理体系；控制施工和城市道路扬尘污染；加大秸秆综合利用和秸秆禁烧力度，全市域禁止焚烧秸秆。

（3）改善声环境质量，做好“声”文章。控制噪声污染。推进噪声污染治理，让人民享受宁静的环境。加强城市规划管理，防止交通噪声污染；合理规划企业布局，加强工业噪声治理，防止工业噪声污染；有效实施噪声控制措施，防止服务业噪声扰民；提倡文明友爱生活方式，减少生活噪声污染。

（4）治理固体废物污染，做好“生”文章。做好生产、生活、生态、卫生“四生”协调文章。加强固体废弃物控制与管理，实施垃圾分类收集和无害化减量处理，建设整洁有序的城乡环境。遵循“村收集、镇转运、县处理”的模式，规划建设生活垃圾转运站，扩大收运范围，提高清运率，完善垃圾处理体系，积极推进生活垃圾焚烧处理设施建设。采用卫生填埋、焚烧发电、综合处理相结合的方式，新建、扩建肥东、庐江县等生活垃圾填埋场，加强污泥处置和建筑渣土处置。扩建吴山危险废弃物处置中心，确保医疗、化学等有毒危险固体废弃物实行专业收集、专线清运和集中处置，实现危险固体废弃物“零排放”。

（5）加强农业污染防治，做好“土”文章。控制、防治土壤污染。加强规模化畜禽养殖污染防治，在巢湖源头、水源保护地等环境敏感区域划定规模化禽畜养殖禁养区；鼓励畜禽养殖废弃物的资源化利用，发展有机肥料产业，实现畜禽养殖废物的无害化和资源化；鼓励和支持养殖小区、养殖专业户和散养户适度集中，统一收集和处理污染物，推广干清式粪便清理法，大力建设畜禽养殖场大中型沼气和农村户用沼气工程；推广生物有机肥、测土配方施肥、无害化农药施用等农业清洁生产技术；规划的农村集中居住点建设集中式污水处理设施，分散或偏远农村地区因地制宜建设集中式、分散式农村污水处理设施；逐步建立“组保洁、村收集、镇转运、县处理”的村庄垃圾处置模式，实施城乡垃圾统筹处理，防止垃圾进入河道；高度重视农用化学品对农业环境的污染，强化土壤环境监管，建设土壤监测网络体系，加强主要农产品产地土壤环境常规监测，在重点地区建立土壤环境质量定期评价制度。

（6）防控工业点源污染，做好“业”文章。制定发布更严格的工业废水排放地方标准，特别是要逐步提高 TN、TP 的排放限值；进一步加大对磷肥、造纸、酿造、印染、制革、选矿等行业落后生产能力的淘汰力度，对有一定规模的重点污染企业通过高新技术改造提升生产工艺水平，对小规模重点污染企业采取“淘汰一部分、改造一部分、集中一部分”的方式进行综合整治，并列出和发布关闭、整治、搬迁入园的企业名单。

3. 强制与诱致齐驱，促进资源利用集约化循环化

（1）保护土壤生态系统，提高土地生态服务功能。实施最严格的耕地保护制度。作为节约集约用地试点市，合肥市应加强政府对耕地资源的调控能力和引导作用，合理确定耕地和基本农田保护区的规模、分布和构成，严格控制非农建设占用耕地，促进耕地资源的可持续利用。同时，运用市场手段，提高单位土地投资强度和产出水平，从总体上扭转人增地减的失衡趋势。盘活现有土地存量，通过土地整治和未利用土地开发相结合，增加有效耕地面积，实现耕地总量动态平衡。城乡用地集约化。通过整合、流转、置换和储备，合理安排土地投放的数量、节奏，改善用地结构、布局，挖掘用地潜力，使每宗建设用地都最大限度地提高投入产出比例，符合投资强度，提高土地配置和利用效率、土地利用的集约化程度。大力推动企业进园。促进土地集约利用，减少工业用地。实施“差别化”的工业用地供应政策，强化产业的“集聚”效应，将电子信息、汽车及装备制造、农副产品加工等作为重点扶持产业，在土地出让金的收取上在国家政策规定范围内予以优惠，引导企业参与聚合发展，提高经济和社会效益。坚持督促检查工作常态化，对圈而不建、建设迟缓等致使工业用地闲置的项目及时进行清理，对超过 12 个月有效期仍未开工的，收回土地使用权，切实提高土地利用率。

（2）全面加强节水工程，提升用水效率。在农业方面，大力推广农业高效节水灌溉技术。优化农业用水配置和种植结构，推动江淮“分水岭”节水旱作高效农业开发，完善修葺农田水利设施。在工业方面，加强污水处理和再生水利用。重点推广再生水在工业冷却、生活杂用、景观补水、绿化、施工等领域的使用。优化调整产业结构，加大技术升级改造，加强废水处理，严控废水排放。在生活方面，加大节水技术、节水型器具的应用力度，推动公共建筑、生活小区、住宅等节水和中水回用设施建设。在水源调配方面，优化巢湖水资源配置，重点实施龙河口引水工程、西河兆河引水工程和驷马山引江西输工程。

（3）开发“城市矿产”，综合利用固废资源。构建再生资源回收利用体系。依托再生资源回收体系试点城市建设，构建区域性的再生资源回收用体系，促进再生资源的区域性流动和配置，提高区域再生资源利用效率，实现区域范围内废金属、废塑料、废纸、废轮胎、报废汽车、废弃电器电子产品、废电池以及其他可利用再生资源的规范回收、资源聚集和规模高效利用。规范个体回收者的经营活动，通过引导和分流将其纳入广泛的城市社区回收网络体系中，实行统一管理，根据人口聚集规模和产业布局规划，新建和改造一批再生资源回收站点，促进再生资源回收与垃圾分类相结合，建成覆盖面广、合理使用的回收网络。开展垃圾分类收集处理。提高分类投放准确率，全面推广再生资源回收利用，加强再生资源回收网络建设，重点抓好站点规范化建设和管理，提高再生资源回收人员的服务水平，推行上门回收服务和预约回收服务，通过再生资源回收体系实现可回收垃圾资源化利用。加强厨余垃圾资源化利用。采取可行措施提高厨余垃圾收集质量，依托现有生活垃圾收运模式，建立单独的厨余垃圾收运体系，探索和优化合适的收运路线，完善厨余垃圾管理体制，努力实现厨余垃圾的资源化利用。

（4）优化能源结构，推进能源节约利用。依托国家级新能源示范城市、国家节能与新能源汽车示范推广试点城市、国家可再生能源建筑应用示范城市、国家级分布式光伏发电规模化应用示范区等，积极调整能源结构，加快推广太阳能、生物质能、风能、地热能的开发利用。控制能源消费总量，提高能源使用效率。加快节能新技术、新材料、新设备的推广应用，实施热电联产、能量系统优化、余热余压利用、锅炉改造、建筑节能、交通节能、绿色照明节能等工程，促进钢铁、冶金、电力、石化、建材、纺织等传统产业节能改造，整体提升全社会能源利用效率。

4. 宣教、引导与规制并举，促进生活方式的多维度转型

（1）传承与创新并举，繁荣生态文化。加强生态文明的研究、宣传与教育，着力培育现代生态文明主体、积极开展生态哲学、生态伦理、生态文化、生态经济方面的科学研究，注意发掘和弘扬“天人合一、仁民爱物、敬畏天命、乐山乐水、中庸有度”的生态道德文化，并结合巢湖地区文化资源优势，发展生态文化产业体系，打造本地生态文化产业品牌，通过科技创新支持培育和发展绿色生态旅游休闲、生态型人居建筑等生态文化产品和服务，加强巢湖地区特色生态文化的对外传播。

（2）加强宣传与教育，提高生态文明意识。以社区、学校、机关、企事业单位等为主力军，建设一批创新和培育生态文化的载体；充分发挥图书馆、博物馆、科技馆、文化馆、美术馆、低碳馆等在传播生态文化方面的作用，使其成为弘扬生态文化的重要阵地。构建互联网、报刊、电视、广播、户外广告多重覆盖的立体宣传网络，开展多层次、多形式的生态文明科普宣传和媒体传播，使市民掌握生态学的基本原理，了解自然资源的价值、自然环境的功用、人在生态系统中的作用和地位以及资源循环利用的知识，使生态文明家喻户晓。

（3）倡导绿色消费，促进健康文明的生活方式转型。倡导绿色消费。积极开展节能减排、绿色出行等环保实践活动，树立绿色消费理念，倡导绿色消费和适度消费。培育节俭环保的生活方式，大力宣传倡导节俭文明的生活方式，号召大家从自身做起、从身边的小事做起，逐步形成绿色的生活和消费方式。强化组织领导，完善促进生态文明建设的行政管理机制。完善生态文明建设的工作机制，按照分工合作、上下联动的原则，建立和完善生态文明建设工作责任制，市环保局发挥牵头部门的责任，建立部门协作制度、信息通报制度和联合检查制度。探索生态文明综合决策机制，进一步发挥环委会作用，增强共识，明确目标，各司其职，相互支持，形成合力。定期举行成员单位会议，报告情况，形成跨部门、高层次的生态文明建设协调议事机制，切实提高决策的科学化水平。

（4）完善法律法规，切实提供生态文明建设的制度支撑。市人大常委会批准了《合肥生态市建设总体规划（2005～2020）》，安徽省人大常委会颁布了《安徽省巢湖流域水污染防治条例》，拟定并通过了《合肥市水生态文明城市建设试点实施方案》。将生态文明建设规划纳入经济社会发展总体规划，编制实施了《合肥“1331”生态体系控制规划》、《合肥市域生态空间体系控制规划》及《巢湖生态文明先行示范区建设规划》、《合肥市湿地公园发展规划（2013～2030年）》等专项规划，积极健全相关配套文件，探索完善生态市建设工作新模式。在地方立法方面，颁布实施了《合肥市水环境保护条例》，这是全国最严格的水环境保护法规；《巢湖流域水污染防治条例》已经重新修订并批准实施；《巢湖流域管理条例》被列入省人大2013年立法计划；《环巢湖地区生态保护区管理条例》正在加快制定中，初步形成了由国家上位法、地方性法规组成的较为健全的法律法规体系。

5. 市场手段为主，创新生态转型的保障体系

（1）完善生态补偿机制，控制农业面源污染。建立和完善农业面源污染控制生态补偿机制。建立化肥和农药减施生态补偿机制。另外，在作物种植过程中，对不再施用化肥的农民进行补偿。以有机肥与化肥的有效成分市场差价为参考进行补贴，使有机肥价格等于甚至低于化肥价格，增强有机肥的市场竞争力，激发生产者生产以及农民购买和使用无害化有机肥的主动性和积极性。建立人畜禽排泄物资源化利用生态补偿机制。推广猪—沼—果等生态模式，划定城湖共生带禁养区、控养区，加强对新建养殖场的监督管理发挥示范带动作用，补贴方式主要采用所需建设材料和设备的购置费用。

（2）完善排污许可和排污权交易制度，减少工业排放。以污染物排放高的纺织印染业、化学原料及制品业、造纸及纸制品业、黑色金属冶炼业、医药制造业五个行业为重点，确定排污权交易品种和达标排污标准。设计合理的排污权初始分配制度，由于巢湖西半湖易发蓝藻，在分配时可本着“西少东多”（可确定一个折算系数）的原则。构建排污权储备交易中心，着力培育排污权供给大户，开发排污权交易的短期市场，完善排污权存储政策。构建多种形式的联合履行机制，探索点源污染和面源污染的减排置换机制，灵活运用差别价格引导排污权的空间优化配置，探索点源与面源营养物的排放权交易的模式。

（3）拓宽融资渠道，确保经济资金保障。加大生态强省财政投入力度，实施重点工程项目“以奖代补”政策，完善节能环保设备、产品推广使用等财政补贴政策。构建投融资平台，鼓励不同经济成分和各类投资主体，以独资、合资、承包、租赁、股份制、股份合作制、PPP等不同形式参与生态项目建设；支持有稳定收入的生态企业上市和发行债券，鼓励绿色债券、绿色信托等金融创新，建立银行绿色评级制度。落实循环经济、资源综合利用、节能环保等各类绿色信贷优惠政策，优先支持低碳绿色项目申报国外政府贷款、国际金融组织贷款。另外，对重要生态保护和建设项目、自然保护区、生态环境监测能力建设等公益型项目，争取纳入国债资金、中央预算内资金、省财政专项资金、省生态建设引导资金的投资计划。

（4）强调技术信息作用，维护生态建设持续性。在清洁生产、生态环境保护、资源综合利用与废弃物资源化、生态产业等方面，积极引进和推广应用各类先进技术、新工艺。支持资源节约和综合利用型项目建设，鼓励发展有利于保护生态环境的新型建筑材料、新型能源、新型环保材料等产业。鼓励高等院校积极培养生态市建设所需各类人才。加快建立和推行绿色技术标准。积极采用无害或低害新工艺，降低原材料和能源消耗，实现少投入、高产出、低污染。建立健全绿色产品质量监督体系，制定严格的管理措施，加强产品的检测和指导工作。

七、空间转型

（一）目标

1. 对外，提升合肥要素吸引力

经济转型会带来城市空间和土地利用的变化。美国芝加哥被认为是战后经济成功转型的城市之一。1960 年，就业岗位的外迁使中心区第一次出现人口减少。1970 年的人口调查显示，超过半数的城市民居住在中心区以外的郊区，郊区人口首次超过了市区。1970 年初的能源危机影响了芝加哥的制造业，很多工业企业倒闭。1980 年初的经济萧条继续使工业受到打击，芝加哥市内的制造业全面萎缩，传统基础产业——钢铁工业外迁，城市政府的发展重点完全转向服务业和旅游业。1989 年芝加哥城市政府提出“以服务业为中心的多元化经济”发展目标，在大力发展服务业的同时，建立工业走廊和工业规划区，努力保持、复兴传统优势工业。20 世纪 90 年代中后期，高科技产业的黄金时代为芝加哥经济的复兴提供了机会，包括摩托罗拉、朗迅等一批 IT 产业和现代通信产业都在郊区建立起高科技工业园区。芝加哥城市政府促进现代服务业和旅游业发展的政策，吸引了更多的高科技工业，同时维护了传统优势制造业，实现了把芝加哥建设成一个以服务业为主的多元化经济的国际城市的目标。面对全球化的浪潮和世界经济融合的趋势，芝加哥规划委员会和私人团体、非政府组织、设计机构合作，于 2003 年 3 月公布了“芝加哥中心区规划”（The Chicago Central Area Plan），其主题是：“为 21 世纪的中心城市做准备。”规划分析认为芝加哥中心区的转型在未来几十年会继续发展，中心区趋向多元化和各种用途、活动的混合。这种多元性加上美国内陆中心的地理区位，提高了中心区和芝加哥都市区在国内和国际市场的竞争力。

随着中国经济发展模式进一步由出口导向型向内需拉动型转变，经济转型不仅需要在产业层面上寻找新增长点，而且急需在空间层面上寻找新增长点。从空间层面上来看，经济新增长点由东部沿海地区向内陆纵深拓展，意味着我国开发开放进入沿海内陆沿边优势互补的新阶段。在城市与区域竞争日趋激烈的今天，破除传统的“路径依赖”，发挥区位优势和交通枢纽地位，抢抓机遇借力提高城市的要素吸引力，培育在国际经济体系中的竞争力，成为“十三五”时期合肥空间转型的目标之一。

2. 对内，提升合肥市民幸福力

世界城市空间组织形式正在发生由单中心向多中心结构的转变，空间网络化已成为城市空间扩展的一个基本现象，合肥亦是如此。但随着城市空间的扩张，交通拥堵、通勤时间过长等“城市病”也在蔓延，这可能影响城市居民的幸福感。

2010 年，积极心理学提出全新的“幸福力”概念，旨在帮助民众拥有一种看得见、用得着、学得会的幸福能力。如今，幸福学已经从幸福感的量化研究，进入了幸福力的提升应用时代。如果说，鉴定一个人是否幸福的量化标准是幸福感，那么获得幸福的实施方案就是幸福力；更进一步说，鉴定一个城市是否为幸福城市的量化标准是居民幸福感，那么政府努力的方向就是通过城市建设的实施方案帮助居民提高幸福力。截至 2014 年，合肥连续 4 年荣登全国“最幸福城市”榜，保持“最幸福城市”称号，最新的研究和实践表明，通勤时间过长会降低幸福感，因此，在空间布局、市内通达性方面降低市民的通勤时间，成为“十三五”时期空间转型的目标之一。

（二）任务

1. 借力完善交通网络，转区位优势为经济优势

合肥是长江经济支撑带经济增长的核心地区和关键接点，具有承东启西的区位优势。合肥需要借此区位优势来打造交通优势，打造物流优势，以实现在激烈的城市竞争中脱颖而出。合肥经济圈处于整个长江中下游城市群的枢纽位置，这不仅仅是空间上的枢纽，而且是市场联系的枢纽、产业协同的枢纽、社会文化交流的枢纽。但所有这些枢纽作用的发挥还须有交通枢纽的“硬件”基础。优越的交通基础设施是承接产业转移、加速产业集聚、培育产业集群的主要基础。合肥应借长江经济带规划对合肥高起点的交通网络枢纽定位之力，通过高速铁路、城际铁路规划建设，提升铁路在对外交通体系中的功能与地位；进一步完善高速公路、国省干线公路网，引导城乡统筹发展；优化水运及强化机场衔接，增加交通基础设施的投入，改善区域交通可达性，集聚大区域的资源，发挥交通对区域经济的带动和引领作用，尽快把区位优势转化为经济优势。

2. 紧抓长江经济带龙头，加快区域一体化进程

世界范围内，区域空间组织形式正在发生一场沿交通干线走廊式发展的变革，我国“一带一路”战略的提出正是顺应了这一趋势，在这一过程中，一些原本不发达但依托交通干线具备强大增长实力的核心城市遇到了大好机遇。合肥就是这样的城市，位于“一带一路”重要节点的地理位置，增加了通过空间水平与垂直的扩张逐渐演变为大都市地区的可能性。合肥承东启西、连接南北，已经成为中部的重要交通枢纽，如果说长江经济带是“一条龙”，那么上海就是“龙头”，合肥则处于“龙颈”部位，灵活而关键。自 1992 年长三角城市协调会成立至今，长三角范围经历了四次扩容，目前已包括安徽省。在未来区域经济的发展趋势中，合肥与长三角的联系将更为密切。但目前合肥与原长三角地区的区域一体化程度不够高，区域一体化利益协调机制尚不完善。合肥的经济发展要乘势而上，必须顺应形势紧紧抓住长江经济带的龙头，加速区域一体化进程，对接大上海。整个长江经济新支撑带作为一条龙能否舞动起来，合肥所处的“龙颈”部位至关重要。对于合肥经济圈乃至整个安徽省的发展来说，需要在贯彻落实东向发展战略的同时东西兼顾，向东积极融入长三角承接产业转移，向西努力扩大自身腹地和市场辐射范围，加强与

长江中游地区的分工合作。进一步完善合肥对外的城际交通网络体系和城市内部公共交通，提升城市竞争力和创新活力，强化合肥作为关键节点城市承东启西的区位和交通网络枢纽地位。

3. 集约利用岸线资源，探索生态文明建设新模式

随着未来长江黄金水道支线的不断开发，合肥港沿南淝河、派河、店埠河、杭埠河及沿巢湖等沿河（湖）岸线资源会日益紧缺。合肥城市发展应该未雨绸缪，及早建立岸线利用的准入门槛，控制随意占用和粗放利用岸线，促使临港企业向陆域纵深发展，节约、集约利用有限的岸线资源，实现岸线资源的综合利用和对腹地产业、城镇的带动作用，最大限度地发挥岸线的复合功能。同时，合肥要在长江经济带生态保护规划上走在前面，探索生态文明建设的新模式。合肥市作为全国唯一整体拥有五大淡水湖之一的城市，是巢湖生态治理的唯一责任方，因而其肩负的责任更重，承受的压力也更大。毫无疑问，合肥的发展和环巢湖生态治理休戚相关。如果环巢湖的生态治理做好了，合肥的知名度和形象将得到进一步的提升；反之，如果环巢湖地区的生态治理不尽如人意，那么，它就会变成合肥市一个沉重的负担。“大湖名城 创新高地”建设任重道远。

（三）对策

1. 进一步优化城市空间布局，增强协调性

因为2013年合肥才颁布“1331”空间发展战略，为保证战略的连续性，暂不宜做大的调整，“十三五”时期，应把重点放在战略的落实与空间效率的提高上，重在深化“1331”空间发展战略，高起点、前瞻性地做好新一轮城市总体规划和土地利用总体规划的编制，加快中心城区、副中心城区和产业新城建设，实现由单中心、高集聚向多中心、敞开式的城市转变，按照全域理念、都市区理念和转型升级理念的要求，促进市级中心、区级商圈、市级工业板块、区级创新创业平台、城区生态板块的空间布局和功能区相互协调，进一步增强城市承载力和辐射力。同时，城市空间的规划要体现公平正义，防止社会空间进一步异化，确保城市资源、社区资源和日常活动场所等资源公平分配。

2. 打造升级版合肥港，扩大经济腹地

在出口导向型经济发展时期，合肥吃了未能“通江达海”的亏。“十三五”时期，我国面临由口导向型经济向内需导向型经济的重要转变，长江经济带战略规划的提出是基于国家对未来经济转变形势判断的重要应对举措，长江经济带《交通规划》在打造长江黄金水道的统筹推进支线航道建设里，明确提出了加快建设合裕线和研究引江济淮通航的可能性。“十三五”时期，合肥要加快促进合裕线航道的建设和运营，利用长江“黄金水道”立体交通网络，充分发挥航道对区域内经济社会发展的潜力。同时，要加快引江济淮等工程，一方面加快对巢湖生态环境的有效治理，另一方面进一步提升合肥“通江达海”能力，把合肥打造为区域内重要的物流中心，扩大经济腹地范围。推进“合新欧班列”延伸加密，积极参与武汉、重庆、成都的国际班列合作。利用国际市场促进合肥开放，在“开拓欧美日韩”市场的同时，积极加强对东盟、中亚、西亚等地区的国家开放。全面深化长江经济带海关区域通关和检验检疫一体化改革，进一步促进贸易便利化，把合肥建成面向中亚、西亚乃至欧洲区域性商品出口集散地。加快“引进来”步伐，研究提出外资准入负面清单，逐步放宽外资准入领域，在承接先进产业转移的基础上，更加重视引进智力、技术和研发机构、创新团队，培育一批总部植根合肥的国际企业，努力使更多的产业、技术、人才在合肥扎根、开花、结果。加快“走出去”步伐，支持合肥优势企业跨省域、跨国界扩张发展，拓展发展空间，增强合肥企业国际化经营能力。注重提升商品贸易国际竞争力，在技术标准、价格决定等方面提升话语权。培育服务贸易新优势，开拓新领域，发挥合肥文化产业、高技术服务业、服务外包等产业优势，以技术、品牌、质量、服务为核心，大力发展国际金融、信息咨询、研发设计、交通运输、营销企划、租赁贸易等跨境服务，扩大服务贸易规模。加大开放平台建设力度，高水平建设“四港”（合肥航空港、合肥港、合肥国际内陆港、合肥电子港）、“三区”（出口加工区、综合保税区、空港保税物流中心区）、“一中心”（合肥市对外劳务合作服务中心）等开放平台，高标准规划建设境外经济贸易合作区和产业合作园区。

3. 强化铁路枢纽地位，提升城市吸引力

随着京津城际、武广高铁、郑西高铁、沪宁城际高铁等相继开通运营，中国高铁正在引领世界高铁发展，中国经济驶入高铁时代，2014 年 11 月 12 日，合肥南站运营，安徽高铁经济圈正式撬动。2015 年 7 月 1 日，我国南北高铁交通大动脉——合福高铁将正式通车，届时皖赣两省将与海峡西岸经济区直接连通，安徽经济迎来新的发展契机。在长江经济带《交通规划》建设综合立体交通走廊部分的第一条，提出了重点建设上海经南京、合肥、武汉、重庆至成都的沿江高速铁路，建设商丘经合肥至杭州的高速铁路，形成覆盖 50 万人口以上城市的快速铁路网。在铁路建设重点项目里提出建设商丘经合肥至杭州、郑州至合肥、合肥至九江的快速铁路。“十三五”时期，合肥将更进一步融入高铁时代，合肥要积极规划相应配套项目，通过铁路枢纽地位的强化提升合肥的城市吸引力，吸引高端人才和发展要素聚集。

4. 依托空港商务资源，发展临空经济

合肥新桥机场开通后，空港经济值得期待。在长江经济带《交通规划》建设综合立体交通走廊部分的第三条，提出发挥合肥干线机场作用，实施合肥机场扩建工程，依托空港资源，发展临空经济。合肥新桥国际机场及其空港经济区不仅能够为优化合肥的产业空间布局、提升城市的核心竞争力创造条件，而且有利于更大区域投资环境的优化，对周边地区将具有极大的带动作用。

在 2014 年的合肥市“两会”上，合肥市政协委员桑林兵提出“关于大力发展空港经济，加快合肥空港经济示范区建设步伐的建议”，这也成为 629 件提案中的“一号提案”。目前，省政府正式批复同意设立合肥空港经济示范区；三条新桥机场应急通道已列入 2014 年大建设项目并落实资金，其中新桥大道已于 12 月初正式开工；新港路、兴业大道也已经完成方案设计，正在进行前期筹备。另外，空港保税物流中心（B 型）的申报已获得省政府正式批复，也正在加紧向海关总署申报。此外，货运航线补贴政策正在加紧研究，顺丰航空已试开通“深圳—合肥—深圳”国内货运航线，今年年内实现运营正常。“十三五”时期，要依托空港发展带来的商务资源，进一步发展临空经济。

5. 完善城际交通网络，提高省内辐射力

世界经验表明，高速城际交通是都市圈发展“流动的血脉”，综合交通运输的合理配套是都市圈发展的重要基础条件，而综合交通运输中轨道交通占主导地位。东京是以高速城际铁路为中心的交通发展模式，由于有了发达的轨道交通网和完善的配套设施，在东京都市圈的交通出行方式中，轨道交通占总客流量的 70% 左右；伦敦是以轨道交通和高速公路并重的交通发展模式，区域铁路系统平均每天运送 34 万通勤乘客进入伦敦中心。目前，以上海为核心的长三角地区正在成为世界第六大都市圈。作为基础条件的城际交通正在迅猛发展，城际轨道交通网和全区域城际与市内交通系统相衔接的轨道交通网络正在形成和加强中。在《交通规划》加快城市群交通网络建设部分的第一条中，提及打造以上海为中心，南京、杭州、合肥为副中心，城际铁路为主通道的“多三角、放射状”城际交通网络。“十三五”时期，要加快建设以合肥为中心，连通芜湖、马鞍山、宣城、铜陵、池州、安庆、淮南、蚌埠、滁州等城市的放射状城际交通网，实现中心城市与周边城市之间 1 ~2 小时通达，进一步提高合肥在安徽省内的城市首位度和辐射力。

6. 构建现代化公交网，提升市内通达性

“十三五”末，合肥市域人口规模将达到 1000 万人左右，市区人口将达到 550 万人左右，这对如何保证市内交通便捷、快速提出了更高要求。在《交通规划》加快城市群交通网络建设部分的第五条里，明确提出贯彻落实公共交通优先政策，统筹城市发展与重大交通基础设施建设；有序发展城市轨道交通，建成合肥城市轨道交通主骨架。“十三五”时期，要加快合肥市区公交场站的建设改造和布局调整，拓展和优化公交线网，建立快速公交体系，提高公交运行效率。加快合肥地铁、轻轨建设速度，通过优化客运组织和线路布局，提高客运实载率，推动绿色交通发展。进一步完善公交出行引导措施，实现公交智能查询系统市区全覆盖，进一步研究公交持续发展、普惠市民的政策，科学引导市民选择公共交通出行，不断提高公交分担率，降低市民的通勤时间。

八、加快转型发展的保障措施

（一）统一认识，增强转型发展紧迫感

1. 充分认识区域城市之间的竞争关系

国际方面，2008 年以来的金融危机促进了国际产业结构和产业分工新的调整，部分

产业加速向东南亚、拉美、非洲等成本更低的国家和地区转移。发达国家纷纷提出以振兴制造业和发展新兴产业为核心的再工业化战略，以期抢占新工业革命的先机和制高点，引导部分产业回流。在经济复苏艰难、需求不振、市场竞争激烈的大背景下，发达国家贸易保护主义抬头，国际竞争更趋激烈。国内方面，随着近年来合肥的快速发展，土地、人力、能源等要素资源成本的不断提高，合肥承接产业转移面临着中西部地区的有力挑战，城市之间竞争压力也日趋增大。

2. 充分认识日趋增强的资源环境约束

目前，合肥正处在工业化和城市化加速推进阶段，能源消费需求呈刚性增长。面对日益严厉的能源消费控制形势，节能潜力空间不断收窄，污染减排控制增量、削减存量难度加大，资源环境约束因素日趋增强，依靠资源消耗、环境污染的增长模式将难以为继。总体而言，加强资源节约集约利用、加快污染综合治理、推进巢湖生态文明先行示范区建设的任务更加艰巨，以资源环境承载能力为基础，推动绿色发展、循环发展、低碳发展的任务更加强繁重。对此，要有充分的认识。

3. 充分认识日益加大的政府债务风险

根据国家审计署于2013年12月30日公布审计结果，合肥的债务总体处在安全可控的范围，但也存在规模增长过快、债务负担相对较重、还款高峰期集中等潜在的风险隐患。未来一个时期，我国经济增长将保持在一个中高速发展的新常态，作为地方，合肥的财政收入不可能像以往大幅增加。因此，有必要增强风险意识，保持合理债务水平，避免债务风险影响合肥未来发展大局。

（二）加强领导，“两手并用”加快转型

1. 建立加快转型发展协调领导小组

整合与转型发展相关的组织机构，如发改委、经信委、人社局、财政、农业、公安、国土、环保、交通、教育、卫生、金融等成员单位主要领导，建立加快转型发展协调领导小组，领导小组下设产业转型、社会转型、生态转型、财政金融、基础建设、公共服务、户籍改革、就业社保等推进工作组，办公室设在市政府办公厅或市直某综合部门，根据需要从各相关部门抽调人员集中办公。

2. 制定促进加快转型的考评体系

一是政府政绩和效能考核方面，及时出台《深入推进“十三五”时期加快转型发展》指导意见，建立健全与相关市直单位联席会议制度，合理设置和适时调整量化考核指标体系，并将加快转型升级发展的相关指标纳入地方政绩考评和市直单位效能建设体系并占有相当权重。二是企事业单位人员岗位绩效考核方面，注意由重“量”转向重“质”。

3. 建立“两手并用”的调控机制

通过改革，建立政府和市场“两手并用”的转型调控机制。用改革的办法调动社会力量，调整经济结构、建设生态文明和改善民生。在促进产业转型时，为加快服务业发展，可以加大政府购买服务力度，同时引入竞争机制；在促进生态经济化与经济生态化转型时，可以加大政策支持和监管力度，实行差别化税收、信贷与定价政策，提高清洁绿色生产生活主体的市场竞争力；在引导城乡社会空间结构转型时，将政府的民生工程、公共服务、基础设施投放更多向农村倾斜，让城市生活更美好的同时，让乡村生活更具吸引力，促进要素按“市场报酬率”的吸引在城乡间自由流动。

（三）保障要素，强力支持转型发展

加快转型发展是“政府意愿”，但更大程度上是市场行为的“加总效应”，终究离不开要素的市场动员。

1. 推动土地要素合理流转和规范使用

按照“1331”主体功能区规划要求，顺应城乡格局变化趋势，完善城乡土地规划体系，促进用地合理布局和结构优化；在节约集约利用方面，要推进开发园区和城市新城区融合发展，提高土地投入产出水平，大力实施农村土地整治，积极开展城乡、地区之间人地挂钩政策试点；在产权交易方面，建立稳定有保障的农村土地产权制度，规范农村集体土地使用权流转，对农民土地承包经营进行确权，加快形成城乡统一的土地市场；在收益分配方面，要完善征地补偿制度，规范土地出让收支管理，建立公平合理的土地收益分配制度。

2. 推动劳动力要素自由流动和享受权益

一是建立城乡统一的户口登记制度，加快异地户籍制度的政策衔接，切实解决农民工在劳动报酬、子女上学、技能培训、公共卫生、住房租购、社会保障等方面的突出问题，彻底破除隐藏在户籍背后的身份差异和基本权利不平等，使农民成为一种职业而不仅仅是身份，实现人力资源有序合理流动。二是下大力气抓好基本公共服务均等化。加快城乡教育、医疗、文化等优质公共资源均衡配置，抓紧研究并切实保障农村留守儿童、妇女、老人的人身安全、教育、文化、养老服务等方面的权益，构建不同层次、覆盖城乡的大社保体系，不断提高社会发展的和谐度和人民群众的幸福感。

3. 推动金融要素协调发展和创新发展

一是促进协调发展。加强对实体经济的金融支持，强化对转型发展的资金保障，充分发挥各类政府引导基金、政策性贷款等资金投入的杠杆作用。积极拓展各类新型融资渠道，大力发展基金、资管、租赁等新型金融业态，引进外资金融机构，提升合肥金融国际化水平。二是加强直接融资。推进多层次资本市场与实体经济对接，深挖直接融资潜力，不断提高直接融资占比。加强直接融资后备资源库建设，指导和帮助企业确定直接融资方案，把政策兑现作为重要抓手，切实做好融资服务。以政府信用吸引社会资金，改善和调整社会资金配置，引导资金流向生物医药、节能环保、新能源与新材料等战略性新兴产业领域，推动产业转型升级。三是创新金融支持。深入推进金融改革创新，强化金融产品和服务方式创新，激发实体经济发展内生动力。大力发展普惠金融、科技金融、民生金融和生态金融，以金融创新来推动合肥经济结构调整和转型升级。加强与政策性金融机构合作，争取更多政策性资金投入，特别是全面推进与三大政策性银行的合作，时机成熟时可以考虑成立本土的政策性金融机构。四是改善金融服务。在认真落实国务院《关于进一步支持小型微型企业健康发展的意见》等现有政策的基础上，重点研究降低小微企业融资成本的有效途径，鼓励金融机构对有市场、技术、发展前景和信用记录良好的小微企业开辟贷款生态通道，提高信贷审查和放贷速度。出台有效扶持政策，落实税收、利率等优惠，重点提高小微企业融资可得性。

（四）加强引导，营造创新创业氛围

1. 强化企业的创新主体责任，引导创新资源向企业集聚

在新常态背景下，要突出创新驱动，强化企业的创新主体责任，引导创新资源向企业集聚，支持企业自主开展创新决策、研发投入、科研组织和成果应用，试运行科技成果转移中心，用以排查企业在创新成果转化过程中的疑难问题，减少转化周期，提高成果转化率，大力提高企业创新能力和核心竞争力。鼓励企业建立研发人员报酬与市场业绩挂钩的机制，使科研人员的贡献与回报相匹配。全面落实鼓励民间投资和小微企业创新发展的政策措施，落实并兑现“1+3+5+N”政策，加大财税金融等政策支持，提高科技型中小微企业创新能力。建立产学研协同创新机制，支持行业骨干企业联合科研院所、高等学校和中小企业组建产业技术创新战略联盟或协同创新平台，形成共同投入、优势互补、利益共享、风险共担的长效合作机制。

2. 加大政府的科技投入力度，引导社会资本支持自主创新

随着合肥进入富裕社会，社会资本越来越充裕，政府可以采取设立“基金宝”、“风险池”等办法撬动社会资本支持“大众创业，万众创新”。建议实施“梯形融资模式”的科技创新金融服务平台建设。一方面，建立政府创投基金，加大科技投入力度；另一方面，针对科技型创业种子期小微企业需要，建立政府政策引导基金；针对初创期科技型企业需要，大力发展私募股权投资、建立“众筹”平台、引入和扶持天使基金和风险投资基金；针对成长期科技型企业需要，加强融资平台建设，包括科技银行、知识产权质押贷款、融资租赁等；围绕扩张期科技型企业需要，推进股权融资和债券融资；针对成熟期科技型企业需要，推进主板、中小板、创业板等上市融资。科技银行和科技小额贷款公司引导更多的社会资本投向自主创新。

3. 优化协同创新平台运行机制，拓展孵化器为主体的创业平台

厘清各类协同创新中心（院所）的产权结构，明确政府与高校双方的股权比例，可通过让度股权或“拨改借、拨改股、借改补、借改股”等形式，激发平台参与者的积极性。建立明确的目标管理机制和绩效考评、激励机制，建立健全协同创新平台内部运行机制，推进各类平台内部运行机制建设，建立协同创新平台（研究院）理事会领导下的院长或中心主任负责制，院长或中心主任任期5年，年度考核与中期考核结合，建立激励相容的内部机制。

实施“孵化器倍增工程”，扩充和提高科技创新创业平台数量质量，争取3年内实现科技孵化器数量倍增。同时，推进科技企业加速器建设，为快速发展企业提供定位清晰、方向明确的企业加速服务。

4. 深化科技评价和激励机制改革，鼓励面向市场研发创新

采取积极措施，鼓励面向产业化的应用开发研究，促进科研成果转化，变高校科研机构真正成为创新的技术源头。改革与健全科技评价和奖励机制，激发科技人员面向实际经济需要进行科研活动。优化整合各类科技计划（专项、基金等），注重科技项目立项、科技政策性资金支持对象选择的公正性；注重科技项目资金和科技政策性资金使用过程管理；注重科技项目研发成果和科技政策性资金使用效果评价；注重创新质量和实际贡献，制定导向明确、激励约束并重的评价标准和方法。加快推进项目评审、人才评价、机构评估改革，对科技项目和政策性基金进行立项评价、过程跟踪和后期评估，建立长效机制，来保证创新绩效。

主要参考文献

[1] 关越．资源诅咒、经济转型与政府职能转变，经济经纬，2013（1）：77－81.

[2] 吴春梅，陆晞，徐清．市场与创新融合——资源型城市转型发展的新路径，中国发展，2012（2）：5－9.

[3] 顾朝林．转型发展与未来城市的思考，城市规划，2011（11）：23－34，41.

[4] 张松．转型发展格局中的城市复兴规划探讨，上海城市规划，2013（1）：5－12.

[5] 李迅，刘琰．低碳、生态、绿色——中国城市转型发展的战略选择，城市规划学刊，2011（2）：1－7.

[6] 郑德高，孙娟．基于竞争力与可持续发展法则的武汉2049发展战略，城市规划学刊，2014（2）：40－50.

[7] 王兰．纽约城市转型发展与多元规划，国际城市规划，2013（6）：19－24.

[8] 杨锐．产业转型与就业转型特征变化——先进港口城市转型分析，科学发展，

2009（7）：27－38.

［9］林斐．新型城镇化背景下安徽城镇空间结构优化战略，上海城市规划，2014（1）：37－42.

［10］吴存荣．创新推动转型，求是，2013（11）：43－44.

［11］王运宝．开拓转型“新棋局”，决策，2014（6）：20－23.

［12］司胜平．在全面深化改革中打造“大湖名城、创新高地”，中国合肥市委党校学报，2014（2）：13－17.

［13］周春山．城市空间结构与形态，科学出版社，2007.

［14］徐井宏，张红敏．转型——国际创新型城市案例研究，清华大学出版社，2011.

［15］陈建华．信息化、产业发展与城市空间响应，社会科学文献出版社，2010.

［16］徐旳．城市空间演变与整合：以转型期南京城市社会空间结构演化为例，东南大学出版社，2011.

［17］潘竟虎，戴维丽．1990—2010年中国主要城市空间形态变化特征，经济地理，2015（1）.

［18］张越．叶高斌．姚士谋．开发区新城建设与城市空间扩展互动研究——以上海、杭州、南京为例，经济地理，2015（2）.

［19］张孝德．“十三五”经济转型升级新思维：新能源革命引领战略，国家行政学院学报，2015（2）.

第二篇

日常课题研究报告

- 合肥快递业发展政策研究
- 合肥市建设“中国分布式光伏应用第一城”对策措施研究
- 合肥家电产业转型发展研究
- 合肥楼宇经济发展研究

合肥快递业发展政策研究

课题负责人：

华德亚副教授，合肥区域经济与城市发展研究院研究员

课题组成员：

陈文府副教授、汪怡讲师、黄毅讲师、陶宇研究生

快递又名速递，指快递公司通过公路、铁路和空运等交通工具，对客户货物进行快速投递的业务活动。快递业将信息传递、物品递送、资金流通和文化传播等多种功能融合在一起，关联流通、生产、消费、投资和金融等多领域，对提高流通效率、拉动生产、促进消费、增加就业、服务民生等方面发挥着重要作用，是现代社会不可替代的基础产业。

近年来，我国快递业务需求呈“井喷式”增长态势，行业规模迅速扩大。据统计，2014 年我国快递业务量累计完成 139.6 亿件，同比增长 51.9%；业务收入完成 2045.4 亿元，同比增长 41.9%，已成为全球快递第一大国。李克强总理在 2014 年和 2015 年《政府工作报告》中，连续两年都明确提出要加快物流快递产业发展。[①] 作为“中国经济的一匹黑马”，快递业是现代服务业重要的新增长点，在国民经济和社会发展中的基础性地位和带动性作用也必将日益凸显。

合肥打造长三角世界级城市群副中心和全国性综合交通枢纽，为快递业提供了良好的发展环境。目前，合肥快递业正处于高速发展阶段，2014 年，合肥市快递服务企业业务量完成 1.02 亿件，同比增长 81.74%，占安徽省业务量的 42.71%；业务收入完成 12.66 亿元，同比增长 45.41%，占全省快递业务收入的 43.42%。作为现代服务业新增长点，快递业在合肥市经济与社会发展中的基础性地位和带动性作用也必将日益凸显。

第一，对挖掘合肥市内需潜力具有重大意义。扩大内需的重要着力点是扩大消费需求。近年来，合肥电子商务异军突起，且与快递业呈联动发展态势，这将加快释放 700 万人口蕴藏的巨大消费潜力。第二，对合肥制造业升级带来巨大空间。当前，合肥加快传统制造业转型升级步伐，与快递业联动发展，可以大幅度节省生产成本，提高专业化水平和生产效率，为制造业向高端攀升奠定良好的基础。第三，对调整优化合肥经济结构具有直接促进作用。

① 2015 年 3 月 15 日，国务院总理李克强在十二届全国人大三次会议闭幕后答记者问时说：“是我很愿意为网购、快递和带动的电子商务等新业态做广告。因为它极大地带动了就业，创造了就业的岗位，而且刺激了消费，人们在网上消费往往热情比较高。”

快递业的兴起与蓬勃发展，推动了整个服务业的发展。近年来，合肥物流快递、电子商务、战略性新兴产业等的发展迅速，服务业快速发展促进了经济产业结构不断优化。第四，对扩大合肥及周边地区就业具有双重贡献。快递需要大量的从业人员，可以创造众多的工作岗位。同时，快递业发展也带动了相关服务行业的发展，创造了众多间接工作机会。

2014 年 11 月，受合肥市政府委托，合肥区域经济与城市发展研究院围绕《合肥快递业发展政策研究》课题展开历时半年的研究，就合肥快递业发展环境和制约因素展开了深入分析，并就如何加快合肥快递业发展提出了相应政策建议。

本研究报告由我提出大纲框架，并与合肥区域经济与城市发展研究院院长胡艳教授进行了讨论。2014 年 12 月，又邀请了合肥市政研室、合肥市发改委、合肥市商务局等相关部门负责人进行了开题指导，他们对课题研究提出了很好的建议。在此前提下，课题组全体成员在反复研讨的基础上分头撰写。2015 年 5 月，合肥市邮政管理局邀请课题组座谈，组织课题调研，并提供了大量第一手资料，这为研究报告的修改完善提供了很大帮助。我代表课题组全体成员对各位专家为课题研究提供的指导和帮助表示由衷的感谢！研究报告由我统稿完成，如有不妥之处，敬请批评指正（安徽大学华德亚副教授）。

一、国际国内快递业发展态势与经验借鉴

（一）国外快递业发展现状

1. 国外快递业发展现状

1969 年，世界上第一家真正意义上的快递企业敦豪（DHL）诞生。经过 40 多年的发展，目前国际快递行业已形成了以联合包裹公司（UPS）、联邦快递（FedEx）、敦豪（DHL）、荷兰天地快运（TNT）四家大型跨国快递公司为主，其他少数大型物流企业共同占领的国际市场格局。2013 年，全球快递业经营规模达 1300 亿美元，对世界 GDP 的贡献达到 640 亿美元。

在美国，UPS 和 FedEx 以网络化、信息化、标准化为核心竞争力，牢牢掌控着国内市场。首先，两大公司通过持续巨额的资本投入和兼并收购建立了庞大的网络，构筑起难以逾越的市场壁垒；其次，它们业务操作流程严格标准化，服务质量大幅提高，降低了管理难度；最后，每年投入达数亿美元巨额资金用于信息技术，使其网络运营效率不断提高。

在欧洲，快递公司多采用 B2B 的商业模式。如德国快递行业是包含了电子商务、物流、金融、保险、代理等多种业务经营的综合性行业。法国快递业的服务具有个性化特征，快递公司因地制宜，在生活便利店设立指定代收点，以电话或短信方式通知收件人到指定代收点收货，收件人则是在方便的时候自行提货。这种货物代收点解决了送货和民众收货时间难以协调的问题，极大地提升了快递服务效率。

在日本，以大和运输公司为代表的快递企业率先建立覆盖全国的经营网络，甚至在米店、酒店、便利店等地建立终端服务网点，建成了以点、线、面为基本元素，向全国扩张的配送网络体系。日本快递业实行以上门取货、送货上门及迅速准时配送的经营战略，同时，注重集中业务资源、开发服务品种、增强竞争优势。

2. 国外快递业发展经验对中国的启示

国外快递公司以雄厚的资金实力、完善的经营网络、强大的科技支撑、先进的经营理念为全球客户提供优质的快递服务。国际快递巨头成功的经验给我国快递企业发展带来一定的启示：

（1）积极融入全球化进程。1980 年以来，四大国际快递巨头伴随着经济全球化浪潮，主动与供应链中生产性企业一起进入各国物流领域，深入参与各国物流基础设施和物流枢纽建设，完善跨国快递网络框架和主干线与支线的衔接。这为它们带来丰厚利润的同时，也把现代快递业推向了全球化发展新阶段。我国快递企业应积极响应国家“走出去”战略，拓展国际业务，争取成为具有世界影响力的民族快递品牌。

（2）持续提升科技化水平。快递企业是电子信息技术等高科技试验场。电子数据交换系统（EDI）、事务处理系统（TPS）、管理信息系统（MIS）、决策支持系统（DSS）、销售时点信息系统（POS）、地理信息系统（GIS）、全球卫星定位系统（GPS）、智能交通运输系统（ITS）、条形码技术、射频标识技术等新技术，都是第一时间被运用于快递服务中。这极大地提高了运输、装卸、包装、流通加工、配送等环节效率，为快递企业快捷、高效、优质的服务提供了坚实的技术保障，也为快递行业转型为技术密集型产业，实现跨越式发展提供了广阔的空间。

（3）加大经营网络建设。快递服务需要在高效、流畅、便捷的运营网络基础上才能实现，国际快递巨头在全球范围内建立了呈网络状分布的分拨、中转、配送等各类中心，运用先进的网络管理机制，驱动数以万计员工、各种运输工具、众多服务网点在全球高效运作。同时，国际快递巨头还运用兼并收购、建立联盟等手段，吸收其他公司建成的网络控制地区市场。我国快递企业在网络覆盖和网络管理等方面，可以从国际快递企业网络布局中获得启发。

（4）不断更新经营理念。国际快递企业善于根据国际市场形势变化，不断更新经营理念、创新经营模式。首先，延伸服务领域，实行多元化战略。四大国际快递巨头的业务范围不局限于快件运送，而是从事包括物流、金融、保险、代理、电子商务等在内的综合业务。其次，提供个性化服务，实现服务多样化。国际快递巨头运用自身科技和网络优势，准确定位市场，及时依据客户的需求提供各种增值服务、设计各种服务方案，服务呈现多样化特征。最后，加强人员培训，强化服务意识。如 DHL 每年投入人员培训的经费都会不断增加，明确规范与客户交流的准则，强化服务意识，培养团队精神。

（二）国内快递业发展历程、现状与趋势

1. 我国快递业发展历程

1980 年，中国邮政开办全球邮政特快专递业务（EMS），我国快递服务由此发端。随

后，国际快递巨头纷纷通过合资和委托代理等方式进入中国。1986 年颁布的《邮政法》明确规定："信件和其他具有信件性质的物品的寄递业务由邮政企业专营，但是国务院另有规定的除外。"这明确了 EMS 在快递市场中的主导地位。但随着市场经济的快速发展，面对不断增长的外贸行业报关材料和样品等快速传递的需求，邮政企业越发显得力不从心，民营快递企业因此迅速崛起。1993 年，顺丰速运和申通快递分别在珠三角和长三角成立，1994 年初，宅急送在北京成立。2005 年，我国按照 WTO 协议全面对外资开放物流及快递业。2007 年 9 月，《快递服务》邮政行业标准发布为快递业提供了规范服务行业标准。2008 年 7 月，《快递市场管理办法》正式实施。2009 年，《快递业务经营许可管理办法》和新修改的《邮政法》同步实施，首次在法律上明确了快递企业的地位，并明确了快递业的行业准入门槛。2012 年，再次修订《邮政法》，对国务院设立省级以下邮政管理机构进行授权，赋予这些机构相应的行政监管权。

2. 我国快递市场基本现状与趋势

（1）市场规模持续扩大，增长势头保持强劲。2014 年，全国快递业务量累计完成 139.6 亿件，同比增长 51.9%；业务收入完成 2045.4 亿元，同比增长 41.9%。现阶段，我国虽然步入"新常态"，经济下行压力较大，但快递市场规模将会持续扩大，增长势头依旧不会减弱。因为，作为世界第二大经济体，在未来稳增长、扩内需、调结构的发展宗旨指引下，我国生产和消费对快递这种基础性服务业需求不但不会减少，反而会呈现快速发展的趋势，而且服务显现出多层次、多样化的特征。

（2）行业集中度有待提高，领军企业相对缺乏。我国备案登记的快递企业有数千家，但大多数属于中小企业，行业集中度较低。近年来，国内快递市场并购案层出不穷，如中外运速递股权转让给中外运——敦豪；2009 年，北京市知名同城快递公司小红马宣布退出快递市场；2010 年，海航集团与天天物流快递签订协议，收购后者 60% 的股份；2011 年，我国颁布《邮政局关于快递企业兼并重组的指导意见》，指出要提升国内快递市场集中度，引导市场良性发展。预计未来几年，我国快递行业将会迎来兼并重组和重新洗牌的高潮，行业集中度会出现较大幅度提高，个别企业有可能脱颖而出，成为行业领军企业。

（3）区域发展差异明显，中西部未来潜力巨大。我国快递市场呈现区域发展不平衡的特点，东南沿海发展比较迅速，中西部地区发展相对滞后。当前，我国快递业已形成包括京津冀地区、长三角地区、珠三角地区在内的三大快递业圈。但随着国家实施"一带一路"和长江经济带等重大发展战略，东部地区产业不断向中西部地区转移，这必将有力地促进中西部地区快递业发展。

（4）行业联动日渐明显，产业融合需求迫切。快递是当前电子商务实物配送的主要途径，也是其产业链中的重要一环。快递与制造业关系也日渐紧密，尤其是那些对时间和服务非常敏感的行业，如电子、家电、医药、服装行业等，为了缩短上架时间、减少库存和提供更具个性化的产品，对快递服务的需求大大增加，甚至越来越多的制造业企业开始裁减运输部门转而将相关业务外包给快递企业，快递企业也向制造业企业提供其他服务品种，如帮助客户召回、更换产品，帮助完善供应链，逐渐向"一体化供应链服务商"转变。

（5）服务品种多样化，细分市场竞争渐成常态。以往我国快递企业在服务产品种类上较为单一，以相互压低价格为主要竞争手段，致使整个行业利润持续走低，影响行业健康发展。近些年来，国内快递企业在与西方快递企业竞争的同时，也学到了全新的经营理念，提供更加多样化、个性化的服务产品，如顺丰推出上海与北京之间的“航空即日到”时效速递产品，部分企业提供代收货款，甚至鲜花礼仪快递等样式新颖的服务产品，快递服务创新几乎每天都会上演。一些实力较强的快递企业，在竞争方式上逐渐摒弃价格战和粗放扩张战略，转向用户体验战、品牌价值战和细分市场的专业化角逐。服务品种多样化和服务竞争手段多元化，标志着我国快递市场逐渐走向成熟，未来这种趋势会成为一种常态。

二、合肥快递业发展现状与环境

（一）合肥快递业发展现状

近年来，随着经济快速发展和社会对快递服务需求增加，合肥市快递业进入快速发展阶段。当前，快递业务规模不断扩大，市场主体日益多元、产品种类不断丰富、基础设施逐渐完善。这对促进生产发展和方便人民生活起到了巨大的推动作用。

1. 规模不断扩大，增长势头强劲

快递业务量和业务收入是衡量快递业发展规模的重要指标。2013～2014 年，合肥市快递业务量和业务收入的增速均超过 40%。2014 年，合肥市快递服务企业业务量完成 1.02 亿件，同比增长 81.74%，占安徽省业务量的 42.71%；业务收入完成 12.66 亿元，同比增长 45.41%，占全省快递业务收入的 43.42%。其中，同城业务收入累计完成 1.77 亿元，同比增长 97.16%；异地业务收入累计完成 8.52 亿元，同比增长 35.51%；国际及港澳台业务收入累计完成 1.62 亿元，同比增长 24.69%。服务网点已覆盖到县级以上城市和大部分乡镇（见图 1～图 5）。2015 年 3 月，在全国快递业务量前 50 位城市中，合肥居第 22 位；在全国快递业务收入前 50 城市中，合肥居第 26 位。

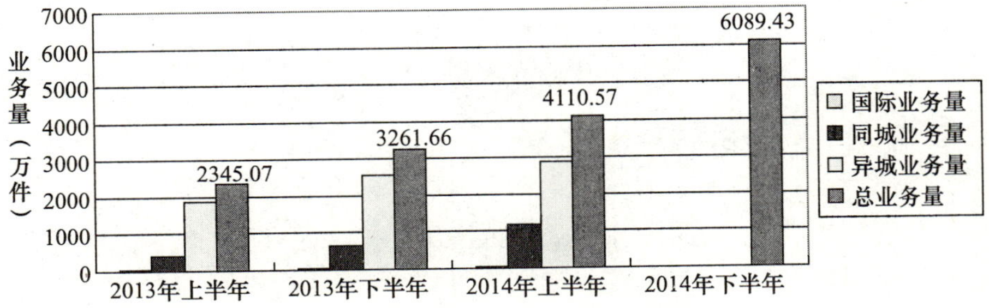

图 1　2013～2014 年合肥快递业务量发展

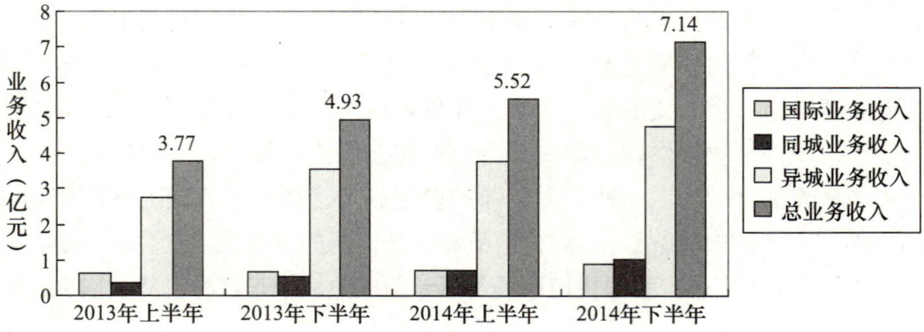

图 2　2013～2014 年合肥快递业务收入发展

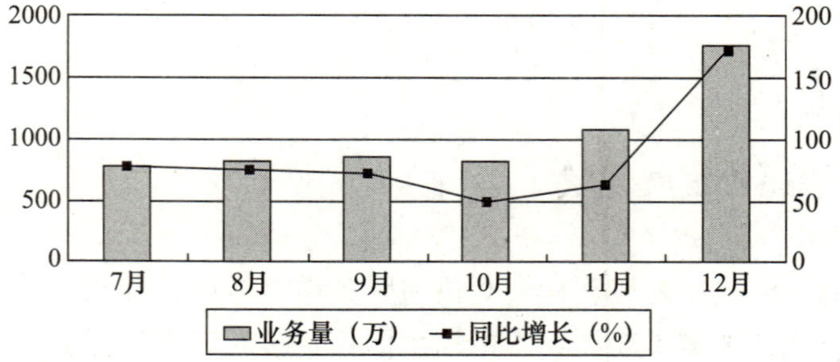

图 3　2014 年下半年业务量及其增速

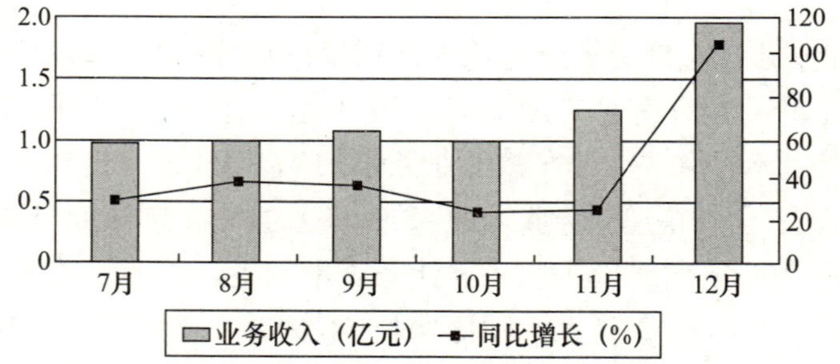

图 4　2014 年下半年业务收入及其增速

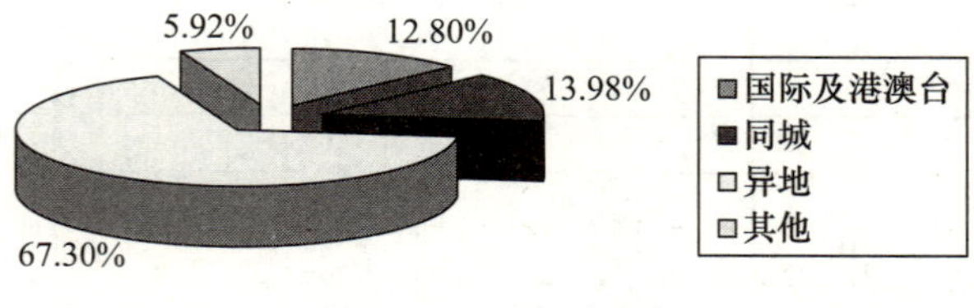

图 5　2014 年合肥快递业务类型分布

2. 市场主体多元，行业竞争激烈

截至 2014 年底，合肥市经邮政管理部门批准从事快递服务的企业共有 72 家，国有、民营、外资等市场主体并存。其中，民营快递企业从无到有，各大主要民营快递品牌如顺丰、宅急送、申通、圆通等大都以直营、加盟和代理等形式进入合肥市场并逐渐发展壮大，并不断加大网点布局，已成为快递市场的主力军，尤其在中低端市场占据了相当大的份额；以 EMS、中外运为主要代表的国有快递企业凭借品牌和网络优势，填补了偏僻地区民营快递服务的空缺，实现了快递服务区域全覆盖；外资快递企业包括 UPS、TNT、DHL 和 FedEx 在国际快递等高端市场竞争中优势显著，市场份额较高。各类快递企业结合市场需求和自身优势，细分市场，提供多样化服务，基本形成了相互竞争、相互促进、共同发展的市场格局。主体的多元化趋势说明合肥快递业开始进入市场细分的阶段，这是快递市场逐渐成熟的标志。

3. 服务种类多样，服务领域拓展

经合肥市邮政管理部门批准从事快递服务企业的分支机构及网点等服务网络通达市内所有县级以上城市以及大部分乡镇。充分的市场竞争让快递企业提供的服务种类多样化，已从基本服务逐步向收件人付费、代收货款、代客报关、签单返回、进出口代理、通关服务、物流咨询等增值业务多元化发展，能够提供“次日达”、“隔日达”、“次晨达”、“当日达”、“限时达”、“即时送” 等多种服务，满足了不同层次的市场需求。丰富的产品给用户提供更多选择，方便了社会生产和人民生活。同时，快递服务不仅仅局限在生活领域，已开始向制造业和新兴产业渗透和延伸。

4. 设施日益完善，技术水平提升

截至 2014 年底，合肥市从事快递服务的 72 家企业中，共有分支机构 410 个，快递分拨中心 14 个，呼叫中心 4 个，座席数约 5000 个。全市快递从业人员 1.8 万余人，快递运输机动车 1783 辆，非机动车 4359 辆，分拣线 196 条，日最高处理能力达 300 万件。“三通一达”、顺丰速递等知名企业均在我市设立了分拨中心。目前，合肥市规模以上快递企业的网络较为健全，依托皖江城市带承接产业转移示范区、合芜蚌自主创新试验区规划建设了一批快件处理（分拨）中心；建立了客服系统和快递信息系统，并利用无线移动网络、可视快件追踪等技术设备，实现快件全程实时监控；收、派作业、分拣作业、客户服务、营销管理、财务结算等各环节的机械化操作程度或信息化应用水平明显提高。

5. 产业园初具规模，环状格局初步形成

围绕主城区打造环状快递产业园，是合肥加快发展快递业的一项重要举措，目前位于主城区东西南北四个方向园区已经初具规模。

位于合肥撮镇的合肥快递产业园（东区），现已入驻 7 家企业，分别为申通、圆通、汇通、中通、天天、国通和佳吉。投资 10 亿元，场地面积 18.79 万平方米，日处理件量达 145.4 万件，分拨中心从业人员 1300 人。主要服务范围为合肥商贸物流园区域及肥东县电子商务企业和制造企业。位于合肥南部经开区、包河区的合肥快递产业园（南区）现已入驻7家企业，分别为顺丰、韵达、宅急送、优速、快捷、全峰和速尔，投资2亿元，场地面积6.5万平方米，日处理件量达135.6万件，分拨中心从业人员1000人。主要服务范围为经开区区域及肥西县电子商务企业和制造企业。位于瑶海区、新站区的合肥快递产业园（北区）入驻企业3家，分别为省邮政速递物流、汇文和京东，投资1.6亿元，场地面积3.6万平方米，日处理件量达13.5万件，分拨中心从业人员400人。主要服务范围为新站区区域及瑶海区范围电子商务企业和制造企业。位于高新区、蜀山区的合肥快递产业园（西区）即将入驻企业4家，分别为安徽顺丰、德邦、苏宁和安徽邮政公司，投资21亿元，场地面积30万平方米，建成后将形成仓储、分拣、配送、后端服务、数据分析等全方位的快递服务体系，日处理件量将达200万件以上，分拨中心从业人员将达到7000人。主要服务范围为高新区区域及蜀山区电子商务产业园范围电子商务企业和制造企业。

（二）合肥快递业发展环境

1. 政策环境

2007年出台的《国务院关于加快发展服务业的若干意见》，明确提出我国加快转变经济发展方式，大力发展包括邮政、快递在内的现代服务业的战略。2009年国务院印发的《物流业调整和振兴规划》通知，进一步明确了国家发展快递物流业的政策导向。国家邮政局2011年12月正式公布《快递服务“十二五”规划》，提出快递服务要努力实现三大目标：做大行业、做强企业、做优品牌。各级地方政府也相应制定促进快递业发展的政策文件。为进一步加快“十二五”期间合肥市现代物流业发展和产业转型升级，培育新的经济增长点，促进现代化新兴中心城市和区域性特大城市建设，2012年合肥市政府制定《合肥市现代物流业发展十二五规划》。2014年，合肥市颁发《合肥市现代服务业发展规划（2014~2020）》，提出将快递业作为生产性服务业进行支持和培育。要求优化快递物流配送体系，支持建设现代化、集约型电子商务专业快递、物流园区和配送基地，鼓励发展基于移动定位、物联网等技术的现代化快递、物流配送服务，支持电子商务企业、快递和物流配送企业、连锁超市和社区服务组织建立社区终端共同配送服务网络。一系列政府文件不仅构建了宏伟蓝图，而且包含众多政策措施，有力地推动了合肥市快递业快速健康的发展。

2. 法律环境

我国快递服务业的法律法规和标准化体系建设已经逐步完善，修订后的《中华人民共和国邮政法》（以下简称《邮政法》）对于我国快递业起到基本的规范作用。为规范快递企业行为，加强市场监管，《邮政法》对快递业务作了专章规定，第一次在法律上明确了快递企业的法律地位。此外，《快递市场管理办法》、《快递业务经营许可管理办法》、《快递服务标准》等规章和标准的发布实施，也为快递服务业的良性发展奠定了坚实的法律基础。2012 年，作为合肥市快递业主管部门的合肥市邮政管理局成立，负责贯彻执行国家邮政法律法规、方针政策和邮政服务标准，研究拟订本地区邮政发展规划，监督管理本地区邮政市场及邮政普遍服务和机要通信等特殊服务的实施，负责行业安全生产监管、统计等工作，保障邮政通信与信息安全等。主管部门积极规范企业经营行为，消费者维权意识和能力显著增强，政府监管、行业自律、社会监督的快递市场监管格局初步形成。

3. 经济环境

合肥市承东启西、连南接北的地理区位，有着沿海腹地、内地前沿的区位优势。以合肥为圆心，方圆 500 千米为半径，是我国经济最具活力的区域。2014 年 9 月，国务院颁布了《关于依托黄金水道推动长江经济带发展的指导意见》，明确提出将合肥市建设成为长三角世界级城市群副中心，打造全国性综合交通枢纽和内陆开放高地。全新的城市战略定位为合肥快递业发展迎来了千载难逢的机遇。随着合肥市加速推进“大湖名城，创新高地”建设，合肥市的 GDP 快速增长，居民消费水平快速提高、生产快速发展，这些都为合肥市快递产业发展提供了良好的经济环境。

“十二五”以来，合肥市经济保持快速发展，地区生产总值年均增长 17% 以上，在全国省会城市中，位次由第 18 位跃升至第 12 位，成为近几年发展最快的省会城市之一。合肥市与快递业发展的相关数据和发展趋势如图 6 和图 7 所示。

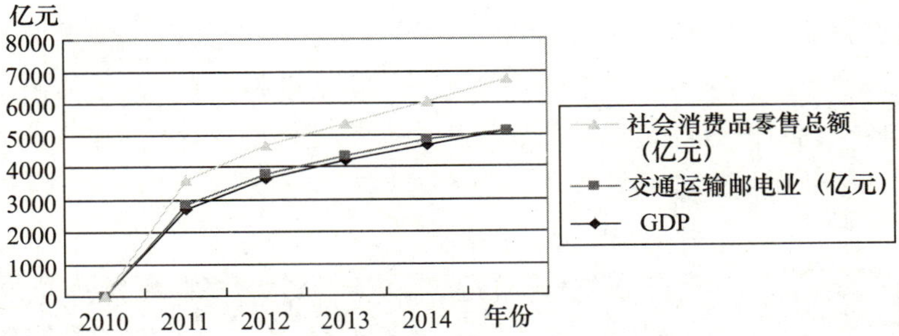

图 6　合肥市与快递业发展相关经济数据 1

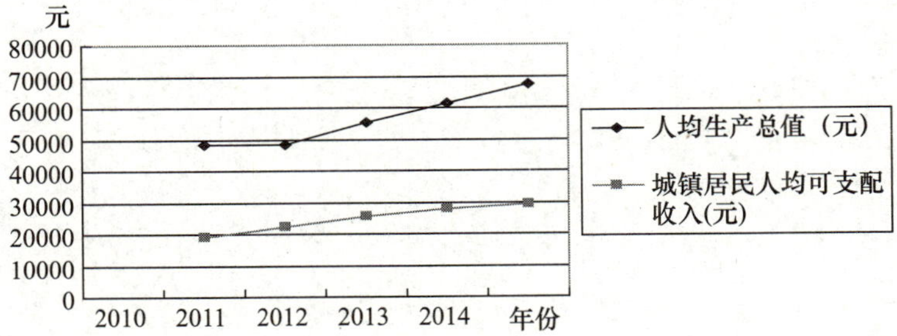

图 7　合肥市与快递业发展相关经济数据 2

这些年来，与快递业发展相关的指标增长迅速，特别是 2013 年合肥实现社会消费品零售总额 1480. 84 亿元，比上年增长 14. 8%，在全国 26 个省会城市中，零售额总额继续保持第16位，增速居第6位；同时，消费结构的升级为快递业务的发展提供了新的增长点，在收入不断增长的情况下，合肥市群众消费不再仅仅局限在日常生活必需品，广大居民尤其是城镇居民消费结构升级加速，互联网消费以及跨境消费等热点持续增长，扩大需求潜力巨大，将有力地推动快递业发展。

快递业是电子商务发展的重点内容和关键环节。快递服务与电子商务相互依存、互为支撑、共同发展。2014年前三季度，全省纳入统计的74家开展网络零售业务的企业实现网上零售额53.8亿元，增长95.3%。合肥企业的网上销售贡献出巨大能量，限额以上企业网上零售额增长迅速。2014年前三季度，全市通过互联网销售商品的限上批零企业有18家，通过互联网实现的零售额为35.51亿元，同比增长60.9%，拉动全市社会消费品零售总额增长1.2个百分点。①

4. 技术环境

随着战略性新兴产业的发展，信息技术、高端装备制造、新能源的广泛应用，合肥市快递服务发展所面临的科技环境日益优化。规模化快递企业基本采用先进的计算机技术和网络技术，营运指挥调度、车辆定位、呼叫中心、快件跟踪查询、客户关系管理等应用系统基本得到普及。较大的快递企业建立了现代综合快件处理中心，引进先进运输工具和自动化分拣处理设备，企业的科技创新意识和科技投入水平逐年增强。科技环境和应用条件的不断改善，对提高快件处理效率、改善服务质量发挥了重要作用。

当前，快递企业非常重视信息化建设，纷纷加大投入开展信息系统的改造和升级工作。目前，各快递企业基本做到了配备计算机、通信、监控、存储、扫描枪以及其他信息化办公设备，拥有相对完善的信息网络，可以为客户提供信息存储和查询服务，与用户的沟通渠道畅通、服务质量和市场竞争力得到有效提升。

图8　合肥市绿城桂花园速递易自助中心

① 前三季度18家龙头企业网络零售额超35亿［N］. 合肥日报，2014.12.8.

以“大物移云”（大数据、物联网、移动互联网、云计算）为代表的新技术革命、“互联网+”给快递业带来巨大的发展空间，同时也为快递业的运营模式提出了更高的要求。快递的信息化和智能化是未来发展的重要趋势。为实现自动寄件或自动取件等功能，目前已有部分快递企业如顺丰、EMS等和第三方企业在合肥推广快递智能柜，如“速递易”已在合肥部分区域投放，实现客户24小时自助取件的服务，努力解决快递“最后100米”配送难的问题。

三、合肥快递业发展问题

目前快递业虽然发展迅速，但无论是从全国还是从合肥市来看，快递业的发展都存在诸多问题，有来自政策法规、市场准入、行业监管和市场秩序等方面的，也有来自企业经营管理、网络建设和人才技术等方面问题。如果这些问题得不到及时有效的解决，必然会危害整个行业的发展。总的来说，合肥市快递业发展存在如下几个方面问题。

（一）规划和政策支持有待完善

1. 快递业发展规划尚未出台

目前，合肥市尚未出台快递业发展的独立规划，从合肥邮政管理局处获悉，《合肥市快递业发展“十三五”规划》仍在编制过程中，预计将于2015年底前出台。2014年8月，合肥市政府出台《合肥市现代服务业发展规划（2014~2020）》，提出要将快递行业作为新兴服务业进行支持和培育。为了实现合肥打造区域性商贸快递物流中心的发展目标，合肥市邮政管理局曾表示，将按照《合肥市现代服务业发展规划（2014~2020）》的要求，做好以下四项工作：一是加强组织领导，编制行业发展规划和工作计划，研究制定相关行业政策；二是优化发展环境，推动快递服务产品和服务模式创新；三是促进快递行业与电子商务融合发展，建立行业间的沟通协作机制；四是加快快递行业信用体系建设，营造良好的信用环境。①

2. 相关扶持政策不够完善

目前，快递企业在建设用地、车辆进城、干线运输等方面存在政策“瓶颈”。随着合肥市快递业务量的快速增长，快递企业仅靠现阶段的招工机制、仓库租赁、扩大网点等，已经难以满足降低成本、提升服务效率与质量的要求，企业在人力、用地、税收、交通、融资等方面的政策需求愈加迫切，客观上要求政府相关部门进一步完善相应的扶持政策。但由于快递业“中央主管部门直辖、接受地方政府领导”的特殊管理体制，以及快递配

① http://www.chinapost.gov.cn/dsjxx/201409/t20140904_354871.html.

送需求与城市管理矛盾等原因，导致对快递业发展具有重大影响的建设用地、税收、交通便利、融资等方面扶持政策显得不够完善。

值得一提的是，在快递企业发展过程中，势必存在发展不平衡的问题。自 20 世纪 90 年代，国内民营快递企业开始发展，有效地填补了邮政和外资企业留下的市场空白。然而，民营快递企业在发展中普遍存在网点覆盖范围小、企业规模相对不大、硬件设施缺乏等问题，严重制约了企业的发展空间。在合肥快递企业当中，除国有、外资和民营企业当中的直营型快递企业外，其他民营快递企业基本上都属于加盟性质的自负盈亏企业，企业注册资本偏小，所加盟的总部公司只负责业务指导和网络管理，在资金和具体运营上没有相应的扶持，难以支撑业务有效运行和扩大规模，导致企业的经营利润水平低下。此外，在硬件设施配备方面，部分民营快递企业存在经营场所偏小的问题，没有独立的分拣作业场地，基本上是分拣作业和办公场地混合使用，致使运送快件的安全性难以得到保障。部分快递企业缺乏必需的运输车辆，在日常收送快件中使用大量的电动三轮车，因不具备取得送快件的相关通行证，属于违法运营，安全性能没有保证，发生事故，理赔也没有保证。因而，迫切需要政府出台有关针对民营快递企业的扶持政策，以降低其运营成本和风险，进而促进整个快递行业的平衡发展。而从目前合肥市的情况来看，针对民营快递企业设定的扶持政策几乎空白。

3. 部门协调机制亟待完善

目前快递业行业管理隶属于邮政管理部门，但快递行业在实际运作中并不是一个独立的行业，在其整个业务运作中涉及许多部门。快递业中运输任务涉及公路、铁路或航空干线运输以及城市交通，需要公路、铁路、航空等部门以及市区交通部门的支持；国际快递业务需要海关、商检等部门密切的配合；快递企业的技术提升和改造、智能信息化投入等又隶属于科技、经信等部门。相关部门的沟通和协调对快递业的发展至关重要。目前，合肥市相关部门间的协调机制虽已经建立，但如何将快递业运转过程中涉及的每一个领域存在的问题进行有效的沟通和协调，仍需要进一步细化和完善。

（二）粗放型增长方式有待转变

根据前文统计数据，2014 年合肥市快递业务量的增长速度是 81.74%，高于快递收入 45.41% 的增长速度。同时，通过对合肥快递业的前向、后向关联产业的分析，我们发现在快递业发展的过程中，其对石油加工、炼焦及核燃料加工业的直接消耗系数和完全消耗系数都在提高，说明合肥快递业的能源消耗量大、上升速度快，整个行业的发展仍表现为以消耗较高、成本较高、产品质量难以提高、经济效益较低为特点的粗放型增长方式为主。

1. 企业规模效益不明显

随着经济社会的快速发展，合肥市快递市场日益扩大，快递企业逐步成长，行业进入门槛低，快递企业盲目扩张抢占市场。但是，由于各种因素导致这种盲目扩张并未带来可观的规模经济效益。

（1）规模偏小难以满足需求。近些年，国内外各大快递企业纷纷“抢滩”合肥市快递市场，但与沿海发达省市相比，规模偏小，特别是从合肥市现在和未来的经济发展情况来看，快递企业服务经济发展和群众生活的能力还不足。当前，合肥正处在制造业快速发展的历史机遇期。以汽车及工程机械、家用电器、化工及新型建材等为代表的传统制造业，以电子商务、电子信息产业、太阳能光伏、新能源汽车、语音产业、公共安全、高端装备制造、生物医药等为代表的战略性新兴产业，面对瞬息万变而又竞争激烈的市场，所有企业都面临着如何解决生产要素快速配置和产品快速投递的问题，与快递业联动发展的愿望日渐强烈。随着合肥居民收入不断增加，消费结构进一步优化升级，居民生活质量正向高层次迈进，衣、食、住、行、娱、教等消费支出的数量和质量稳步提高，服务性消费受到青睐，呈刚性增长态势，也不可避免地增加对快递服务的旺盛需求，但合肥快递业的规模已经越来越难以支撑这一需求。

（2）业务同质化竞争严重。合肥快递市场缺少具有核心竞争力且优势明显的领军企业，业务同质缺乏创新导致低价成为大多企业竞争的主要手段，低价低质现象普遍。加之市场对快递业务需求的急剧增长，企业品牌建设的重要性未得到快递企业的重视，导致消费者对快递服务整体满意度低。对全合肥市 158 名消费者调查显示，有超过 16% 的消费者对快递服务的评价不满意。一旦快递市场增速放缓，低水平竞争势必对多数快递企业造成冲击。

（3）成本上涨增加经营难度。近年来国际油价节节上升，特别是劳动力成本也在不断增加，新《邮政法》对快递企业在日常经营中提出更高要求。与此同时，随着消费者快递需求的增加，其议价能力不断提高，对快递服务质量也提出更高要求。这些因素都使得快递企业的运营成本的上涨，对快递企业造成巨大压力，使其日常经营变得越来越艰难。而合肥市许多快递企业受制于规模，又难以形成规模经济，使其单笔业务利润空间不断下降，一些小型快递企业尤其是民营企业面临生存危机。

（4）层级管理不清无法利用优势资源。在这种粗放式经营模式下，管理必定成为“短板”，有的基层子公司和网点在操作程序、人员管理和规章制度上都缺乏统一标准。尤其是采用承包、加盟模式的网点，由于松散的约束关系，不管是在操作标准的执行方面还是在诚信经营等方面，都与总公司的要求相去甚远，造成网络覆盖不全、服务质量差和品牌形象受损。总之，加盟企业的管理方式各自为政，没有完成从个体向专业化转型，也没能充分利用优势资源。虽然合肥已有 28 家快递企业实现了直营，但如何进一步扩大直营范围仍然需要进一步探索。

2. 产业空间布局待优化

快递网络空间布局是指网点数量、层级以及不同层级的网点在不同区位的分布。目前，合肥快递网点空间布局主要呈现如下问题：一是网点密度太低，服务半径过大。合肥行政区划面积为 11408. 48 平方千米，人口为 720. 62 万，而网点设置仅为 1425 个，每平方公里的网点数量为 0. 124 个，低于杭州（0. 18 处/平方千米）、北京（0. 26 处/平方千米）、广州（0. 34 处/平方千米）、上海（1. 19 处/平方千米）的水平。网点密度偏低，很大程度上影响了服务能力的提升。[①] 二是未按照城市圈层分布的特点和快递企业目标市场的分布规律，决定快递企业城市网络布局自内向外呈现出高密、低密、一般、较少的规律。我们以蜀山区、瑶海区和庐阳区为例，从人口密度的分布来看，瑶海区的人口密度最大，为1.29万人/平方千米；庐阳区次之，为0.45万人/平方千米；蜀山区最小，为0.21万人/平方千米。按照快递企业的分布规律，作为以商业企业和社区居民为主要客户群体的快递企业应该是人口密度分布的网点更多。然而，根据统计，人口密度最大的瑶海区只有141个快递网点，庐阳区为134个，而人口密度最小的蜀山区有225个之多。[②] 三是农村快递网站布局严重不足。随着农民对网上购物的热情不断高涨，以及以快递为媒介实现农特产品网络直销模式的出现，快递下乡的需求日渐强烈。但受制于农村地区人口居住较分散，快递密度相对较低，快递服务面临点多、面广、线路长、单位运输成本和投递成本较高等不利条件，快递公司在合肥市农村地区布点明显不足。以圆通为例，合肥市下辖的所有县市中，圆通只在长丰县实现全部乡镇的布点，肥东、肥西只在部分乡镇布点，没有实现快递直营网点覆盖所有乡镇。

3. 市场集中度有待提高

目前，合肥快递产业中基本形成三大市场主体，即国有快递企业、民营快递企业和外资快递企业，形成多元共存、相互竞争的市场格局。在合肥提供快递服务的企业中，国有企业和实力较强的民营企业占据着大部分跨区域快递和同城快递；众多小规模民营企业的业务集中在同城快递和部分跨区域快递市场上，单个企业市场占有率简直微不足道；由于外资快递公司拥有较强的实力规模和较全面的全球网络覆盖，牢牢掌控着国际快递业务市场。在这样的情况下，众多企业之间的无序和过度竞争会造成该行业的平均利润下降，整个行业的议价能力遭受削弱，容易受到外部经济环境变化的冲击和其他因素的影响，并且众多“小、散、弱”的快递企业的低水平重复的投入建设会造成资源浪费。

（三）行业监管体系有待健全

快递物品包括以处理高附加值物品、社会活动礼品和家庭用品为主的包裹和文件、资料、图纸、贸易单证为主的函件。快递业运输商品的特殊性，使得加强对快递业的监管，保护消费者的权益显得尤为重要。但合肥快递业经营过程中仍存在着违规经营的现象，时有消费者合法权益遭受侵害的现象发生。

1. 地方立法支持不够

目前涉及快递行业的管理办法主要有《邮政法》、《快递市场管理办法》和《快递业务经营许可管理办法》等，合肥地区目前尚未出台针对快递行业管理的地方性立法。

---

① 根据快递100网页数据查询汇总。http：//www. kuaidi100. com/。

② 根据快递100网页数据和合肥各区的人口、面积数进行统计。

2. 监管体系不完善

合肥市邮政管理局作为快递行业的主管单位，负责该领域相关法律法规的实施和日常管理监督，但在某些领域，特别是执法领域，依然需要商务、公安、交通等部门的配合，这就产生职责划分、协调配合问题，很可能导致执法时行动速度和力度受到一定影响，如何避免这一问题，整合各部门职能与资源，保障邮政管理局的职能百分之百发挥，其他部门有效配合，协调而且高效地发挥各自监督管理职能还需要认真研究，并加快完善相关机制。

3. 行业退出标准不明确

《邮政法》规定了快递行业实行许可制，要求企业经营快递业务须申请邮政管理部门颁发的“快递业务经营许可证”，并接受邮政、工商及其他有关部门的监管。《快递业务经营许可管理办法》也对快递市场进入标准进行较为全面的规定。然而，由于快递业需求的不断增加以及行业准入的监管部门多头管理，现实中仍然存在不少无照经营“黑速递”。对于未到达准入条件的以及未经许可擅自经营的企业到底应该如何让它们退出市场值得思考，快递行业的退出机制却有待完善。

4. 行业缺乏自律性组织

随着合肥市快递市场需求的增大，快递行业市场主体发展迅猛，但各家快递公司都处于自由发展阶段，行业自律组织缺失严重影响了监管体系的完善与作用发挥，对于整个地区快递行业发展极为不利。目前，合肥市快递业协会正在加紧筹备中，预计 2015 年将会正式成立并发挥作用。

（四）社会配送环境急需改善

1. 物流配送设施不足

城市物流配送设施主要由集散中心、临时中转中心及末端接货平台三部分构成，具体包括小件物品共同集货及分拨设施（临时中转类）、商业区配送卸货和揽收设施。虽然合肥市近些年来对市政建设、民用航空、道路运输、仓储设施和信息平台等物流基础设施投入增长迅速，但无论是从总体规模还是信息自动化水平，与发达省市还是有一定差距。特别是合肥老城区，当初规划思想落后，商业区、写字楼、住宅区、高校等云集，人口稠密，物资收发量大，物流配送服务需求迫切，导致现在交通体系拥堵，物流配套相对设施不足，制约快递企业配送效率，快递送货车辆缺乏停车和卸货空间，只能停靠在马路收发快件，造成随地“摆摊”现象，交通问题更加突出。

2. 末端配送难题亟待解决

一般来说，终端配送组织管理难度大、成本高，随着业务量的快速增长，各大快递公司都面临提高终端配送服务水平和降低配送成本的两难问题，业界将该问题形象地称为"最后100米"难题。快递的"最后100米"是客户对快递品牌体验美誉度最重要的环节之一，也是单一快件服务品质的集中体现，随着合肥市居民消费能力的增加，对快递越来越依赖，该问题逐步显现，严重影响了快递服务品质。

首先，究竟使用哪种车辆在"最后100米"将产品配送给消费者的难题。从《邮政法》"第六章快递业务"相关内容来看，需要获得相应标志才能通行和停车。然而，相关实施细则并没有提及获得相应标志的要求，实际上，多数快递货运车都未获得过此标志。由于城市交通管理者通常倾向于对食品或者生活急需品的货运车辆办理通行证，而快递车辆并没有获得通行证，因此可能遭遇城区内禁止快递车辆进入等问题。无奈之下，许多快递公司将客车改为货车或用电动三轮车代替货车等，导致快递用车标准各异、缺乏统一管理规则和跨部门协调机制的问题。其次，合肥小区数目众多，除一些老旧小区，基本上新建小区都配备保安，安全管理制度不允许快递车辆和人员进入小区内部，其他企事业单位、写字楼和校区出于同样的原因，也基本上不允许快递人员进入。再次，在快递业务量激增，快递企业人员吃紧的情况下，也不太可能实现每一个快件"门到门"、"桌到桌"。最后，更为一般的情况是大家常见的快递车辆到达单位和校区门口，客户自提快件，这个问题对以服务为先的快递企业的口碑造成一定不利影响。

（五）与电子商务及制造业合作空间广阔

1. 与电子商务融合发展空间无限

据中国电子商务研究中心发布的《2013年度中国网络零售市场数据监测报告》显示，我国70%以上的网购业务需依靠快递来完成，快递行业50%以上的营业收入来自电子商务。电子商务不仅可以继续带动快递业的快速增长，而且电子商务发展越成熟，也会促使快递企业提升服务质量，加快快递企业转型升级；同时，优质的快递服务也将会是推动电子商务模式创新的关键环节和重要基础。然而，就目前快递与电商的融合发展情形，存在以下有待解决的问题：

（1）融合发展模式单一。电子商务与快递的融合模式主要是完全的第三方快递模式，即电子商务企业为集中精力搞好主业，把网购快递配送活动，以合同方式委托给专业的快递企业，同时通过信息系统与快递企业保持密切联系，以达到对快递配送全程管理控制的一种快递运作与管理方式。这是一种轻公司轻资产模式，最终目的是把公司做小、客户做大。但是，这种模式对与其合作的第三方依赖度很高，如果第三方的服务出现问题，势必连累电商企业本身。因此，这种合作模式需要具备较高的合作风险管控能力。

（2）合作形式松散无序。由于合肥市大多数快递企业属于小型的民营企业，一般是一对一的合作形式，有实力的快递企业拿到电子商务的订单，一般的快递企业难以从中分一杯羹；合作的业务范围较窄，没有与电商企业进行深度合作。

2. 与制造业联动发展潜力巨大

当前，合肥正处在制造业蓬勃发展的时期，企业面临生产要素快速配置和产品快速流向市场两方面的现实问题，从这个角度看，快递业与制造业之间合作联动的空间非常广阔。虽然合肥部分快递企业与一些家电、医药、电子科技企业开展了业务合作，但从总体上看，快递企业服务生产领域还处于初级阶段。究其原因，合肥制造企业相关业务外包比例偏低，物流业等与快递业相关的需求很少转化为社会化需求，制约了快递业与制造业的联动发展。

推动快递业与制造业联动发展，对双方来说，体现着优势互补和互利共赢。对快递业来说，可以发挥其在物品流通、信息流通和资金流通等方面的独特优势，拓展服务对象和整合企业功能，加快向综合型物流运营商转型；对于制造业来说，可以大幅度地降低流通成本，提升服务效率和专业化水平，更好地向高端领域升级，有效提升两者综合效益，形成优势互补，实现产品和服务的持续创新和收益最大化。

（六）快递信息化建设有待加强

1. 行业整体信息化程度低

快递产业非常注重实际操作和服务，信息技术水平很大程度上制约着快递企业的管理与发展。目前，合肥市部分快递网点依旧没有信息化的软件系统，只通过电话、人工来进行日常订单，与拥有现代化信息系统的外企相差巨大，在配送过程中所需要的时间和环节增加，浪费了更多的人力物力，这是造成成本居高不下的一个重要原因。

2. 物联网植入快递业受阻

物联网在合肥快递业的应用受到一些现实因素的制约。首先就是物联网具有高投资、高成本的特点，各种基础设备、集成系统、数据处理平台等综合配套设施的建设耗资惊人。其次是相关快递标准的滞后，主要表现在与快递生产作业环节有关的标准及规章制度未及时完善。比如快件外包装不统一、快件信息书写不规范、快件规格混乱等，相关标准的不完善造成先进技术设备利用率偏低，造成资源闲置、浪费。最后就是相比国外先进快递企业，合肥市乃至我国快递企业在邮政处理设备和技术应用上还存在一定的差距。

（七）快递从业人员素质有待提升

快递专业从业人员紧缺，尤其是既懂技术又懂现代管理的复合型人才稀缺，是制约快递业上规模和上水平的关键因素。来自中国电子商务研究中心数据显示，2013 年，邮政业服务投诉共 1.3 万件，其中快递服务 8166 件，占邮政业服务投诉总量 61.2%，服务态度、延点晚点、物件丢失等占投诉相当大部分。由于部分快递网点采用加盟承包制，招聘的快递员都由各自加盟的分部负责，快递人员上岗门槛低，严重制约快递企业服务水平和后续发展能力。目前，合肥快递业务员 9341 人，持证业务员 3829 人，其中初级 3501 人、中级 178 人、高级 150 人。

事实上，为提升我国快递行业从业人员素质和服务水平，促进快递业健康发展，2008

年8月，人力资源和社会保障部、国家邮政局联合颁布了《快递业务员国家职业标准》，规定快递业务员是使用快递专用其所长工具设备和应用软件系统，按照快递属性要求，从事快件收寄分拣封发派送等工作的人员，这一标准填补了我国邮政业国家职业标准的空白，为推动邮政业建立国家职业资格证书制度、培养建设技能型人才队伍奠定了良好的基础。但这一问题还未有效解决，原因主要有两方面：一是快递行业的迅速发展使快递企业对人员的需求急剧上升，需求主要集中在基层的快递派送岗位，集收、派快件于一体，工作要求比较简单，巨大的用工需求降低了对员工职业素质和专业技能的要求，很多用人单位出于成本考虑，也不进行岗前培训就直接要求员工上岗；二是国内包括省内对快递人才教育和培训滞后于行业发展。为了适应物流业的发展需要，安徽省已经有相当一部分院校开设物流相关专业，但快递业作为物流业一个分支，相对于以运输和仓储为重要内容的物流来说，有相当大的区别，专门针对快递业进行专业设置的高校相对较少，其他社会培训机构对这方面的市场也没有开设相对培训课程。

四、合肥快递业发展思路与政策建议

与江浙沪等东部经济发展迅速的省市相比，合肥市服务业发展步伐相对缓慢。这虽然是劣势，但也为今后发展提供了上升空间。为了促进快递业的健康快速发展，合肥市应以“做大做强、创新升级”为目标，以解决制约快递业发展的“瓶颈”问题为导向，全力推动快递业的“规模化”（扩大行业规模）、“信息化”（应用先进信息技术）、“精细化”（实现转型升级）和“全球化”（发展跨境电商）发展，不断优化行业发展环境，着力加强基础设施建设，强化市场监管，推进技术创新，提高服务能力和水平，着力努力打造覆盖全市、服务全国乃至国际市场的现代快递业服务体系。

加快合肥市快递业的发展是对合肥市物流快递资源的优化配置，也是技术与流程的整合和创新，需要政府的引导和企业的积极参与。基于大量的企业调研及深入的理论研究，结合当前合肥市快递业发展中存在的问题，提出相关政策建议。

（一）完善整体规划，健全政策支持体系

1. 编制快递业发展规划

为了促进快递业的发展，合肥市政府应该根据《合肥市现代服务业发展规划（2014～2020）》的要求，尽快编制5年期的《合肥市快递业发展规划》，确定合肥市快递行业发展的指导思想和指导原则，并制定目标和重点任务，为保证该行业的发展制定相应的保障措施，并将其纳入全市总体规划内。

2. 强化民营快递企业扶持政策

民营快递企业与 EMS 和外资快递巨头相比有其相对竞争优势，主要表现在两方面：一是运营成本低，拥有价格优势；二是经营方式与服务的灵活性以及门到门服务的便民性。然而，快递企业尤其是民营快递企业要想发展，就离不开政策的支持。面对民营快递企业发展的“瓶颈”和问题，政府层面应该在尊重市场规律的原则上提供相应的政策支持，扶助民营快递企业的发展壮大。具体而言，在融资、交通和用地政策等方面，应做到以下几点：

（1）解决民营快递企业融资难问题。民营快递企业要想壮大自己的实力，获得长远的发展，必须投入资金以扩大企业的规模。改善快递企业融资难的困境，需要政府部门、金融机构以及企业自身等多方面联合行动，具体可从以下方面进行：第一，拓宽民营快递企业融资渠道。合肥市政府应该为快递企业放宽融资条件，制定专门针对快递企业融资政策，积极为快递企业进行金融担保。同时，为了吸引民间资本的投入，加大快递业对外开放的力度，进一步放宽投资限制，吸收境外资本对地方快递的投资。第二，建设增信机制。可以依照《物流企业信用评级管理办法》开展行业信用评级工作。完善的行业信用评级，使优质信用的中小民营快递企业能更多地享受到银行的贷款服务。第三，扩大财政扶持政策范围。现行电子商务、现代物流等相关财政扶持政策应将快递业纳入重点支持范围，进驻合肥电子商务产业园、物流园区的快递企业应享受和园区内电商物流企业同等的扶持政策。第四，增加金融服务产品。引导金融机构针对快递产业发展特点，提供多样化的金融服务产品，满足处于不同发展阶段的快递企业需要。

（2）给予民营快递企业交通运输优惠政策。运输是快递服务的重要环节。快递企业长期面临油价上涨、车辆耗损、过路费和停靠通行不便等各种压力，但并不能享受与邮政企业一样的在车辆通行、停靠等方面的优惠待遇。合肥市政府应制定相应措施来解决这类通行便利问题，给予快递企业绿色通道：一是在各类收费路口、码头应给予快递车辆免费通行或者减免部分费用以减少企业运输成本；二是对经审核的快递车辆在符合相关要求的前提下在禁行路段可以通行以及临时停车；三是对喷有快递企业专用标志的车船及其工作人员进出港口、通过渡口时，优先放行；四是对于鼓励快递企业购置新能源汽车和厢式货车，给予优惠补贴，逐渐减少电动三轮等不安全的交通工具的使用。

（3）保障民营快递企业建设用地和用房需求。快递企业发展一直受分拨中心建设用地和网点经营性用房需求难以满足的制约。随着土地政策紧缩、土地供求关系日趋紧张，企业要想取得土地越来越难，成本也越来越高。同时，这些基础设施投资具有占地面积大、资金投入多、回报期长等特点，这就需要政府提供必要的支持。第一，在城市用地规划中，研究未来快递产业发展需要，预留发展空间，加强对快递企业用地统一规划，保障用地指标供应，完善快件处理分拨中心、呼叫中心等设施建设用地政策，对纳入快递园区规划的用地给予重点保障；第二，在相关税费上，快递企业用地按照工业园区用地政策执行，土地出让金按照工业用地标准执行，减免配套费用，取消对快递用地投资强度、税收贡献等方面的附加要求；第三，科学设置企业用地置换标准，保证企业搬迁后正常经营，对快递园区、分拨中心、呼叫中心等重要基础设施用地进行相应的硬性规定，不得随意变更用地性质和规模；第四，支持快递企业利用工业企业旧厂房、仓库和建设快件处理中心、网点等设施，提供一定补助，此外还可以通过给予企业用地和建筑独立产权等方式，保障企业用地用房需求。

3. 完善相关部门协调机制

政府需协调各部门之间关系，建立和完善相关部门协调机制，加强各部门的沟通，实现政策规划的系统性和统一性，改善快递业发展的政策环境。由合肥市邮政管理局或者快递行业协会牵头，定期与商务、公安、公路、铁路、航空等部门以及市区交通部门，海关、商检等部门，科技、经信等部门或者对应的行业协会进行深入沟通，就共同涉及的领域进行利益权衡和协商，达成统一意见，并形成具有可操作性的政策措施。例如，在快递业使用车辆方面，由上级主管机关形成联席会议等制度，协调不同部门对快递业“最后一公里”进行动态管理，防止“一刀切”式的懒政执法；加强对配送车辆使用的调研，在各部门取得共识下，开发适用于“最后一公里”的城市用车。建议逐步、适量放开电动车限行政策，制定快递车辆城区行使的范围和规则，并对违反规定的车辆采取相应的惩罚措施等。

（二）转变增长方式，促进集约型发展

1. 提升企业规模效益

（1）支持企业扩大规模和优化结构。合肥快递业规模与全国其他省市相比仍然较为落后，大力发展合肥市快递企业，扩大快递业规模仍然是合肥市经济发展新形势和居民需求结构新变化的迫切需求。在现有快递业快速增长速度的基础上，借助合肥电商企业的快速发展，制定一个与合肥市经济发展和市场容量相适应的规模扩张速度。从财政、税收、金融、产业、信息等方面给予鼓励政策。

在扩大快递业规模的基础上突出重点，优化结构，形成多元化市场发展格局。第一，招大引强，建设快递总部集聚区。鼓励国内外大型快递企业来合肥设立区域总部、区域分拨中心等总部型机构，建立总部经济发展专项资金，新设立的符合条件的总部机构可享受市总部经济发展专项扶持政策。各区对现有区内快递业总部机构要加大相应扶持力度。第二，互融共赢，加快企业转型升级。有条件的快递企业通过增资扩股、兼并重组、合资合作等途径，提高规模化经营水平。支持大型快递企业向上游采购、仓储、电子商务等环节延伸，向连锁超市、大型商场、农产品进城等同城购物配送领域拓展，并向综合物流转型。鼓励中小型快递企业向冷链宅配、酒类宅配、药物宅配、化妆品宅配、即时配送等细分快递市场转移。鼓励快递企业与电子商务企业合作，共同建设集仓储、分拣、配送于一体的仓储基地或分拨中心，双方实行信息共享，共同提升物流效率，降低成本。第三，完善跨境快递服务通关环境，鼓励跨境快递的发展。保税政策的出台，电商和海关数据的打通，推动了跨境电商业务由小众消费逐渐转变为主流消费。政府积极推进合肥跨境电子商务的发展，鼓励物流快递为本省中小跨境电子商务企业提供统一采购、仓储和配送商务服务业务，在通关便利、提高仓配一体化服务、快递企业拓展跨境电商业务等方面给予政策

支持。积极引进知名国际物流快递企业，支持经海关监管资质认证的物流快递企业入驻合肥，带动本土跨境快递的发展。

（2）支持企业创新业务与品牌建设。由于业务同质性导致企业以“低价”取胜，企业效益较差，品牌意识不强。应出台政策鼓励快递企业加强协作，通过横向和纵向联合方式，实现优势互补，建设快递品牌。鼓励企业业务创新，立足于自身的优势，实行差异化战略，形成一批具有核心竞争力的领军企业。

2. 优化网点空间布局

快递网点是快递业务空间经济活动最密集、最活跃的区域，是企业运营的空间“集聚点”，特别是终端网点承担着市场开发、操作运营和客户服务三大职能，它既是市场营销的前沿，又是客户服务的密切接触点。网点布局及其优化，即寻求网点数量、层级空间分布的最佳形式和一般规律，以发挥网点供给能力，合理利用市场资源，满足市场需求，实现最大效益，对于提高快递企业运营质量具有重要意义。合肥市应优化快递空间布局建设，形成对主要城市重点区域、社区和乡镇快递网点的有效覆盖。促进快递服务资源要素在空间上的优化配置，力争形成合肥地区点轴支撑、相互依托、服务高效的地区快递服务发展布局。

（1）明确优化网络空间布局目标。优化快递网络空间布局的目标应该是：立足于合肥市快递服务布局的现实基础，综合考虑经济水平、人口密度、交通状况、对外经济等多种因素的影响，形成以合肥市主城区为主核心，以广大城镇农村为快递发展区的快递发展空间布局。同时，以客户为中心、以市场为依托、以效益为目标、以终端网点建设为重点，不断优化网点布局，构建渗透全城、服务到位、与客户“零距离”的自建网点为主、加盟和代理等合作网点为辅的城市和乡镇网点服务网络，努力使快递网络实现速度更快、成本更低、服务更优。

（2）合理确定合肥快递网络布局。网点布局问题是由多方面因素决定的，其中需求和供给是否平衡，是分析网点布局优劣的一个关键因素。需求决定供给，也决定了快递企业网点的具体分布；相反，供给影响需求，快递企业城市网点布局的优劣直接关系到需求的满足水平。

目前主城区的面积只有360平方千米左右，根据规划，未来合肥市主城区的区域面积将达到1000平方千米，人口数量至少达到800万到1000万。快递网点服务半径可以以邮政服务半径为标准，作为省会的合肥城区主要人口聚居区平均1～1.5km服务半径或3万～5万服务人口。网点布局应该以商业区和宜居区为首选，从里向外网点数量逐渐减少，层级逐渐提高。网点在城市商业和住宅聚集区进行密集布局，可以使快递企业网络能够支撑这些地区的较高市场需求，城乡接合部或郊区地带网点较少可以使单个网点实现规模经济。

（3）对不同区域确定不同优化模式。合肥城区网点布局优化应以扩张模式为主，层级调整模式为辅的优化模式。

在扩张模式中，应以内涵式扩张为主。扩张模式是指为了满足战略需要或提高市场占有率，通过粗放式建点和内涵式拆分而实现网点数量大幅增加的一种优化模式。快递企业处于不同的生命周期，网点扩张的形式不同，主要有新建方式和拆分方法，新建方式是粗放式扩张的表现，而拆分方式则是内涵式扩张、精细化经营的反映。目前，对于合肥市经济开发区，各工业园人口密度相对较小的区域，应该考虑到业务量大小、增长潜力和企业资金实力等因素，可以适当增加加盟和代理等合作网点数量，以适应未来市场需求。

层级调整是为了增加市场开拓能力、提高取、派速度、克服终端网点服务半径过大的问题，将原来的终端网点升级调整为中级网点，在中级网点之下再新建一个网点层级——一个终端网点，原来的一个终端网点服务的区域，由多个更小的终端网点来服务，缩小了单个网点的服务半径，提高了服务质量。目前，庐阳区、蜀山区、瑶海区等合肥主城区作为商业和居住聚集区，经济繁荣，人口稠密，应该以层级调整为主，升级区域门店，增加终端网点的密度，特别是交通枢纽、中心商务区投送需求大的地方，要进行层级调整，这样可以避免网点服务区域过度分化，保证企业效益。

（4）着力实施快递下乡工程。随着合肥周边农村消费规模不断扩大，消费观念日益更新，通过快递实现的网上交易已成为农村新的购物方式。新农村建设、服务“三农”等政策的实施，带来大量工业品下乡需求，同时城市对有机绿色农产品需求迫切。通过快递服务，可以一方面将优质农产品运进城市，帮助农民致富；同时，另一方面也可以将各种工业品送下乡，让广大农民共享发展成果。据此，要着力实施“快递下乡”工程建设，增加对农村快递网点布局对构建现代农村流通体系、增加农民收入、保障民生等方面将发挥更为重要的作用。

农村快递网络的建设要考虑当地客户服务需求，积极采用加盟或代理模式扩张网点，这样不仅可以在短时间内增加网点数量，而且企业投入成本相对较低。对于在城镇建设快递网点、快递中转站的企业，政府应在土地上提供政策支持，在审批流程上给予便捷，在税收上实行减税政策。

3. 提高行业集中度

整合合肥市快递业资源的基本原则是坚持企业自主与政府指导相结合。发挥企业作为主体作用，充分尊重快递企业意愿，遵循市场经济规律，依托市场机制开展快递企业兼并重组。同时，注重发挥政府在完善行业环境、规范市场秩序的作用。

（1）明确提高行业集中度目标。快递企业提高行业集中度，资源整合的根本目标基本可以概括为：形成更大客户资源，主要是指根据客户的需求提供产品和服务，凝聚更多的客户群体，努力与客户建立长期合作的战略伙伴关系；建设全面的服务能力资源，物流服务能力资源既包括快递服务所需的有形的实体资源，也包括快递服务所需的无形的技能资源、知识资源；利用高效的信息资源，信息化物流快递可在降低成本的同时，保证投递速度的迅速以及良好的服务品质。

（2）鼓励不同类型企业间兼并重组。合肥市不同类型的快递企业采用兼并重组的形式发展快递业务且存在以下可取之处：首先解决了快递企业服务单一的缺点，并购可以迅速向多功能快递服务发展；其次可以弥补企业扩张中的资金周转困难；最后可以实现优势资源的互补。

真正要形成规模化、高效化、信息化的大型快递企业就必须鼓励不同类型的企业兼并重组，包括鼓励顺丰，“三通一达”这类大型企业兼并市内规模较小的企业和网点，改造发展成为直营门店；鼓励外资和国有快递企业兼并重组民营企业，或者民营快递企业通过参股、资产收购等多种形式，参与国有快递企业的改制重组；鼓励航空、铁路、公路等运输企业与快递企业合资、合作或兼并重组，拓展服务网络，提升核心能力；鼓励电子商务企业、制造企业和物流企业与快递企业联合或兼并重组，促进产业链、供应链和服务链的一体化整合，实现产业协同发展。

（3）落实兼并重组服务和优惠政策。由合肥邮政管理局牵头，负责合肥市市开展本地区快递企业兼并重组服务工作，加强对本地区快递企业兼并重组行为的了解、跟踪，提供政策咨询；结合本地实际，推动基层政府落实支持兼并重组的财税、土地等优惠政策；要加强与商务、工商等部门的政策沟通和协调，完善和简化涉及快递企业兼并重组的相关工作流程，切实改善服务，方便企业办理许可证申请和变更手续。

（4）监督和规范快递企业兼并重组。企业兼并重组容易引发各种法律法规问题，主管单位应该督促快递企业严格遵守兼并重组的相关法律法规和政策。防范和打击内幕交易和市场操纵行为，防止恶意收购；防止以兼并重组之名甩包袱、偷逃税款、逃废债务；妥善解决债权债务和职工安置等问题，保证债权人和职工的合法权益；企业兼并重组后，工商部门应及时对快递业务经营许可，企业名称、企业类型、股权关系、注册资本、经营地域等事项发生变更的企业办理相应手续；如果兼并重组涉及外资的，依法对经营范围进行调整和规范。

（三）完善监管体系，维护行业秩序

坚持公平、公正、公开的原则，完善自律和监管相结合的合肥市快递业的监管体系，具体包括以下几个方面：

1. 健全快递组织机构

合肥市工商部门和邮政管理局应及时依据国家工商总局 2015 年 4 月发布的《关于做好中国邮政集团公司和中国邮政速递物流股份管理体制改革登记有关工作的通知》，积极做好速递股份公司合肥市分公司及其所属网点、各区县分公司及其所属网点和所属专业分公司的更名、设立和变更登记工作，为行业自律和监督提供组织基础。

2. 健全地方快递行业监管法律体系

围绕市场主体准入、快递企业诚信体系建设，快递从业人员资格与操作规范、快递服务标准、资费、收寄验视等方面研究制定地方性法规和规定；建立健全纠纷调解和司法保障制度，研究和推动与快递相关的法律服务与保障体系建设。

3. 建立主管单位联合执法机制

行政联合执法优于一般执法的关键之处就在于各行政机关互动机制，互动机制有利于加强行政机关的合作提高行政效率。作为快递行业监管部门的市邮政管理局要定期会同工商、公安等部门对合肥市各快递企业侵害消费者权益的各类案件、违法违规经营问题和寄递安全问题进行联合执法检查。

4. 制定快递市场退出机制

市场机制的重要法则之一就是优胜劣汰，这就要求市场既要有进入也要有退出。强制不符合许可条件的快递企业要及时有序、安全地退出市场，并按规定妥善处理退出的善后事宜，有利于保护消费者和社会公共利益，同样有利于维护行业竞争秩序。在修订《中华人民共和国邮政法》、《快递业务经营许可管理办法》后的相关规定的基础上，完善审核的具体操作规范，加强许可证制度管理。在企业不符合市场准入条件，未取得相关营业执照或者由于经营不善，导致无法保证快件安全运输的情况下，邮政管理局和工商部门应当坚决停止其经营，以维护市场秩序，保证消费者财产不受损失。

5. 协助建立快递自律组织

通常行业自律是由同一行业的从业组织或人员组织起来，共同制定规则，以此约束自己的行为，实现行业内部的自我监管，保护自己的利益。自律监管作为一种市场化的监管力量，其动力来源是出于行业对自身利益的维护，对快递服务中的违规行为可做出迅速查处。快递行业自律组织的建立有助于遏制行业恶性竞争，提高整个行业竞争力，同时对快递监管当局所实施的政策措施效果进行反馈和评价，从而提高政府监管水平，通常以行业协会的形式存在。快递业协会应是由快递业监督管理机构组织发起设立快递企业的联合组织，在法律上，应是独立的企业法人。快递业协会经快递业监管机构授权，具有一定管理功能，是以自律管理和协调为主的机构，其具体职责应包括：建立行业自律制度；协助监管机构对快递企业进行检查；督促快递企业加强对分支机构的核查、监督和管理工作；建立快递企业管理人员培训制度，强化企业遵规守法意识；对一般快递从业人员进行岗前及在职培训指导，对其违规行为进行行业自律处罚；探索建立快递企业服务质量评价体系、诚信经营考核机制；协调解决快递企业与消费者之间的矛盾，维护双方合法权益，提升行业形象。

6. 建立县级邮政管理机构

随着合肥市快递产业不断发展，快递服务业务量、机构单位、网点车辆、从业人数等都将大幅度增加。但现在合肥市邮政管理局无论是在机构设置、人员编制和行业监管等方面，都难以满足未来发展的需求。可考虑借鉴义乌等地的成功经验，设立县级邮政管理机构，并将其纳入市级政府管理，由市财政保障运行经费，接受市邮政管理局和县级政府的双重领导，合肥市邮政管理局作为上级机构负责日常工作安排。这样可以保证邮政主管部门能及时地监管快递业发展状况。

7. 加快诚信体系建设

诚信体系建设是完善快递企业监管制度、维护消费者权益，保证快递健康持续发展的重要保障。合肥市应尽快颁布快递业诚信体系建设办法，对全市快递业诚信体系建设作出全面部署，明确建设目标，完善管理机制，构建规范快递从业人员行为的诚信体系。明确考核范围和指标，制定《诚信体系考核评分表》，覆盖企业管理、人员管理、规范服务、安全生产、企业文化等方面，重点针对收费行为、客户信息安全、快件安全等领域进行考核。完善奖惩制度，依据考核结果，实行分类管理，对考核优秀企业实行通报表扬，将诚信缺失企业列入黑名单，并将诚信考核结果与企业信用贷款等活动挂钩。建立诚信信息查询平台，保障群众知情权，让失信企业感到实实在在的压力，迫使其诚信经营。市邮政管理局建立辖区内快递企业信用体系管理档案，实行动态管理，持续记录企业信用相关信息，作为考核依据。努力实现诚信体系建设制度化、常态化，促进合肥市快递业发展再上新台阶。

8. 加快快递业标准化体系建设

标准化体系建设是快递产业化的重要标志，是快递企业打造知名品牌和竞争力的基础。合肥市邮政管理部门应积极推进分拨网点建设、运输车辆、营业网点以及一线快递人员等标准化建设，鼓励和支持快递企业依据国家标准、行业标准制定适合本企业的技术标准、管理标准和工作标准，以标准化工作提高服务质量和运行效率；组织标准的实施和对标准的实施进行监督检查和考核，建立健全以技术标准为主体核心，以管理标准为支持，以工作标准为保障的标准化体系。

（四）加快基础设施建设，完善配送体系

优化城市物流节点的规划和建设，目标就是要建立起一个有效率的城市物流基础设施系统。合肥社会配送基础设施的现状和存在的问题客观上要求对物流节点进行谨慎规划，将物流节点作为合肥市物流系统功能的有机组成部分进行统筹规划，以避免出现重复建设、浪费资源或因不合理选址造成交通运输出现“瓶颈”现象。具体应在以下几个方面实施：

1. 加快建设环状快递产业园

以打造“环状快递产业园”为契机，全力推动合肥快递产业的快速发展。目前，安徽省首家快递产业园——合肥快递产业园（东区）已在肥东县撮镇挂牌，此外安徽（蜀山）跨境电商园、申通、中通、圆通、省EMS等园区和分拨基地正在加紧建设中，市政府相关部门及市邮政管理局要做好规划引导、科学布局；优化东南西北“四区”的快递产业园功能网络，全面提升管理水平；组织园区内快递企业与金融、商贸流通、电子商务、专业市场等企业和平台的对接，为园区企业搭建合作平台；政府应在此基础上继续重点扶持，给予土地、融资、税收等优惠政策，同时，学习国际先进分拨中心建设经验，提升整个园区的信息自动化水平，将园区建设成为国内一流的现代化专业物流园区，强化其在区域快递行业中的影响力，逐步成为辐射范围更广的大型枢纽。

2. 建立市内配送节点

针对快递业务以城市服务为主体的特点，建议在城市规划和基础设施建设和改造方面，考虑建立与城市配套的不同功能类型的配送节点，在大型商业区、购物中心、零售批

发站点、大型写字楼和机关办公驻地，如合肥国购广场、中绿广场、大学城等快递货物发生量较大的区域旁边，配套建设街道旁专用的货运车辆停车车位和装卸货平台，提高城市内快递货物送取的效率，为快递企业提高服务质量提供硬件条件。

3. 解决末端配送难题

合肥已成功获批创建国家电子商务示范城市，“城市共同配送示范工程”作为创建电子商务示范城市五大工程之一，为解决末端配送难题提供了良好的契机。合肥市应结合实际情况，综合利用现有仓储、运输等物流基础设施，整合资源，加快建立层次鲜明、衔接有序的城市共同配送网络，高效推进合肥市共同配送工程。首先，整合信息，建立城市共同配送信息平台，融合数据交换、信息发布、在线交易、收集配送、车辆调度等功能，对接各快递企业的信息系统；其次，加快末端网络建设，支持快递企业、商品零售企业充分利用现有网点，建设和改造标准化的共同配送门店和自助提货柜等；最后，制定合肥市共同配送标准，鼓励快递企业实施标准对接，特别是在运输工具、信息系统等方面。

（五）加速与电商产业融合发展，推进与制造业联动发展

2014 年 9 月，李克强总理指出：当前，我国快递业要在全面开放国内包裹快递市场的同时，要加快推进与电子商务、制造业联动发展。这指明了快递业未来的发展方向。

1. 加速与电子商务融合发展

电子商务的最终实物产品都要通过快递物流的储存、运输、装卸、保管、配送等环节，最后递送到消费者手中。可见，电子商务和快递业的本质决定着两者之间天然的联系，两者的产业融合是一种必然，构建产业链条是长远发展的需要。

从电子商务与快递的发展来看，也印证了两者之间互为依托、相互促进的关系：首先，电子商务的迅速发展，给快递业带来前所未有的春天，在网购兴起之前，快递的主要业务来源是商务快件，但在电子商务巨大的需求带动下，快递业由最初的 EMS 一家独大，到形成 EMS、顺丰、“三通一达”多家群雄竞争的市场格局；其次，快递已成为电子商务的重要支撑。在电子商务产业链中，最重要的两个环节是支付与配送，也可以说是用户最为关注的核心节点。快递业不仅为电子商务解决了配送难题，也通过货到付款、代收货款等方式，在某种程度上，帮助电子商务跨越了线上与线下的巨大鸿沟。因此，打造电子商务与快递业务相结合形成的快递产业链模式，既是对当前企业营销模式的创新发展，也可以满足电商企业提高市场竞争力的内在要求，是新时代应当着力探索与研究的新型发展模式。因此，作为服务业的两个重要组成部分，电子商务与快递产业两者的交互交融发展具有非常广阔的前景，但两者的融合绝不是简单地叠加，需要加强统筹规划和宏观指导。政府应按照科学发展观的要求，推动产业全面、科学、协调地发展。

（1）创新电子商务与快递产业融合模式。目前，安徽少数电子商务龙头企业发展势头迅猛，如安徽商之都、徽之尚商城、百大易商城、安徽买买提等，其资金能力、科技水平等方面均较强。当前，合肥市在蜀山经济开发区建设中国（合肥）电子商务示范基地、

安徽（蜀山）跨境产业园和中国邮政农产品电商院等在内的“六大产业平台”，这将为省内电商企业发展提供重要机遇。为了促进电子商务企业和快递产业的融合，政府应鼓励电商与快递融合模式的创新，具体包括以下几个方面：

第一，完全自建快递模式。即倡导有条件上规模的电商企业成立快递公司或者兼并重组快递企业，引导电子商务企业收购或整合为其服务的中小快递企业，成立新的快递企业，达到减少弱小快递企业数量，提高产业集中度，促进快递业做大做强和融合发展。这种模式的好处在于能掌控网络购物实物商品“最后一公里”的服务，提高全过程的服务质量。但是，要将大量的资金用于物流队伍、运输车队、仓储体系建设，风险较大。

第二，自建物流快递和第三方物流快递相混合配送模式。在这种模式下，电商企业自建物流中心和掌控核心区域物流队伍，而将非核心区物流业务进行外包，这种模式相对于完全自建快递模式，比较经济而且相对可控。必然要求和最佳途径就是实施电子商务配送信息的平台工程，通过互联网的形式整合信息和资源。通过这样的公共平台不仅可以及时高效地传递信息，达到信息充分共享、减少交易成本、实现信息资源的整合，而且减少了信息不对称，使中小快递企业也能获益。然而，这种模式仍然需要电商企业自己投入大量资金、精力进行物流体系建设，实际上存在很大的经营风险。

（2）鼓励与电商企业建立战略合作伙伴关系。合肥市商务局、邮政管理部门应建立协调联动机制，由两局或者快递、电商行业协会牵头，召集快递企业和电子商务企业座谈，搭建沟通平台，推动企业实现优势互补，互利共赢。尤其鼓励快递企业与大型电子商务企业签订战略合作协议，深化战略伙伴关系的层次和领域，积极提供代收货款、验货签收、信用认证、快递保价、签收信息电子返单、目录推广和各种网络在线工具等适合电子商务特点的综合服务。

（3）探索建设快递与电商共享信息平台。将电子商务企业的数据和快递企业的数据分别接入该平台，由该平台对接两方企业的核心数据信息资源，进行订单、投递、结算等信息系统的对接，实现电子商务信息系统叠加快递服务功能，完成快递信息系统与电子商务系统的整合，为电子商务与快递企业合作提供信息平台支撑。这样不仅能够实时监控快件的流量、流向等情况，而且能够了解网购企业的订单时间分布及地域分布，以提前做好配送准备；在业务高峰和促销旺季，由该平台实时监控双方网络动态，并在必要时可出面将两方召集在一起，通报业务数据，并发出预警提示。这样的平台可以最大化减少行业壁垒和分割，在信息融合的基础上，促进产业发展的融合。

（4）促进跨境电商发展，建立国际邮（快）件互换局。在经济全球化及电子商务飞速发展的背景下，跨境电子商务日渐引起人们重视，一些国家和城市着力将跨境电子商务培育成经济新增长点。当前，我国上海、广州、杭州等城市大力正在推行跨境电商试点工作。随着合肥市民收入水平不断提升，与国外经济交往日益密切，也必将会迎来跨境电子商务的飞速发展。合肥市应抢抓机遇，以建设“一带一路”节点城市为契机，以推进合肥水运港、合肥国际内陆港、合肥航空港、合肥电子港发展，打造内陆开放高地为抓手，谋划跨境电子商务发展蓝图。着手建立跨境电子商务产业聚集区——合肥跨境电商电子商务产业园，重点引进跨境电子商务领军企业设立总部基地、营销中心，积极培育本地中小跨境电子商务企业，从而方便市民从境外购物。跨境电商的发展必将带动国际邮（快）件数量不断增加，合肥应谋划设立国际邮（快）件互换局，承担省内国际邮（快）件的直接发运和接收工作，这将给有效地缩短邮（快）件传递时间，有力地推动安徽快递业发展。同时，建立互换局将有效地加强安徽省与国外市场的联系，提升安徽省对外开放水平，助推合肥内陆开放高地建设。

2. 推进与制造业联动发展

2013 年，国家邮政局、工业和信息化部联合颁布《关于推进快递服务制造业工作的指导意见》，指出推进快递服务制造业发展的六个重点领域和八大工作措施，为加快快递业与制造业联动发展提出了明确的思路。快递业和制造业在产品服务、运营模式、信息管理、供应链管理、客户关系等方面都可以开展深度合作，进而实现联动发展。

（1）鼓励和引导企业联动发展。合肥市应鼓励制造企业从提高核心竞争力的角度，剥离非核心业务，实现主副分离，将部分物流业务外包给快递企业，并与其签订长期合作协议。具体合作形式可灵活多样，如大型制造企业可以依托快递业发达的网络开展分销配送；服装、家具、工艺品等企业可以依托快递企业推行定制化，个性化服务，提供试用、退换货等服务；中小型科技企业可以依托快递公司网络和客户信息优势，在产品研发和推广阶段进行合作。快递企业可开发报送代理、货款代收、定制条码和物流系统设计等增值服务，以专业优势为制造企业完善供应链，强化供应链管理，提供优质高效的物流服务解决方案，在整合企业流程及供应链上下游关系的基础上，为制造企业提供“一体化”供应链服务。

（2）推进联动发展示范工程建设。选取典型家电、电子科技企业与综合实力较强且在服务制造企业方面具有相当经验的快递企业展开合作，推进联动发展示范工程建设，并以典型示范的方式带动更多企业参与合作。选取制造企业集中的工业园区作为示范工程实施平台，引导区内企业统一建设物流基础设施，搭建高效便捷、功能完备、布局合理的制造业物流体系，提高制造企业的配套物流服务水平，严格限制制造企业自营物流用地。对于合作企业发展和示范平台建设，市政府在政策、资金方面给予支持，稳妥有效地推进示范试点工作，充分发挥示范引领作用。

（3）构建联动发展科技支撑体系。实现快递业和制造业的联动发展，必须在两大产业的标准、技术和信息等方面进行对接，构建强有力的科技支撑体系。首先，建立制造业和快递业之间联动发展标准体系，根据制造业产品和快递业服务形式的具体情况，参照国际快递企业经验，制定两个行业都能接受的标准。其次，加快电子标签、自动识别、自动分拣、可视服务等技术在工业园区和快递企业中的推广应用，提高物品管理的精准化水平。加快快递企业网络、智能化服务、条码、EDI 和 POS 等多方面技术改造和更新，使之适用于制造业产品投递需求。最后，加快建立完备的信息平台，使制造业与快递业之间实现信息无障碍沟通和信息共享，在此基础上构建快递企业与制造企业风险共担和利益分享机制，力促二者联动发展。

（六）加速信息化建设，完善物联网支持体系

1. 支持快递业信息化服务平台建设

信息平台是快递信息在快递企业、分拣中心、取派件中心、客户以及智能快递箱之间实现及时信息传递的重要基础。通过信息平台可以供客户实时查询快递当前状态，及时解决客户提出的各类问题，提高客户体验，有利于快递企业推出新产品。同时，进一步完善合肥城市公共信息平台的建设，便于快递企业信息平台的建设和降低企业的投入资金；鼓励快递企业积极开发无线网络服务平台，推广智能手机客户端、微信应用等符合新型消费环境的服务，推动快递企业整体信息化水平的提升。引导有条件的快递企业应用大数据、物联网技术、移动网络、云计算、自动化分拣技术等，提升快递服务的信息化、自动化水平，鼓励快递企业与第三方企业合作加快在居民社区、企事业单位等场所建智能快递柜，提升市快递行业信息化水平和快件末端投递智能化水平，促进快递企业转型升级。

2. 完善物联网植入快递业扶持体系

物联网技术植入快递业会提高快件投递效率。在快件流转的收件、分拣、运输、送达四个阶段中把标签和读写器、传感器、GPS、M2M 终端等嵌入在各种设备中能大大提高快件流转效率。运用物联网技术可以实现快件业务的智能化、可视化监控。建立快件作业的智能化、可视化监控不仅能提高快递物流的安全性，保障责任追究的可溯性，确保快递件破损等情况发生时的责任追究更加明晰，而且能进行快件追踪与查询，确保快件能实现在线调度与管理，提高快递作业的透明化、在线服务水平和管理效率。运用物联网技术可构建快递信息服务平台。搭建基于 RFID、GPS/GIS、传感器、摄像头、移动通信等物联网技术的物流货运与配载信息、监控管理平台，可以快速地对快件信息进行扫描与数据传输；可以为快递企业在线提供实时的货物信息、返程配货信息、客户信息、导航服务、电子商务平台、联网监测服务等；可以对物流信息进行高效、智能化的分析处理，提取其中有价值的信息，实现海量数据的规整和可靠传输。

物联网技术在快递产业非常广阔的发展空间，为了让该技术更好地服务和促进合肥市快递业发展，政府应以“宽带中国”和“智慧城市”为契机，借鉴国外和国内快递企业关于物联网技术的运用经验，应尝试将物联网技术应用于快递服务中，努力将快递业作为“智慧合肥”建设的重要组成部分。具体应当在制定技术标准、发展物联网技术和建设物联网应用典型等方面加以重视。

第一，建立物联网应用技术标准。物联网技术发展过程中遇到的困难之一是标准体系不成熟，合肥地区可以尝试制定地区性的使用标准，逐渐提升标准水平和可操作性，增强标准公信力，之后向全国推广统一的技术标准，建立完善的标准执行机制。

第二，突破物联网相关核心技术。合肥作为科教之城，技术优势明显，政府可以进一步加大对高校企业物联网技术研发的扶持力度，鼓励引导高校和企业开展技术研发，加强产学研合作，组建由政府、产业链上下游企业、科研院所、行业协会等在内的产业战略联

盟，在共性及关键技术的领域方面开展深入合作，力争形成更多更好的具有自主知识产权的产品、技术和品牌。

第三，树立物联网应用典型。政府可以在合肥快递企业中遴选一批作为典型，推动物联网在企业中的应用和创新，在具体操作领域，可以在快递送达速度、准确实时追踪、降低成本、提高快递服务水平寻找突破口。一些新技术应用受到条件限制，例如 RFID 在小件快递的应用方面由于成本因素，目前还无法普及，政府应给予一定补助，促进其在快递业中的应用，随着市场的不断发展成熟，相应的成本必然会得到控制。

（七）凝聚各界力量，加快人才培养

制定快递人才培养的配套扶持政策，需要社会各界的大力支持，才能保证人才培养模式的成功并培育出优质的快递人才队伍。政府部门需要从全市战略的角度来预测行业人才需求，针对合肥物流快递人才的现状，综合协调各个部门，系统地制定物流快递人才发展战略。据悉，2015 年，合肥市邮政管理局将组织 2000 名从业人员参加职业技能鉴定考试。

1. 提供快递人才培养资金保障

人才的培养离不开一定范围的资金投入，快递人才的培养更是需要大量的资金投入，因此可以由合肥市政府牵头，吸引企业和民间的各种资本，设立快递产业专项基金用于人才培养。这些经费的使用应包括实习实训基地建设、实验室的建设、奖学金、课程建设、高级人才出国进修、师资培训、引进优秀物流快递人才、聘请企业兼职教师等。

2. 构建有利于快递人才的发展环境

快递企业要提高物流专业人才的待遇水平，需要遵循人才市场的规律，为快递人才提供发展环境，同时改善待遇和工作条件，从而加强快递人才在物流业发展中的归属感和成就感。深化改革物流企业的用人机制改革，建立有效的人才激励措施，特别是原始创新的政策。

鼓励校企合作培养物流人才。现阶段合肥市快递人才培养中面临的普遍问题便是缺乏优质的教育资源，仅依靠学校自身不足以解决培养机制不健全以及教育资源短缺的问题。合肥市政府应该鼓励快递企业为大学生到企业实习提供岗位和机会，企业、学校、产业在合肥市政府的支持下，尝试开辟产学研联合培养的新型途径。特别建议效仿深圳等省市，在高职院校订单培养，这样可以让学生更多地参与进快递企业的一线管理和操作中来，更好地保证校企共建的课程体系培养出的快递专业毕业生能胜任快递实际工作，符合快递企业需要。

合肥市建设“中国分布式光伏应用第一城”对策措施研究

课题负责人：

杨仁发副教授　合肥区域经济与城市发展研究院研究员

课题组成员：

孟静讲师、方文超讲师、李娜娜研究生

工业化带来的生态问题、能源问题和环境压力日趋严峻，倒逼能源转型，大力发展新能源迫在眉睫。近年来，随着国内支持政策的发展、应用市场的扩大、地方补贴对分布式光伏的刺激，光伏市场被逐渐打开。

2009 年 7 月 21 日，中国财政部、科技部、国家能源局联合发布了《关于实施金太阳示范工程的通知》（以下简称“金太阳”），决定综合采取财政补助、科技支持和市场拉动方式，加快国内光伏发电的产业化和规模化发展，这被看作是中国支持光伏产业的首部政策。光伏产业经过几年迅猛发展之后，恶性竞争不断产生，国家上层的政策制定得很好，但是到下面执行和落实就会遇到很多问题，需要时间慢慢改善，很难一步到位。虽然光伏产业发展产生一些问题，但是分布式光伏产业的前景是光明的，发达国家美好的发展现状就是佐证，例如，德国光伏发电装机 3287 万 kW，居世界第一位，其中大多是分布式光伏发电，为适应分布式光伏规模化发展的需要，德国采取措施，引导和规范分布式光伏发展，以解决规模化并网带来的问题，从经济上积极支持配电网建设改造，为实现 2020 年光伏发电 5200 万 kW 的目标，德国需新建配电线路 19.5 万～38 万 km，投资 130 亿～270 亿欧元。日本自从 2011 年福岛地震之后，日本政府在 2012 年 7 月开始可持续项目，要求电力公司按较高的上网电价购买清洁能源电力。2013 年，日本光伏年装机量已是世界第三。

我国不断鼓励分布式光伏的应用，政策日趋理性和完善。2014 年 10 月 13 日，国家能源局再次发布光伏刺激政策《国家能源局关于进一步加强光伏电站建设与运行管理工作的通知》，内容涉及统筹推进大型光伏电站基地建设、创新光伏电站金融产品和服务等内容。国家能源局、国务院扶贫开发领导小组办公室联合印发《关于实施光伏扶贫工程工作方案》，决定利用 6 年时间组织实施光伏扶贫工程，把光伏产业作为扶贫工作的新途径，希望有效扩大光伏市场新领域，带来更大的社会效应。同时，各地方政府也积极鼓励光伏式分布发展，例如杭州、宁波、嘉兴、佛山等城市，并且取得较好的效果。基于此，本研究报告在分析合肥市分布式光伏应用现状和优势基础上，探讨合肥市分布式光伏应用遇到的“瓶颈”，借鉴国内外分布式光伏应用发展的政策措施，提出下一步促进发展的对策建议，供决策参考。

一、合肥市分布式光伏应用现状与优势

（一）合肥市分布式光伏应用现状

从总体来看，2014 年合肥光伏产业实现产值 246.8 亿元，同比增长 69.9%，合肥已成为国内有较大影响力的光伏产品生产基地，在推进光伏应用方面，至 2014 年底，全市分布式装机总规模达 225 兆瓦，位居全国省会城市之首。在分布式光伏发电方面，2014 年，合肥市共有 392 个分布式光伏发电并网，累计并网容量 101.6MW，合肥供电公司共受理分布式光伏发电并网申请 308 个，申请并网容量 94.48 兆瓦，结算上网费用 640 万元。

在光伏应用推广方面，合肥市政府相继出台《关于加快光伏推广应用促进光伏产业发展的实施意见》以及《合肥市光伏下乡扶贫工程试点实施方案》等文件，不断推进分布式光伏应用。2010 年 12 月，合肥市高新区成为全国 13 个“首批光伏发电集中利用示范区”之一，2013 年 8 月，合肥市高新区又成为全国 18 个“国家级分布式光伏发电规模化应用示范区”，2014 年 2 月，由阳光电源建设的合肥荣事达三洋屋顶光伏电站一期 2.64 兆瓦正式并网发电，这也成为全国 18 个示范区中首个并网的项目。在“光伏下乡”方面，合肥首批 100 户“光伏下乡”扶贫工程家庭电站于 2013 年 10 月开始建设，2014 年 2 月底已经全部实现全部并网，2014 年 10 月合肥市第二批 200 户家庭分布式电站已全部并网，容量达到 600kW。到 2020 年 3000 户贫困家庭将实现稳定收益。对此，国务院扶贫办有关负责人对合肥市的做法给予很高评价。

（二）合肥市分布式光伏应用优势

1. 技术研发优势

目前设在合肥工业大学的教育部光伏系统工程研究中心，是目前我国唯一专门从事光伏系统技术科学研究“人才培养”成果转化的重要基地，也是列入国家“111”计划重点建设的可再生能源并网发电科学与技术创新引智基地，其在光伏并网发电技术及装备“高效能量转换技术与装置”光伏系统专用高效配套装置“风—光—柴—蓄”复合能源发电技术等方面处于国内领先、国际先进水平。此外，还有中国科技大学太阳能光热技术研究所、合肥物质研究院等离子所太阳能电池材料研究室等科研院所，整体研发实力十分突出。在科技转化应用上，作为国家首批示范区项目，合肥高新区合肥荣事达三洋二工厂将“安全、高效、智

能”成为分布式光伏的三大核心课题，阳光电源依托掌握光伏发电核心技术和17年的光伏产业经验，在该项目应用了集逆变、升压、监控、防护安全、电网接入和调度等功能于一体的系统解决方案等多项智能新技术，有效地解决分布式电站所面临的安全、高效、智能、占地等主要问题，也为国内分布式光伏发电技术发展积累了有益的经验。

2. 产能优势

在光伏企业与产业链方面，目前合肥已拥有晶澳太阳能、海润光伏、阳光电源、中南光电、通威太阳能等多家富有影响力的近30家光伏生产企业，形成从多晶硅原料—电池—组件—逆变器—发电工程等较为完整的光伏产业链。在“走出去”的应用战略中，合肥市帮助企业开拓西部地面电站市场，项目涉及甘肃、青海、新疆等省、自治区。

3. 政策优势

在国家出台《国务院关于促进光伏产业健康发展的若干意见》（国发〔2013〕24号）、《关于分布式光伏发电实行按照电量补贴政策等有关问题的通知》、《关于做好分布式发电并网服务工作的若干意见》等一系列政策，为大规模推广分布式光伏发电扫清了障碍。合肥市将分布式光伏产业作为战略新兴产业之一，重点予以支持，相继出台了《合肥市人民政府关于加快光伏推广应用促进光伏产业发展的意见》（合政〔2013〕76号）、《合肥市人民政府办公厅关于加快光伏推广应用的通知》（合政办〔2014〕4号）、《合肥市人民政府办公厅关于进一步加快光伏推广应用的补充通知》（合政办〔2014〕24号）等一系列文件，合肥市在全国首创光伏扶贫下乡工程，成为全国首个出台光伏“度电补贴”政策的城市，这些政策对合肥分布式光伏产业发展、推广应用和技术创新等环节发展起到重要的支持作用，促进合肥分布式光伏产业规模不断扩大。

总的来看，产业整合集聚、应用创新多元，加上合肥市在光伏产业发展上制定的一系列支持光伏产业发展和推动示范应用的政策引领，基本形成了“中国光伏应用第一城”具有鲜明特色的“合肥路径”。

二、合肥市分布式光伏应用遇到的“瓶颈”

在国家、省级和市级各项政策的实施保障下，基本形成了“中国光伏应用第一城”具有鲜明特色的“合肥路径”，但是在具体的实践过程中，分布式光伏应用方面还存在一些障碍，更多地表现为实际操作过程中的问题，但是这些问题着实影响着合肥市分布式光伏推广由“可能”变为“现实”。

（一）分布式光伏发电的成本高，效率低

分布式光伏应用的大规模推广，首先要解决的还是分布式光伏发电的成本问题。经济

性是分布式光伏能否广泛推进的重要因素。合肥距离能源性城市淮南较近，距离上的优势也降低了利用火力发电的成本，对新能源产业的成长和发展壮大带来了一定的影响。在发电效率方面来说，分布式光伏发电比电站发电对高转化率的光伏组件具有更大的需求。一方面，分布式光伏发电站与集中电站发电相比，分散安装的形式造成安装的单位成本较高，这样就需要有更高的发电效率予以弥补；另一方面，发电场所的面积狭小（大多数为住户屋顶），对发电设备需要有更高的单位面积光能利用率，但从目前已建成的分布式光伏示范园区以及家庭小型发电站来说，由于对光伏组件的核心技术的掌握和应用并没有达到较高层次的水平，分布式光伏发电的效率以及对单位面积光能的利用率均比较低。

（二）可利用的优质资源有限

分布式光伏项目普遍要求用户屋顶面积大、结构好、承重强、用电量大、电力营运稳定，这样余电上网较为容易，但是这些优质的屋顶资源在前期“金太阳”工程以及光伏扶贫工程已经使用一批，所剩资源较少。目前合肥优质屋顶资源供求的不平衡，使优质屋顶资源所有者在屋顶租用的协商过程中占据主动权，开发商将在建设中承担更大的成本，很难再要求业主再分享更多的收益和承担更多的责任，这既影响业主投资的积极性也影响项目的收益。

在屋顶落实方面，目前对于合肥各类用电负荷大、经济性良好的园区，工业厂房屋顶的拥有者，项目单位和用户大多数不是同一主体，经济关系复杂、利益难以平衡、统筹协调难度大。对于合肥城区居民住宅尤其是高层住宅的屋顶产权关系不清，相关法律的缺失导致业主、物业公司、业委会等的权责界定相当复杂，在现实的情况下，有很多业主对光伏发电的认可度很高，也很愿意接受分布式光伏发电的应用推广，但物业公司经常采用消极态度，并不鼓励管辖范围内的居民兴建分布式光伏发电项目。对于农村屋顶，虽然住房所有权清晰，一般没有共用产权问题，投资者和受益者关系简单，但是由于分布式光伏前期投资成本较高，对于合肥周边县区农民，多数经济基础较弱，而且对分布式光伏的应用相关知识了解和关注较少，这就容易造成分布式光伏发电的应用推广在农村存在问题。

（三）融资机制缺乏创新

与传统发电模式的运营方式不同，分布式光伏发电站的初期建设方面，资金的供给是分布式光伏推进的重要保证。实际上，分布式光伏在发电量、资金流以及资金往来上都缺乏透明度，银行无法估计其项目风险和收益，同时对于处于起步时期的分布式光伏产业，所面临的风险较大，即便国家和合肥出台促进分布式光伏产业发展相关政策，银行对分布式光伏产业前景仍不抱乐观态度；此外，由于缺乏完整的融资保障机制，而且分布式光伏发电并网条件的要求比较高，成本控制较难，项目的盈利能力难以有实质性的改变，银行信贷支持对此较为谨慎。在银行方面，国家能源局在政策上鼓励银行贷款，国家开发银行也支持分布式发电发展，但对于追求内部收益率的商业银行而言，有些商业银行要求投资的内部收益率不低于10%，也有更高的，不低于12%，这样，即使加上国家对分布式光伏的补贴，多数分布式光伏电站也达不到银行内部收益率的要求，投资收益率低于预期，这就导致商业银行并不愿意对分布式光伏产业提供融资，这样就容易造成分布式光伏融资平台单一，使其更加依赖于国家政策补贴，因此，融资机制的不完善是制约着合肥分布式光伏应用推广的“掣肘”。

（四）电网企业积极性不高，电费结算及回收难度大

目前合肥分布式发电主要采用实行“自发自用、余电上网、就近消纳、电网调节”的运行模式，这项原则的出发点是鼓励光伏发电就地消纳，实质上是鼓励安装屋顶所在企业在用电能耗上的点式平衡。“余电上网”是实现分布式光伏发电效益和经济效益的一项重要措施，但目前来说，“并网难”成为分布式光伏应用最重要的制约因素之一。对于30MW级以下的分布式发电系统，由于容量小，负荷调控手段相对简单，独立运行时易受大负荷冲击等因素的影响，供电质量较低，因此最佳的运行方式应该是并入当地供电电网运行。在居民分布式光伏发电推广的过程中，电网企业不仅要接纳随机性、间歇性较强的光伏发电的电量，给电网运行的管理和调度增加额外的负担，还要承担并网所带来的一系列成本，包括制定接入系统方案、更换电表、线路接入、并网验收和调试等费用，这样，供电部门从自身的管理、调度和安全角度考虑，缺乏将这些小容量发电装置接入电网的积极性。因此，电网企业在当前居民分布式光伏发电应用推广中扮演着重要因素，但同时它又是最缺乏积极性，因此“并网难”已经成为制约当前合肥居民分布式光伏发电快速发展的最关键因素之一。在“电费结算”方面，虽然在《合肥市人民政府办公厅关于加快光伏推广应用的通知》中规定“简化光伏发电上网结算手续”，但是对于国家发放的度电补贴的结算仍存在问题，家庭分布式光伏发电的收益除了将富余电量卖给电网的收入外，还有一大部分来自于国家发放的度电补贴，按照相关规定，国家补贴资金由电网企业负责向项目单位按月转付，目前的实际情况是，本来分布式光伏项目的经济基础就比较差，而相关补贴和税收政策的执行不到位，这将进一步打击居民用户对分布式光伏应用的积极性。分布式光伏发电另一个共性难题是“电费回收难”。使用别人的屋顶作为发电场地，一旦遇到屋顶资源所有者拖欠电费，电站运营商作为一个普通企业，并没有好的办法处理，这样将面临较大的电费回收风险。

（五）政策的差异化程度不够

目前分布式光伏应用主要在工业企业、商业企业、公建单位和民居，光伏应用的形式也有不同的区别，光伏应用的材料也有所不同，有晶硅的、非晶硅和薄膜类，但当前合肥分布式光伏以鼓励工业园区应用为主。目前电价现状的高低排序是工业、商业、公建、民居，随着分布式光伏应用的推进，工商企业的屋顶很快会消化完毕，要形成大规模的应用，主要是民间应用，就目前的普惠度电补贴政策，针对公建和民居光伏应用，这需要实行差异化的政策。同时，在同一建筑物，光伏应用从材料上可用晶硅、非晶和薄膜，可用在屋顶、墙壁和地面，可光伏建筑一体，也可仅仅简单支立式，这些都会造成不同的成本区别，未来能源的主流形式会是分布式点状能源加能源开联网的模式，各类建筑物会是一

个能耗体，也是一个产能体，外立面上将会装满光伏瓦、光伏砖、光伏玻璃、光伏窗等各类光电类建材，这也需要有相对应有差异化政策。

三、国内外促进分布式光伏应用政策措施

不同的国家或地区为促进分布式光伏发展指定的政策略有不同，早期光伏度电成本较高，多以初始投资补贴政策进行推动，例如，德国于1999年实行的“1000屋顶项目”与1998年实行的“10万屋顶计划”均采用初投资补贴政策，而美国实施投资税抵扣（ITC）政策，加州实施的初始投资补贴政策为直接补贴初始投资的50%。目前主要以上网电价补贴和净电量结算政策为主，上网电价补贴在欧洲与日本较为盛行。从全球角度看，欧洲的分布式光伏发电装机比例较高，其中，奥地利、丹麦、荷兰等国家光伏建设基本全部以分布式的形式进行，而我国分布式光伏装机占比偏低，仅占16%左右。

（一）德国分布式光伏应用政策措施

2013年，德国可再生能源发电量占总发电量比例23.9%，消费量占比25.4%。德国光伏市场在政策刺激下于2008~2010年出现爆发式增长，至2013年底光伏累计装机达到35.5GW，发电量占全国电力消费约5.0%。分布式光伏累计装机26.3GW，装机占光伏总装机比例接近75%。

在政策方面，德国为提高可再生能源比例采取了一系列支持政策进行推动分布式光伏的发展，包括可再生能源法、投资税收抵免优惠、政策性银行优惠贷款、地方性资金支持等，其中，最为核心的政策为光伏发电上网政策，通过固定电价补贴促进光伏市场的发展。德国从2009年开始鼓励用户自发自用，对自用电量进行额外补贴，自用电量比例越大，补贴程度越高。自发自用补贴收益与日益下滑的上网电价补贴水平共同推动了分布式光伏发电的自发自用消费模式。目前，德国光伏发电已实现用户端平价上网，住宅型光伏的上网电价为每千瓦时0.15欧元，低于零售电价，因此分布式光伏自发自用比例的提高能够提高项目的投资收益。

在融资方面，分布式光伏电站主要由政策性银行通过商业银行为光伏电站和其他可再生能源项目提供优惠贷款，融资成本较低。经过多年的运营经验，光伏项目的稳定现金流得到市场的认可，成为能够获得德国银行认可的资产投资类别。光伏电站业主可以用稳定的电费收益和光伏系统资产作为抵押物，无须或只付出较低比例的初始投资。大型分布式电站项目可以以独立运营的电站开发商（SPV）为核心吸引更为广泛的投资主体，包括机构投资者、基金、银行、社区和个人投资等。所有者以光伏电站项目资产作为抵押，由发电收入进行偿还。所有者股权比例15%~30%，可以由开发商或第三方投资者（如股权基金公司、养老基金、保险公司等）出资。

（二）我国台湾地区分布式光伏应用政策措施

我国台湾地区在2009年出台《可再生能源发展条例》后，光伏电站发展进入高速增长期，2013年年底光伏累计装机3.36GW，分布式光伏装机2.9GW，占比85%以上。《可再生能源发展条例》制定6.5G～10GW的可再生能源补贴总量目标，设立可再生能源发展基金以保障补贴资金来源，规定可再生能源电力并网和全额收购强制义务，并对可再生能源电力实行标杆上网电价统一收购的制度。上网电价执行期限为20年，采用统一电价水平。光伏电站的上网电价采取项目完工时趸购费率基准和竞标机制相结合的方法，根据电站类型和装机容量等级规定上网电价的上限费率。台湾的标杆电价制度使得分布式光伏不存在自发自用比例变化导致收益率不确定的风险，有利于稳定电站项目收益率。

台湾光伏电站上网电价分为四类，以分布式屋顶光伏电站为优先推广类型，30kW以下的屋顶光伏电站可免于竞标而直接获得上限费率电价，分布式屋顶光伏电站的上网电价远高于地面电站。台湾分布式光伏电站以20年固定上网电价作为保障，投资收益率确定性较强，一般以光伏能源技术服务的模式进行开发运营，融资方面鼓励商业银行建立专案融资机制，引入财产保险和信用担保，有效控制投资风险。主要采用以下两种模式：①业主自行负责电站开发投资，并委托能源技术服务公司负责设计、施工建设，业主拥有电站所有权和售电收入，能源技术服务公司可以通过提供20年质保维修等方式协助业主获得融资。②能源技术服务公司向业主租用屋顶，并提供全方位服务，包括设计、施工、保证发电以及部分或全额负担电站融资。业主可以通过出租屋顶获取一定的收益，也可以与能源技术服务公司共同出资开发光伏电站，双方按比例分享售电利润。其他模式还包括合同能源管理模式、能源技术服务公司仅提供技术咨询等。

（三）美国分布式光伏应用政策措施

在美国联邦政府和各州政府政策刺激下，美国分布式光伏市场长期维持40%以上的高增长。2013年底，美国光伏累计装机13.22GW，分布式光伏累计装机6.14GW，占比45%以上。美国光伏是基于净电量结算方式，政府提供投资税收返还、加速折旧、投资直接补助等优惠政策。美国联邦政府关于光伏的补贴包括以下两点：①美国国际贸易委员会补贴：联邦政府将光伏设备投资额的30%作为投资者的税收减免金额，投资者可用于其他生意的税收减免。②加速折旧：允许投资人将30年使用寿命的设备在5年内快速折现完，作为税收抵扣（美国所得税约35%）快速回款，以减少资金成本。2013年底前，还允许企业在第一年折旧投资额的50%。州政府的补贴：包括投资现金返还、度电补贴、税收减免、绿色电力牌照等。具体各个州的补贴方式和幅度都不同，其中加州以度电补贴和现金返还为主，新泽西州以绿色电力牌照为主。联邦政府及州政府的补贴额度，加起来占到目前光伏设备投资额50%左右的份额。

四、合肥市建设“中国分布式光伏应用第一城”对策措施

分布式光伏发电对于优化能源结构、推动节能减排、实现经济可持续发展具有重要意义，促进经济社会环境可持续发展具有重要意义。以市场为导向，以应用促发展，破解当前分布式光伏发电应用存在的问题，从政府、产业和平台建设的方面，各方面协调努力，破解难题，注重实效，加快推进合肥高新区“国家级分布式光伏发电规模化应用示范区建设”，全力打造“中国分布式光伏应用第一城”。总的来说，为实现“中国分布式光伏应用第一城”的目标，结合合肥实际，提出实施“两个平台，三项服务，四个应用，五项措施”对策方案。

（一）重点推进研发创新和大数据两个平台建设

1. 研发创新平台建设

加快分布式光伏推广应用，降低成本和提高发电效率是亟待解决的问题。围绕低成本、高效率的要求，突出产业链关键共性技术研发，突破核心装备国产化“瓶颈”，大幅提升生产工艺水平，加强产业协作配套，为分布式光伏发电应用提供质优价廉的产品和技术，进一步提升合肥光伏产业的整体竞争力。利用合肥工业大学的教育部光伏系统工程研究中心和中国科技大学太阳能光热技术研究所、合肥物质研究院等离子所太阳能电池材料研究室等科研院所加大对光伏组件核心技术研发，重点支持高效率晶硅电池及新型薄膜电池、关键材料的研发和产业化，提高光伏逆变器、跟踪系统、集中监控以及智能电网等的技术和装备水平，增强光伏发电的系统集成技术能力，明确光伏方阵场、光伏系统输配电与控制缆线等布局要求，从而抢占分布式光伏这一能源产业科技制高点，降低分布式光伏应用投入成本，因此，合肥市依托重点企业和科研院所，积极引进科技创新资源要素，加快建设一批研发创新平台，通过技术创新降低成本，使分布式光伏得到应用。

2. 推动大数据服务平台建设

加快推进可开发屋顶面积、单体建筑屋顶等相关数据中心建设，建立可建分布式光伏电站资源数据库，形成数据中心集群，打造综合性大数据服务平台，为分布式光伏应用迅速铺开绘制出详细的“作战图”。

（二）积极做好并网三项服务

1. 加强配套电网建设

积极发展应用融合先进储能技术、信息技术的微电网和智能电网技术，提高电网系统

接纳光伏发电的能力。电网企业提供的电能计量表明确区分项目总发电量、“自发自用”电量（包括合同能源服务方式中光伏企业向电力用户的供电量）和上网电量，并具备向电力运行调度机构传送项目运行信息的功能。

2. 优化并网审批流程

对各类分布式光伏发电项目，电网企业要按照《分布式发电管理暂行办法》和《分布式光伏发电项目管理暂行办法》的有关规定及设立的“绿色通道”，由设区市或县级电网企业按照简化程序办理电网接入并提供相应并网服务，明确申报材料内容和办理时限。进一步落实个人光伏发电系统实行“一站式”并网接入服务等规定。

3. 完善并网运行服务

电网企业创造条件，方便分布式光伏发电在用户侧并网。对分布式光伏发电项目所发电量余量上网部分全额收购，免收系统备用容量费和相关服务费用、免费提供并安装电能计量装置。

（三）继续推进分布式光伏发电四个范围的应用

1. 大力推进工业园区光伏发电应用

重点做好高新区国家分布式光伏发电规模化应用示范区，起到引领和示范作用。积极推进全市各类工业园区（包括经济技术开发区、高新技术产业园、软件园等）率先开展分布式光伏发电应用。对可开发屋顶面积较少的工业园区，要因地制宜地建设小型分布式光伏发电系统。

2. 积极推进单体建筑屋顶光伏发电应用

优先在工业厂房、商业综合体、专业市场、大型会展场馆、体育场馆、机场、高速公路服务区等建筑屋顶建设兆瓦级的规模化分布式光伏发电系统。支持在学校、党政机关、医院、科研单位和城镇居民住宅等建筑屋顶推广小型示范发电系统。鼓励具备建设条件的现有屋顶应改造建设分布式光伏发电系统，新建项目应同步配套设计、建设分布式光伏发电系统。

3. 推进光电建筑一体化应用

在不影响城市景观的前提下，鼓励屋顶面积在一定面积（比如1000平方米）以上且符合光伏发电要求的新建建筑物，按照光伏建筑一体化的要求进行同步规划、设计、施工和验收。凡符合光伏建筑一体化发电系统建设条件的在建或已建成建筑屋顶，均鼓励补建和改建光伏发电系统。积极推广光伏玻璃幕墙、顶棚、光伏瓦等的使用。在道路交通信号设施、公园和居民区道路照明、高速公路服务区照明、公交车站和公共自行车棚照明等方面，开展光伏照明试点。

4. 推动光伏下乡创新

开展低密度住宅光伏发电应用试点。积极支持发展与农业生产、农民生活相结合的分布式光伏发电应用。在新农村示范区、美丽乡村等改造示范项目建设中，具备条件的项目应同步规划建设光伏发电应用项目。支持农居连片进行光伏发电应用开发改造，建设与绿色设施农业相结合的光伏生态农业大棚、种（养）殖场等光伏发电项目。选择部分低密度住宅小区集中连片建设居民光伏发电应用试点，并逐步扩大应用规模。

（四）有效落实五项政策措施

1. 全方位解决优质屋顶资源有限的问题

对于工业园区屋顶落实协调难的问题，各地采取一些不同的措施，例如，在浙江嘉兴市按照政府统一规划、统一收储、统一标准、统一管理的“四统一”模式进行，采取统一配置屋顶资源的办法避免了开发企业恶性竞争和业主漫天要价的矛盾，而秀洲区采用行政规制的方法，要求新建建筑物年综合能耗 5000 吨标准煤的企业屋顶在符合安全的条件下，必须安装光伏发电，这些举措着力解决“屋顶落实难”的根本性问题，这对合肥市工业园区房屋顶资源的落实具有一定的借鉴意义。

做好合肥市工业厂房屋顶资源的统筹协调，引导新建工业建筑厂房业主对于屋顶可利用面积超过 1000 平方米的，建筑设计上要符合光伏系统规划设计条件，同时，引导业主积极开展或配合开展光伏应用，协调电网接入，项目备案，建筑管理的事项，将建筑分布式光伏发电应用纳入节能减排的考核以及奖惩制度。对于合肥各经济开发区来说，制造业较为密集，对电力需求大，环境污染能力强，允许将园区内分布式光伏发电量折算成节能量和减排量参与相关交易，进一步增加经济效益，实现节能减排的目标，提高企业良好的社会声誉。

对于合肥周边县区农村来说，屋顶所有权相对清晰，可以做到投资者和受益者关系的简单、统一，增加投资成功的概率，对于合肥农村分布式光伏建设，首先做好家庭分布式光伏发电的“发电效益”和“经济效益”的宣传，让光伏下乡进户，增加农民对分布式光伏发电的认可程度。同时也要加大对分布式光伏家庭电站建设的扶持力度，通过扶贫款或专项补贴降低一次性建设成本和享受补贴电价，提高农民建设分布式光伏电站的积极性，同时，发挥农村光伏资源丰富的优势，充分利用农村水面、滩涂、渠道、设施栽培、荒地等资源，大力推进渔光互补、农业光伏大棚等光伏发电项目建设，通过建设光伏应用示范镇、示范村，实现农村分布式光伏的示范效应。积极推进光伏下乡“百千万”工程建设，加快实施“光伏扶贫”试点工程，大力推进农村“光伏社区”建设，新建中心村实施土地增减挂钩项目、同步规划建设光伏电站工程的，资金纳入市级土地增减挂钩补助资金范围，实行专项预算、统筹使用。引导农户建设家庭式光伏电站，充分调动农户和企业的积极性，按照“规划引导、政府扶持、户企合作、收益分成”的方式，打造具有合肥特色的“光伏社区”、“光伏小镇”。

对于合肥城市高层建筑方面，可以采用“集中规划，独立经营，第三方监管”的模式，可以在充分尊重业主产权的基础上，实现由开发商集中规划，利用市场机制，向社会广泛募集投资，由投资者可以在征求居民楼居民的同意下，实现对屋顶的租用，按照居民房屋面积对居民屋顶租用金实行分配。进而实现对分布式光伏发电的独立经营，而政府则将公共管理模式下的资源统一规划，为分布式光伏发电提供配套设施的公共服务，这样的模式在一定程度上可以提高投资商和屋顶业主在建设项目上的积极性，实现集中生产和管理，缓解利益分配不均的矛盾。

2. 实现“加强电网企业激励”和“加快电力体制改革”双管齐下

总体来看，对电力企业积极性的激发不仅来自于合理的激励机制也来自于电力体制改革。从目前来看，构建合理的激励机制以有效调动电网企业尤其是具体经办业务的地方电网企业的积极性，是进一步加快居民分布式光伏发电推广的首要问题。在我国现有电力体制未发生较大变化的情况下，一个能够改变电网企业激励机制的可行举措是调整其绩效考核体系，在考核电网企业的绩效考核中，可以在考核体系中加入“可再生能源发展”的分类指标，其中再下设“分布式光伏发电量”、“风能发电量”等子指标，有鉴于能源行业的专业性，可由能源主管部门具体确定相关的各项指标并给出最终得分，从而有助于加强能源主管部门对电网企业的监管能力。但是从根本上来看，调整绩效考核体系是对改变电网企业一种“治标不治本”的方法。所以，要真正破解电网企业对包括光伏在内的分布式光伏的抵触，必须把“推进分布式发电”和“加快电力体制改革”结合起来，以分布式光伏发电在合肥的推广应用为契机，加快电力体制改革，进一步剥离电网企业的竞争性业务，实现输配电和售电的有效分离，将电网企业定位为“只做电力的搬运工，不买卖电力”的企业主体。另外，电网企业可随着分布式光伏发电的推广进行业务转型和创新，实现向服务性企业转变。在未来分布式发电大规模应用的情况下，电网企业仍在很大程度上肩负着保证电力质量和电网安全的重任。因此，电网企业应根据形势的变化创新自身的管理机制和服务体系，开展标准和质量监督，技术评估等一系列业务向分布式发电的供求双方提供服务，在保证电力质量和电网安全的同时，通过相关的服务获得收益，使电网企业能够伴随分布式发电的大规模应用拥有新的发展机遇。总的来看，对于合肥目前存在的由于电网企业对推广分布式光伏发电的不积极所导致的“并网难”的问题，应该加快电力体制改革，同时推动电网企业业务创新和转型，使电网企业能从分布式发电的推广中获得真正的激励。在电费结算方面，通过协调银行，运维公司，政府实现电费协商自主结算的方式，在协商无果的情况下，可以考虑运用法律的强制作用，实现电费的结算即收取途径可以有以下四个方面：一是由银行负责托收；二是在银行收不到的情况下，由政府委托的第三方运维公司进行电费收取；三是在运维公司收不到电费的情况下，由政府进行协调；四是在政府协调无果的情况下，采取相关法律手段解决。

3. 创新分布式光伏项目融资新模式

由于分布式光伏发电存在光照异常变化、收益不稳、成本回收周期长等风险因素，使得分布式光伏发电难以成为标准化资产。贷融资难题的解决，可以借鉴嘉兴市“政府引导，市场运作，统一管理”的经验，比如成立有企业和资本市场共同参与的分布式光伏产业发展基金，由政府引导，为分布式光伏项目提供担保，取得资金的支持，同时通过第三方监管公司和金融公司将企业的资产和收益权作为抵押，这样，政府、企业、资本市场三方共同承担风险，以此吸引资本的进入。对于入园分布式光伏项目，可以要求企业进行一定比例的自由资产投资，之后通过搭建企业和金融机构的服务平台，结合分布式项目融资需要给予一定支持，再通过金融租赁的方式进行融资，将初期所需的设备一次性投入资金，通过租赁的方式在时间上进行稀释。同时，鼓励企业加入光伏产业基金，将项目收益权作为抵押的贷款资质，将未来的部分收益让渡给基金的方式，缩短资金回报周期。在此过程中，政府并不需要投入太多的政府资金，而是树立产业信心，整合产业资本，打通资本和企业之间的隔阂。另外，分布式光伏创新融资渠道，最有可能实现的是资产证券化。对于分布式光伏发电来说其符合国家的新兴产业技术创新方面的大发展方向，地方政府定位一些项目和发展模式时也符合国家要求，而且在分布式光伏发电大多数是一次性投入，而且收益较为稳定，这些都是资本证券化的前提条件，未来可以通过资产证券化放到相应的交易平台，方便股权基金、社保基金、信托等的广泛参与，拓宽融资渠道。对于个人安装分布式光伏贷款，以个人收入等为信用条件减免资产担保，同时在利率和贷款期限上给予优惠，提高个人贷款建立分布式光伏的积极性。

4. 创新发展模式，发挥市场的主导作用

合肥市建设“分布式光伏应用第一城”，目前处于推进的关键时期。政府在政策制定和执行方面仍处于主体地位，对于能源主管部门更注重的是利用工业园区等载体进行统一屋顶资源利用，统一规划建设，统一运营管理，统一保险和融资，实行政府介入并大力支持的推广模式，但分布式光伏市场的发展有其自身的规律，政府政策的制定和实行都要符合这种规律。政府的介入和大量补贴必然会带来市场的短期繁荣，但不一定会带来分布式光伏的持续健康的发展。随着合肥市分布式光伏应用的不断推进，分布式光伏产业发展的不断成熟，更应该注重的是市场机制的作用，因此，应注重运用市场机制，在政府的主导下，严格控制市场准入标准，向市场上具备一定资质的分布式光伏中小专业化企业，将分布式光伏系统设计、安装建设、检测验收、运营维护等环节的专业化服务承包，引入市场竞争机制，以竞争机制所解决目前分布式光伏应用过程中的政策执行力度低的问题，同时，重点培育一批标准化、专业化服务公司，鼓励能力强、技术好、人才储备足的企业延伸光伏发电专业化服务。加大对分布式光伏的投资水平，以市场的有效带动，减轻光伏产业过多的依赖国家扶持。因此，应不断创新发展模式，发挥市场的主导作用，尽快将分布式光伏应用产业建设成为合肥主导产业，实现有为的政府和有效的市场双重带动，创新可行的分布式光伏应用的商业化模式，为分布式光伏应用在全国范围内推广起到示范作用。

5. 加大节能政策支持

对参与建设分布式光伏发电项目的企业，在执行有序用电计划时可根据其发电规模予以优先支持。分布式光伏发电量可计入当地政府和用户节能量，可抵扣企业新上项目用能指标，并可作为用能指标进行交易，不纳入能源消费总量考核。居民自发自用发电量不纳入阶梯电价适用范围。企业业主自行投资建设并运行的分布式光伏发电项目可申请节能技改项目资助。

合肥家电产业转型发展研究*

课题负责人：

张治栋教授，合肥区域经济与城市发展研究院研究员

课题组成员：

张淑欣副教授、贺晓宇博士、唐宏骏研究生

合肥家电产业始终坚持在承接转移中谋求发展，在结构调整中促进转型，通过大力引进一些有益于企业创新、研发的项目，推进产业布局和产业转型，从而让家电产业不断发展，行业规模得到壮大。截至2014年底，全市家电产业完成产值1409亿元，实现工业增加值324亿元，家电产业已成为全市六大主导产业之首，在全国四大家电基地中也已处于规模领先地位。①合肥家电产品已覆盖白色和黑色系列家电，“四大件”（电冰箱、洗衣机、空调、彩电大件电产品）产量居全国之首，拥有家电和配套企业500余家，其中规模以上家电企业超过280家，全市工业总产值排名前20位企业中家电企业占据10席，五家大型集团企业（美菱、荣事达、海尔、美的、格力）总产值占全行业逾90%，产业集中度不断提升。2014年9月，国家家用电器产品质量监督检验中心一期工程建成并投入使用，共建成23个专业检测实验室，满足家电产品更新换代、家电产品检验需求，同时，家电企业从事研发及相关人员约占企业职工总数的20%，研发投入约占销售收入的4%，目前，全市家电产业拥有4个国际品牌，11个国家级名牌产品。这些都为合肥推动全球家电产业基地建设提供了良好基础。

合肥家电产业发展取得的巨大成就，不仅表现在产品、规模、技术和品牌等方面，更体现在它在产业内外所产生的重要影响，以及所引起学术界和产业界的关注。在产业界，中国轻工业联合会和中国家电协会联合组成考评组，在对合肥家电产业进行实地考察和评定后，2009年10月，正式授予合肥市“中国家电产业基地”荣誉称号，时隔5年之后，

---

* 感谢合肥市人民政府政策研究室、合肥市发展和改革委员会、合肥市经济与信息化委员会、合肥市高新区管委会、合肥市经开区管委会、合肥市新站区管委会、庐阳工业园区、长丰双凤工业园区、柏堰工业园区、荣事达工业园区，以及惠而浦、格力、美的、美菱、合肥西玛科电子等部门或企业对我们调研工作提供的帮助，尤其是相关专家和领导提供的观点或证据，在此一并表示感谢。

① 合肥家电产业规模在四大基地中最大，但品种并不是最多，竞争力也只在部分品种上具有优势。由于合肥对家电产业寄予的期望非常高，因此在很多情况下，合肥家电产业分析是在与其他三大基地的比较中展开（附件一中作了简单比较）。但在更多情况下，则是相对全国家电产业或本市其他产业进行比较，应根据上下文进行判断。

2015 年 4 月顺利通过了复查。同时，许多学者已经关注合肥家电产业的发展及其成功经验，包括广东、山东和浙江等家电产业比较发达地区学者，他们对合肥与顺德、青岛和慈溪等地家电产业进行比较，从中研究合肥家电产业发展模式和未来发展前景。我们认为，自 20 世纪 80 年代以来 30 多年的时间里，合肥家电产业可以分为四个大的发展阶段。引进技术创牌阶段：引进先进技术创立荣事达、美菱、黄山、万燕、天鹅等知名品牌；引进资本重组阶段：引进长虹和三洋等对美菱和荣事达本土企业进行并购重组；承接产业转移阶段：格力、海尔、美的、TCL、万和等整机及美芝、宝兰格、科德隆、港丽、凌达、彩虹等零配件企业进驻合肥；品牌重新创造阶段：合肥家电产业近年来培育欧力、尊贵、晶弘、帝度和志邦等新的品牌，取得了非常明显的成绩。第四个阶段才刚刚开始。对于这四个阶段需要着重说明的是：①看似不同阶段，而实质相互交错，品牌创新是产业转型之根本，但也离不开资本重组和产业转移；②四个阶段似乎是轮回，但又孕育新的发展，始终贯穿三种发展方式，即资本重组、产业转移和品牌创新；③品牌创新包含着技术创新与组织创新，其内在动力来源于本地技术水平、竞争状况以及产业整合能力等因素的相互作用。

然而自 21 世纪以来，随着我国改革开放不断深化，我国产业经济受国际经济影响越来越大，尤其是 2008 年全球金融危机的爆发，促使我国经济发展深度调整，至今经济发展新动力还未形成，世界经济增长又总体乏力，经济全面复苏尚待一段时日，家电下乡政策影响仍在消化。近年来，合肥家电产业发展出现徘徊不前的现象，家电产业“十二五”规划实施情况并不顺利，家电产业中传统家电产品所占比重过大，新型家电产品在整个家电产业中占比较低，家电产业融合跨界发展相对落后，在低成本优势逐渐削弱之时新的竞争优势尚未形成，创新设计等生产型服务能力薄弱，品牌营销强度不大，尤其是家电产业本地化步伐缓慢，家电产业内在发展动力不足等问题也不断显现，对合肥家电产业正在进行的转型发展构成巨大压力。同时，我们也应该看到，我国新型城镇化建设正在加速推进，居民收入水平显著提高，改革开放力度明显增强，必将对家电产业发展形成重大利好，同时，中国经济也已进入新常态，高速增长转向中高速增长，要素和投资驱动转向创新驱动，区域之间从竞争转向联动发展，为我国家电产业转型发展提供了重大挑战和难得机遇。对于合肥来说，由于其所存在的家电产业发展基础，积累的家电产业发展经验，以及地理区位、市场区域优势环境和科技要素等方面优势，为合肥家电产业转型发展提供了良好条件，同时，作为长江流域中基础最为雄厚的家电产业集聚中心，合肥应当认真总结发展经验，充分利用现有产业基础，引领长江经济带世界级家电产业集群，推动我国家电产业走出去走得好，这是合肥家电产业未来 5 年乃至更长时期实现转型发展的重大历史使命。

一、合肥家电产业发展面临的基本形势

（一）竞争要素方面

（1）成本优势明显，但也面临较大压力。合肥属于内陆城市，与青岛、宁波和顺德等沿海地区相比，劳动力、原材料、能源和土地成本相对较低。但是，近年来合肥发展速度走在全国大中城市前列，低成本优势在未来将难以持续，尤其是合肥传统家电对土地要求比较多，土地指标更是难以满足。因此，依靠低成本支撑的劳动密集型加工制造环节难以持续，同时，由于总部经济不发达，营销物流市场化专业化程度低，经营管理成本对企业压力较大。

（2）区位交通较好，市场集散空间广阔。合肥地处中部，承东启西，交通条件良好，合肥周边500公里覆盖7省1市，是我国城市化水平最高的地区，消费水平远远高于我国平均水平，同时，随着“一带一路”和长江经济带的互联互通建设，合肥区位优势将进一步增强，合肥已是家电生产基地，也是家电调出和出口基地，其作为我国家电集散中心发展空间很大。

（3）科技资源丰富，研发设计潜力较大。合肥是我国重要的科教基地，也是全国科技创新示范城市，高等院校科研院所密度较大，科技体制改革不断深入，过去由于产业发展比较落后，经济发展水平相对较低，开发能力未得到很好发挥。近年来，家电产业作为全市第一主导产业，合肥新建了许多家电研发平台，家电产业创新资源呈集聚趋势，研发创新潜力巨大。

（4）高层人才较多，仍难满足增长需求。长期以来，合肥不但普通劳动力比较丰富，全市居民中高学历人才也占有较高比重，另外，合肥还注重引进短缺人才，尤其是生产性服务业、工程技术和高层次管理人才，为发展设计、物流、营销、融资等关键环节提供了智力条件，有望在继续保持强大制造能力的基础上，为增强家电产业发展厚度提供条件，但由于产业发展迅速，仍难以满足其对人才的需求。

（二）市场需求方面

（1）新型城镇化和收入增长拓展新空间。我国未来5~10年仍将是城镇化发展速度较快的时期，同时，尽管国民经济增长速度进入换档期，但我国人均收入增长速度却较快。对于合肥来说，城镇化发展和收入水平增长空间更大。传统四大件产品在逐步成为城乡家庭的必需品，微波炉、油烟机、热水器等厨卫设备也正在纷纷进入城乡家庭，城市家庭户均拥有率将逐步提高，农村家庭家电渗透将更为明显，新型家电产品将成为产业新的增长点。

（2）技术创新引领家电产业发展新需求。国内外市场对环保、节能、智能等新型家电需求日益高涨，而新型家电发展需要技术创新作为支撑。尤其是在以传统家电为主的合肥，创新升级决定新兴家电产业的成功与否。产业转型是家电发展的主要动力，通过产业转型提升核心竞争力、培育内生增长动力才是发展的长久之道。而创新将是拉动市场的关键因素，家电消费将由新增需求为主转变为更新换代为主，创新产品将成为市场消费的主流。

（3）"一带一路"建设促进家电"走出去"。经国务院授权，国家发展和改革委员会、外交部、商务部3月28日联合发布了《推动共建丝绸之路经济带和21世纪海上丝绸之路的愿景与行动》。"一带一路"沿线人口40多亿，将推动更大范围、更高水平、更深层次的大开放、大交流、大融合。同时，截至4月15日，亚洲基础设施投资银行（AIIB）意向创始成员国已达57个，未来将有越来越多的国家加入亚投行①，这些都有利于这些地区改善家电消费环境，有利于改善产业生产经营环境，我国家电产业在其中具有较强的竞争力，合肥作为重要家电基地，必将在家电走出去中发挥重要作用。

（三）产业趋势方面

（1）营销渠道多元化，制造业仍是基础。美国在城镇化率达到较高阶段以及全国已经形成统一市场之后，家电连锁模式仍然占据优势。例如，零售商Sears控制的Kenmore品牌，委托惠而浦、松下、GE等企业生产，故美国家电产业形成了大市场、小制造的产业链格局。日本以山田电机和小岛电器为首的专业家电连锁遍布日本各地，但品牌制造商松下、索尼、东芝、夏普等以其领先技术仍具有很强的话语权。欧洲家电渠道体系与美国及日本市场均有不同，独立家电专营店Euronics、Electronic Partner是最主要的销售渠道，但大型家电制造企业仍具一定实力。我国城镇化水平还较低、商业体系具有亚洲特色和人口密度相对较高，家电制造企业仍具有一定话语权，但也不可忽视销售渠道的作用。

（2）更新速度加快，创新联盟发展。最近，德国柏林消费电子及家用电器展（IFA）和美国拉斯维加斯国际消费类电子产品展览会（CES）作为家电领域发展的"风向标"，对家电产品及技术趋势发挥着市场引导作用，在此期间，智能化、节能化、网络化、健康化、人性化等这些关键词在两大展会的家电产品中得到了充分展示。由于产品更新速度加快，即使大公司单个企业也难以独立支撑，三星电子、英特尔和戴尔联合成立新的开放互连联盟，与高通、LG电子和其他公司支持的全视联盟分庭抗礼②。我们也应重视大企业

① 亚投行意向创始成员国增至57个，包括奥地利、澳大利亚、阿塞拜疆、孟加拉国、巴西、文莱、柬埔寨、中国、丹麦、埃及、法国、芬兰、格鲁吉亚、德国、冰岛、印度、印度尼西亚、伊朗、以色列、意大利、约旦、哈萨克斯坦、韩国、科威特、吉尔吉斯斯坦、老挝、卢森堡、马来西亚、马尔代夫、马耳他、蒙古、缅甸、尼泊尔、荷兰、新西兰、挪威、阿曼、巴基斯坦、菲律宾、波兰、葡萄牙、卡塔尔、俄罗斯、沙特阿拉伯、新加坡、南非、西班牙、斯里兰卡、瑞典、瑞士、塔吉克斯坦、泰国、土耳其、阿联酋、英国、乌兹别克斯坦和越南。

② 2014年戴尔、英特尔和三星宣布成立名为"开放互连联盟"（Open Interconnect Consortium）的家庭自动化联盟，开放互连联盟将致力于建立机器对机器通信的开源标准。在产业方面，开放互连联盟的目标是为所有的家居设备创造一个无缝的无线平台，可以让包括恒温器、安全摄像头和灯泡在内的这些设备相互对话。在竞争方面，该联盟的目的是要利用蓬勃发展物联网市场，其开放互联标准将与同类的家庭自动化标准团体竞争，如以高通为主导的All Seen联盟（All Seen联盟有LG，以及上周刚加入的微软和其他共51个成员）。

间合作以及区域之间联动发展。

(3) 白黑小米融合，跨界发展盛行。白电减轻劳动强度改善物质生活，黑电丰富休闲娱乐教育精神生活，小电提高家庭与个人生活品质，米电提供信息处理与便捷服务。白黑小米逐次迎来发展机遇。白电通过电机压缩机将电能转为热能、动能进行工作，与小家电具有共性；黑电通过电子元器件、电路板和光电等进行工作，与米电具有共性。白黑小米融合趋势已成，家电产业与电子信息产业跨界发展业已盛行。家电产品共性技术多，企业之间需要合作；家电行业产业链条长，适合民营企业成长发展；家电产业集中度较高，需要大企业整合产业资源。

(四) 区域集聚方面

(1) 品牌聚集度提高，知名品牌最集中。合肥在推动美菱和荣事达等本土家电品牌发展的同时，继续加大招商引资力度，承接国内外家电产业转移，引进海尔、美的、长虹、格力、三洋、惠而浦、TCL、万和等一批知名品牌。另外，还拥有最近正在努力争创品牌的欧力、尊贵、晶弘、帝度等新产品。目前，合肥已拥有 4 个国际品牌、11 个国家级名牌产品。随着这些国内外知名品牌家电企业的落户，合肥已成为全国家电企业知名品牌最为集中的地区。

(2) 规模企业数增多，产业集中度提升。2014 年，合肥拥有家电和配套企业 500 余家，全市规模以上家电企业超过 280 家，总产值超过 200 亿元的企业有 2 家，超过 100 亿元的企业有 5 家，超过 50 亿元的企业 10 家。其中，合肥海尔电冰箱有限公司实现产值 232.11 亿元，位列全市工业企业总产值第三。全市规模以上工业总产值排名前 20 位企业，家电企业占据 10 席，五家大型集团企业（美菱、荣事达、海尔、美的、格力）总产值占全行业逾 90%，产业集中度不断提升。

(3) 产业链日趋完善，研发实力逐步增强。通过大力引进一些有益于企业创新、研发的项目，推进产业布局和产业转型。一批重点项目的实施进一步优化产业结构，延伸产业链，推进产业集聚，增强了合肥家电产业的发展后劲。在家电整机产业长足发展的同时，家电配套产业快速崛起。目前，全市拥有国家级、省部级重点实验室近 40 个，国家级、省级企业技术中心近 60 个。家电企业从事研发及相关人员约占企业职工总数的 20%，研发投入约占销售收入的 4%。

(4) 产业集聚不平衡，战略竞争机制尚待完善。白电产业集群已经形成，黑小米等家电正在集聚，压缩机、电机、电控和高精磨具等核心配套正在发展。合肥家电产业创新条件薄弱，同时，由于主要家电企业未形成战略价值，大多企业在合肥发展定位相对较低。多种经济成分共同发展，但本地民营企业较少，集群企业间缺乏统一行动，不规范竞争依然存在。家电产业链条环节虽然多，但相互之间联系并不紧密，“候鸟”现象不绝，订单转移问题频发。

（五）发展环境方面

（1）经济进入新常态，家电发展靠内涵。我国经济发展进入新常态，粗放型漫灌式发展已经难以持续，更加强调经济发展的质量，高耗能高排放产品在市场中将失去竞争力，创新驱动和品牌影响对家电产业经济效益越发重要，持续健康高效发展将更依赖内在动力，高端生产服务业的重要性越加凸显，而东中西协调互动有利于产业创新，区域之间相互联动的潜力巨大，对合肥发展将较为有利。

（2）传统产能饱和，市场需求升级。房地产发展持续低迷，家电下乡政策对消费能力透支，同时，中国家电业进入以更新消费为主的阶段，产能过剩局面已经使冰箱、冷柜、洗衣机市场遇冷，空调行业也面临巨大的库存压力。消费升级、产品升级将继续成为推动家电业发展的主要动力，创新性产品将继续为小家电开辟新的市场，制造升级、效率提升将是中国家电业可持续发展的另一个驱动力量。我国家电业已经开始进入创新驱动的数字化智能化产业变革时代。

（3）对内对外开放，合肥家电机遇。合肥正在进行长三角城市群副中心建设，将形成多三角、多层次、放射状的沟通网络，并有力地促进合肥与芜湖滁州和苏南、杭甬等地产业合作，为合肥家电产业转型发展注入动力。长江经济带打造家电世界级产业集群，有利于东部沿海与沿江内陆之间资源整合，合肥区位优势和家电产业地位将有较大提升。合肥作为“一带一路”战略中重要节点城市，可发挥其在世界级产业群建设中的带动作用。加大对内对外开放，促进产业转移承接，为合肥加快家电产业持续发展和带动我国家电产业走出去提供了新的难得机遇。

（4）国际竞争激烈，区域竞争加剧。不但我国与德国、日本和韩国等家电强国存在激烈竞争，不少外国品牌在我国高端市场也具有竞争力。国内不同区域之间家电产业竞争正在加剧，不但在家电产品的市场渗透等方面存在争夺，而且围绕节能智能等新产品开发方面竞争更为激烈。山东青岛以海尔、海信、澳柯玛三家本土企业为核心从规模化向高端化转变，广东以顺德为核心形成了集东莞家电出口、珠海佛山中山中高档家电制造和茂名湛江经济型家电生产为一体的产业集群，包括合肥在内的长江经济带家电产业集群与青岛和顺德之间家电产业竞争将进一步加剧。

（六）政府作用方面

（1）园区建设加快形成环城产业带。合肥相关市县区发展家电产业园区，现已形成在以高新技术开发区、科技创新示范区、蜀山经济开发区等为主体的西部集中区，以经济技术开发区、包河工业园区、桃花工业园区为主的西南部集中区，以肥东经济开发区为主体的东部集中区，以瑶海经济开发区、新站试验区和双凤开发区为主体的东北部集中区。目前，四个方向产业园区已经连成一片，形成环城家电产业带，具有一企一园、特色鲜明、产业链延伸和产业集聚诸特点，但产业集聚紧密度尚待进一步提高。

（2）积极构筑产业基础为发展提供后劲。合肥通过重点实施“1441”计划，即搭建一个平台，构建四个中心、发展四大重点产品，培育一大批小家电和配套件。搭建了中国（合肥）国际家用电器暨消费电子博览会这一平台，构建了国家家用电器产品质量监督检验中心、国家级家电工程技术研究中心、国家级家电回收中心以及国家级家电物流仓储中心四个中心，积极发展电冰箱、洗衣机、空调器、彩电四大重点产品并取得明显成效，同时还培育了一大批小家电和配套件产品。这些都为合肥家电产业未来大发展提供了坚实基础，但新兴家电发展平台仍需加强。

（3）建立保障机制提高产品质量。一是严格市场准入制度和产品质量监督抽查制度，加快建立质量安全风险监测、预警、信息通报、快速处置以及产品追溯、召回和退市制度；二是落实企业对产品质量安全的主体责任，严格执行产品质量标准，全面加强质量管理；三是建立规范的企业质量信用评价制度和产品质量信用记录发布制度；四是完善技术标准体系，重点家电行业的安全标准、基础通用标准。产品标准将是家电产业的竞争重要手段。

（4）政府高度关注但近期有所降低。合肥市政府及相关部门高度关注家电产业，招商引资力度较大，政策兑现落实较好。但近年来家电产业在合肥相关政府工作中的重要性有所降低，政府对家电产业支持力度也有所削弱。尤其是在家电产业融合跨界的背景下，区域之间竞争有所加强，合肥家电产业面临转型发展要求，而政府对家电产业发展系统性研究不多，相关政策或实际工作缺乏整体性。

二、合肥家电产业发展存在的主要问题

（一）价值链、产品结构和配套等方面缺陷

（1）家电产业价值链高端环节存在缺陷。家电制造环节规模比较大，但仍存在粗放发展问题，附加值相对比较小，同时，研发设计创意等环节薄弱，营销物流等市场化专业化水平较低，家电产业生产性服务环节落后。然而，研发设计和营销物流等属于价值链高端环节，附加值相对较高。因此，家电产业价值链高端环节存在缺陷，应对这些环节完善加强。

（2）白色家电领先但其他家电落后。合肥白色家电产品所占比重较大，合肥冰箱、洗衣机和空调占全国1/5左右，但黑色家电、小家电和米色家电发展比较缓慢。由于白色家电市场趋于饱和，仅合肥2014年冰箱和洗衣机产量同比下降10%以上，同时，白色家电技术工艺相对简单，多年不变，市场竞争十分激烈，与小家电和米色家电相比其利润要低很多。因此，白色家电领先但其他家电落后是合肥家电产业的重要缺陷。

（3）零部件配套完善但竞争力不强。随着家电产业发展，合肥加大钢、铜和塑料等原材料，管、板、阀等基本配套，还在显示屏方面逐步完善配套，发展压缩机、电机、电控等关键零部件。但目前合肥不少整机企业通过独资、合作或兼并形成服务于自己的配

套，或者仍然保留进驻合肥之前的配套关系，配套专业化市场化尚需进一步加强，再加上合肥关键零部件配套发展较迟，目前还不太完善，因而合肥配套竞争力尚需增强。

（二）自主创新能力弱低成本优势面临挑战

（1）产业竞争力弱整体利润率水平较低。年初合肥市相关部门组织调研活动，所有18家家电企业中，半数企业属于整机企业，另一半则属于配套加工企业，从调研情况来看，无论是整机企业还是配套企业，其中大部分企业利润出现下滑，究其原因主要有：企业自主创新能力弱，新产品研发、设计和制造水平落后，市场竞争力不强，产品附加值低，从而利润率则更低。

（2）低成本优势渐失而新优势尚未形成。目前，合肥低成本优势将会逐渐削弱，从年初调研数据来看，其中18户企业生产成本比去年同期上涨了92.36亿元，增长幅度为8.79%。同时，管理成本、融资成本和营销成本都比较高。合肥低成本优势正在消失，而新的竞争优势虽然已开始培育，但尚未形成竞争力。

（3）大多为传统产品而新兴家电发展缓慢。合肥家电产业多数是传统产品，家电产品总体档次不高。目前，合肥家电企业生产的冰箱、洗衣机、空调等大多数为中低端产品，主要销往三、四级市场，难以适应智能化、数字化、信息化、个性化和绿色发展需求。合肥新兴家电产业发展相对落后。

（三）品牌知名度还不高整体质量效益欠佳

（1）本土品牌影响力没有明显提高。自主品牌发展速度总体较慢，包括荣事达和美菱在内的知名品牌没有取得实质性进展，绝大多数本土品牌知名度较低。在同类产品中，本土品牌产品处于中低端市场。虽然，近年来也有一些本土品牌问世，但其正在培育成长过程中，还没有形成明显的影响力。

（2）外来品牌较多但根植性较差。合肥家电产业通过前面几个阶段的发展，尤其是承接沿海地区产业转移，国内主要大家电品牌都来到合肥，但是其主要是家电产品的制造加工环节，其研发环节和营销环节多数不在合肥，它们与合肥本地之间黏性不足，有些产品甚至近似于贴牌生产。

（3）产业发展质量不高整体效益欠佳。由于合肥家电产业结构、创新能力和品牌知名度等问题，总体来说，大多知名品牌本地化不高，本土品牌又大多知名度较低，再加上合肥家电产业制造环节强于研发设计和营销物流等环节，整体附加值和利税率都较低，严重影响家电产业发展的质量和效益。

（四）内外资源整合不够发展模式需要完善

（1）外源整合主导合肥家电产业发展。通过外资并购重组和东部产业转移，合肥家电产业取得了较快的发展，但由于很多企业对合肥定位较低，对内部资源整合不够，产业整体竞争力不强，尤其是在产业发展过程中的本地优势没有得到明显升级，外源式粗放型发展难以持续。

（2）合肥产业要素未能得到充分利用。合肥具有丰富的劳动力、原材料和土地等资源，区委、交通和市场条件良好，科技和人才等高等资源要素也较充沛，但这些要素条件并未得到充分的利用，例如合肥周边新兴家电产品应该具有很好的市场，再如科技和人才等资源没有充分转化为创新能力，这些都还具有比较大的发展潜力。

（3）合肥家电产业发展内在动力不足。尽管合肥家电产业发展速度快，但整体档次却不高，本地资源与外部资源整合不够；虽然发展迅猛已成全国最大基地，但内在动力机制必将成为其发展“软肋”。内部资源整合能力薄弱，产业内在创新与发展的动力还没有形成，合肥以内在动力为基础的家电产业集约式发展尚需时日。

（五）产业影响力较弱区域间联动发展不足

（1）合肥产业影响力不够。由于价值链关键环节薄弱、产品结构不合理、产业创新驱动不足、品牌知名度较低等原因，合肥家电产业根植性较差、黏性不够，尤其是产业配套尤其是关键配套本地化有待提升，本地民营家电企业比例较小，从而削弱了合肥家电产业的厚度，合肥家电产业总体影响力较小。

（2）合肥区域联动能力弱。区域整合应以相互联动为基础，区域之间联动是当前产业创新发展的重要动力，由于合肥属于家电产业后起地区，再加上区域经济综合实力薄弱，合肥在区域整合中的作用尚未显现，甚至与本省芜湖和滁州家电产业联动也仅停留于合办展览会等低层次水平。

（3）市场整合作用未得到充分发挥。家电产业是一个典型的竞争型市场，其整合自然也应以市场机制为基础，目前合肥家电产业发展中政府作用较大，但市场机制在家电产业发展中作用还不够。无论是区域联动还是产业整合，都应发挥好市场机制的作用，未来市场机制要在逐步完善基础上得到更好的发挥。

三、合肥家电产业转型发展的基本思路、目标和原则

（一）基本判断

合肥家电产业借助区位、成本和资源等优势，通过技术引进、资产重组和承接产业转移等途径获得了迅速发展，并正在进行品牌重新创造阶段。在未来 5 年左右时间内，与青岛、慈溪和顺德等地相比，合肥地理区位和物流辐射人口仍是其重要优势，资源成本优势虽将逐步削弱但仍能继续保持，科技创新等优势虽未充分发挥但前景仍非常广阔，同时，我们认为，传统家电增长速度不及小家电及其他新兴家电，传统家电应致力于高价值环

节、产品创新和走出去等方面，发展速度将更多地依赖于小家电等新兴家电以及家电产业融合跨界发展。因此，合肥家电产业将继续借助外源式发展模式，大力推进招商引资承接产业转移，完善家电产业价值链薄弱环节和产品结构优化，同时，应充分认识到，随着合肥家电产业资源要素和竞争优势的动态改善，招商引资将更集中于价值链高端环节、智能化制造和小家电等新型家电，发挥科技等高端资源优势，培育内生增长动力，促进家电产业融合跨界和区域联动发展，将成为合肥家电产业转型发展的重要领域。因此，未来合肥家电产业发展仍要借助承接产业转移促进产业转型，通过产业转型增强产业转移承接能力。

（二）主要目标

（1）要以合肥未来成为全国家电领导者的战略角度，实现价值链、产业配套和产品结构的优化完善，传统家电研发设计制造能力显著增强，小家电等新兴家电加快增长促进产品结构改善，产业整体配套能力大幅提高。到 2020 年，核心零部件本地配套率达到 95% 以上。

（2）合肥家电产业凝聚力显著提升，招商引资能力不断提高，产业发展内在动力持续增强，内外部资源整合能力得到提高，形成合肥为主导的合芜滁家电金三角，在长三角地区具有较强的引领能力。到 2020 年，基本建成全球家电产业基地和家电产品集散中心，家电产业发展质量和效益明显提升。

（3）合肥以长三角家电产业为基础，带动长江经济带区域之间家电产业联动，形成与青岛和顺德等地家电产业之间多种形式的竞争合作。到 2020 年，形成产业竞争合作和区域之间联动格局，合肥家电产业带动长江经济带世界级集群建设取得成效。

（4）合肥以产业创新为先导，加快科技体制改革，促进产学研开放协同，推进黑、白、小、米家电产业融合跨界，传统家电与新兴家电均衡发展，根植性不断增强，品牌知名度不断提升，总体规模年均增长 15%，产业利税年均增长 20%。

（三）战略思路

合肥家电产业发展应立足于稳定发展仍然要靠传统家电、快速发展靠小家电等新兴家电、转型发展靠内在动力这一基本现实，着眼于合肥、青岛、顺德和慈溪等重点地区之间竞争合作关系，面向全球产业基地建设和引领世界级产业集群这一宏大远景。传统家电在强化家电制造环节优势基础上，增强创新设计和品牌营销等价值链高端环节，同时，积极发展小家电等新兴家电，优化产品结构促进产业融合跨界。合肥家电产业既要重视质量效益也要扩大总体规模，继续发挥资源区位和成本优势，加大招商引资力度，同时，进一步增强空间集聚、本土黏性和总部经济等内在发展动力。在建设合肥全球家电产业基地的基础上，加强合芜滁家电产业金三角发展，立足长三角整合长江经济带产业资源，主导全国家电产业重点区域之间联动格局，引领世界级家电产业集群建设，借助“一带一路”发展战略，带领我国家电产业走出去。

（四）基本原则

（1）产业转移与转型互动原则。在当前情况下，尽管合肥家电产业发展取得了巨大成就，但其产业价值链关键环节存在“瓶颈”，新兴家电产品需要发展，这就需要大量产业资源，然而，合肥乃至安徽属于后发地区，民营经济和工业基础相对薄弱，迫切需要承接大量产业转移。但是，随着家电产业的进一步发展，家电产业创新能力日益重要，家电产业转型发展最终需要产业内在动力。产业转移为产业转型提供了整合空间，为产业转型提供了新的资源；产业转型增强了产业聚集能力，并将承接更多更高标准的产业转移。

（2）重点突破与集聚发展原则。选择有基础条件和技术优势的重点子行业、价值链关键环节、关键共性技术及核心配件、新型家电产品、节能化智能化网络化新技术等，全力集聚相关产业资源，构建并完善产业价值链。加大资源集聚，促进技术、资金、人才等要素向新兴家电产品集中，集中发展家电新兴产品，培育家电产业增长极。通过价值链和产品结构集聚突破，实现合肥家电产业新的更大发展。

（3）内在动力与资源整合原则。内在动力是发展方向，就是要以我为本，无论是资源整合、区域联动和产业走出去，都要促进本地产业竞争能力。由于产业基础还比较薄弱，所以要通过资源整合加以实现，区域联动和产业走出去是资源整合的高级形式，通过招商引资加快产业整合，促进结构调整和产业创新，从而增强内在发展动力。因此，既要大力引进外部资源，尤其是高端产业、人才和技术资源，也要着力培育内部资源，促进本地家电产业优势动态改善，提高资源使用效率，从而促进产业质量提升和可持续发展。

（4）自我强化与区域联动原则。创新、品牌、制造是自我强化的主要方面，创新是产业发展内在力量，品牌是产业拓展外在形象，两者之间相互影响、互动发展，促进多种因素相互作用，推动产业快速发展。外部资源集聚，实现外引内升，达到自我强化；内在动力增强，整合外部资源，促进区域联动。自我强化、区域联动和产业走出去扩大了产业发展空间。

四、合肥家电产转型发展的主要举措

（一）着力智能转型，强化家电制造优势

应以智能转型再创合肥家电制造优势。国家即将实施“中国制造 2025”，设计未来中国制造升级的顶层规划和路线图，主要体现为一条主线、四大转变和八大对策①。合肥正

① “中国制造 2025”是升级版的中国制造，体现为四大转变、一条主线和八大对策。一条主线：以体现信息技术与制造技术深度融合的数字化网络化智能化制造为主线。四大转变：一是由要素驱动向创新驱动转变；二是由低成本竞争优势向质量效益竞争优势转变；三是由资源消耗大、污染物排放多的粗放制造向绿色制造转变；四是由生产型制造向服务型制造转变。八项战略对策：推行数字化网络化智能化制造；提升产品设计能力；完善制造业技术创新体系；强化制造基础；提升产品质量；推行绿色制造；培养具有全球竞争力的企业群体和优势产业；发展现代制造服务业。

处于工业立市与转型发展的历史交会点，智能制造无疑是家电产业转变发展方式的主攻方向，也是合肥家电从制造大市走向制造强市的根本路径。建议家电产业试点“智能工厂”和“智能物流”，努力实现合肥制造向合肥创造、合肥速度向合肥质量、合肥产品向合肥品牌的三大转变。建议以家电产业作为“合肥制造 2025”的重点产业，对于其中进行技术改造和重点建设的项目，可通过“双千工程”进行支持，也可通过政府投资基金对家电产业智能制造进行引导。

智能化制造是全球家电基地建设重要内容。合肥将来要建成全球家电基地，必须在竞争力上要有大幅提高，而在其原有优势基础上进一步加强，也必须加快实现家电制造智能化。其中，白色家电（如冰箱、洗衣机和空调等）由于主要技术、生产工艺和基本流程都比较稳定，智能化门槛相对较低，产品质量能够得到保障。因此，可以白色家电作为“合肥制造 2025”的政策试点，通过科学的生产物流管理、人机互动、3D 技术以及机器人和机械手的使用，产品质量能够得到较大提高，劳动力成本节约效果也比较明显①。但也存在由于批量使用资金需求大、工艺变动和维修等风险，可利用合肥产业补贴或奖励等政策予以支持。

智能物流有利于提高企业管理降低成本。智能物流对客户的需求、商品库存、智能仿真等做出决策具有重要意义。智能物流应突出以顾客为中心，根据消费者及其需求变化来灵活调节生产工艺，促进要素资源的配置和产品设计的优化。其中，白色家电体积较大，放置要求严格，目前，合肥仓储设施大多为厂房改造而来，属于钢构单层平面仓库，将来要制造立体仓储，不但提高仓储智能化和自动化，改善物流管理，还可以减少仓储用地。同时，由于白色家电销售季节性较强，应鼓励企业建立异地销售端智能仓储，提倡使用物联网技术，加强对家电仓储管理，减少商品积压和毁损。对家电物流智能化相关项目可进行贴息支持。

（二）围绕薄弱环节，完善产业价值链条

首先，是完善价值链结构。如果对价值链进行粗略划分，则主要包括研发设计、制造加工和营销品牌三个环节，随着产业模块化发展和竞争不断加剧，研发设计和品牌营销等关键环节的价值越来越高，而中间制造加工价值却越来越低，尤其是传统家电表现得更加明显。而合肥目前竞争优势恰恰是价值较低的中间制造部分，而相对比较弱的则是价值链上游的研发设计和下游的品牌营销环节。然而，合肥科技教育又是其比较突出的优势，这正是研发设计和品牌营销的重要基础，需要进一步加以发挥。因此，要在提升家电制造基础上，积极利用合肥市天使投资基金的有力支持，发展产业价值链中研发设计和品牌营销环节，并注重引导非政府基金和社会资本投入，激活科技资源，加大招商力度，构建产业

① 我们在调研中，一些白电企业以及白电比较集中的开发区提出了政府鼓励使用机器人和机械手的要求。据他们测算，企业使用 1 台机器人（每台 30 万元）可节约 2 个劳动力（每年工资 6 万元），这样每台机器人成本两年半可收回，还可以节省可能由于工人频繁跳槽而导致的损失。

价值链①。

其次，是应当重视的领域。上游环节中核心技术及关键零部件研发设计，如黑电激光电转化器件、白电压缩机、小电电机、米电芯片、智能家电电控、网络家电中网络部件等，以及家电制造中工业机器人、精密模具、高技术原材料等。下游环节中营销品牌及物流配送，如多层智能化物流仓储，物流配送中生活区物流接驳点和农村物流最后1千米中转能力。同时，应时刻关注技术发展变化，例如显示设备管—屏—膜转变可能性，再如金属—橡胶—塑料相互替代可能性，以及家电商业业态变化，例如百货—专营—电子商务变化，甚至到跨境电子商务的发展。

最后，是组织的剥离重构。鼓励大企业主辅分离，剥离研究开发、仓储物流、市场营销、后勤保障等非制造环节，积极发展主要面向中小企业的专业化咨询、商务、检测、租赁、策划等生产性服务业。扩建家电研发设计创意产业园，在现有条件基础上，加强营销类下游企业入住，把研发设计与营销品牌融为一体，可促进上游与下游之间的相互支撑；组建研发设计创意或品牌营销大型一体化企业，加快引进本地民营专业化企业，加强不同企业之间的竞争与合作；鼓励科研院所高等学校参与研发设计和品牌营销机构的建设，更好地发挥各种资源开放式协同创新的优势。

（三）优化产品结构，促进融合跨界发展

改变传统家电大而不强的局面。尽管合肥已是全球最大的冰箱和洗衣机生产基地，其产量均占全国20%以上，但利润率并不高。因此，应从三个方面做强做大家电。一是做强本土品牌。继续强化美菱和荣事达等老品牌，培育发展欧力、尊贵、晶弘、帝度等新品牌。二是发展冰箱、洗衣机以外的传统家电。包括彩电在内的其他传统家电，不仅品牌知名度低而且产量也不高，应促进传统家电的整体水平和均衡发展。三是做强零部件。继续提高本地配套率，针对电冰箱压缩机、空调压缩机、洗衣机电机等核心零部件重点研发。应积极加强招商引资和研发创新，利用产业引导基金填补家电产业整机和配套的薄弱环节。

积极发展小家电提高占有率。小家电定位于提高人们生活品质和舒适度，涉及家庭及个人生活方方面面，呈现出产品多样化、潮流化、个性化特点。统计数据显示，近3年来，中国小家电市场持续两位数增长。发达国家平均每户小家电拥有量为80~100件，而我国城市每户小家电平均保有量还不到20件，市场前景巨大。目前，尽管小家电销售额仅占家电销售总额10%，但其利润几乎是大家电1倍以上，部分技术含量高、设计新颖的产品利润率甚至可以达到传统家电的5倍以上。当前小家电仍处于初期发展阶段，因此，要以产业集聚为主要目标，从扩大产品品种出发，进一步增强市场占有率。鼓励小家

① 19世纪80年代，价值链受到决策层和学术界的广泛重视，逐步用于企业竞争、产业竞争和国家竞争研究。所谓价值链，就是设计、生产、销售、发送和辅助其产品过程中进行种种活动的综合体，这些互不相同但又相互关联的生产经营活动，构成了一个创造价值的动态过程。以上种种活动可以归为三大部分：一是研发和技术，主要指产品或者服务的研发设计、提高加工技术等；二是生产，主要指原料采购、加工生产、质量监控等；三是营销和品牌，主要指品牌的维护和推广、物流配送、售后服务等。

电投资创业，可利用天使投资基金的支持，对于新产品按照销售收入分别层级进行奖补。

时刻关注家电产业融合跨界。白电更多的是通过电机将电能转换为热能、动能进行工作，与小家电具有共性；黑电主要通过电子元器件、电路板和光电等技术进行工作，与米色家电具有共性。而且小白家电与黑米家电也有融合。同时，家电产业与电子等产业也正相互渗透，呈现出跨界发展趋势。智能化、数字化和网络化正在成为这种融合发展的基本背景或跨界发展的媒介。针对这种情况，应加大家电产业与信息产业之间的集聚，规划建设家电信息产业园区，促进科研院所高等学校之间协同，加大对智能化关键共性技术研发创新，开展国际交流，提高融合跨界意识，增强融合跨界能力。对有融合跨界意向的企业，积极资助合肥家电技术研究院等与其合作展开专项研究。

（四）加大招商引资，促进空间集聚创新

规划调整工业园区布局。合肥各县区都有若干个家电及配套企业，家电产业在各园区内分散交错，没有形成专业化协作配套群，园区之间争项目、争政策、争资源，不利于产业链和产业群的形成和延伸，招商引资效果因此大打折扣。由于园区内产业专业化分工协作不够，从而形成相对较高的物流成本，产业园区的特色优势不能充分发挥。同时，建议加大招商引资力度，充分利用合肥丰富的科技创新资源，将全市研发设计和营销品牌等生产性服务业相对集中，并与制造业进行匹配，形成制造与服务的近距离集聚，从而有利于家电产业全链条互动创新机制的形成。另外，对新引进家电产业项目、按照规划调整进行搬迁的企业，以及产业园区新建标准化厂房，可通过“借转补”或金融产品（如贴息）进行政策支持。

建设柏堰白电创新集群。柏堰科技园已形成以格力家用空调、美的洗衣机、美的冰箱、荣事达洗衣机、华凌电冰柜等家电主机厂为主导产业，以凌达压缩机、凯邦电机、世纪精信、高科玻璃、华海铜管、会通新材料、星瑞包材、华泰粘胶剂、鞍钢钢材等上游厂商作为产业配套，同时建有物流、研发和检测等公共服务体系基础设施。应大力促进工业化与信息化融合，引进研发设计等高端服务机构，扶持企业之间创新联盟，鼓励开放式协同创新，以制造为基础，以创新为动力，重点推进智能化转型，建设白色家电创新集群。建议建立柏堰白色家电工业化与信息化“两融”示范区，进行两化融合专项奖补资助。

打造北城小电创新基地。合肥北城近邻主城区，是合肥北向发展的战略高地，各种成本相对主城区其他地方较低，近年来小家电产业迅速发展，形成了一定的产业基础。打造合肥（北城）小电创新基地，与柏堰科技园白色家电创新基地形成定位互补、错位发展，且空间布局是一北一南，遥相呼应，成为合肥全球家电基地建设的新增长极。建议国资委与产业园之间的展开合作，将荣事达品牌授予该产业园经营，以荣事达小家电产业园区为基础，通过产品、广告、形象、售后服务等方面加大品牌投入，推动园区与品牌的互动发展。对于其中发展速度较快的企业纳入百家高成长性企业培育工程进行支持。

(五)增强产业黏性，促进产业本土根植

完善优化产业本土配套。进一步提高产业本土配套的比例、质量和水平，既可吸引外来资本，也可提高产业黏性。传统配套主要指产品生产过程中零部件尤其是关键零部件，如激光电转化器、压缩机、电机、芯片、电控等，随着生产性服务业的专业化与产业化，后勤保障、仓储物流、咨询、商务、检测、租赁、策划甚至人才培训和劳动力市场等也成为其重要部分。一方面应促进本地配套企业的发展，另一方面应鼓励整机企业的本地配套。应充分利用产业引导基金引导社会资本投入家电配套行业发展，还可对主要大型整机企业确定本地配套率，超过这个比例的给予适当奖励。

引导本土民营企业发展。合肥家电本地基础主要是国有企业，通过外资兼并重组和民营企业内陆转移获得较快发展，但本地民营家电企业发展缓慢，资源整合过程中主要也是以外部资源为主导。由于家电产业链较长，配套产品或服务较多，比较适宜于民营企业发展，因此，应引导本省尤其是合肥周边地区民资进入家电产业，通过家电产业全周期与链条全过程的本地化，能够保持对产业周期的敏锐性，及时整合产业资源，促进它们通过并购重组发展壮大，不断培育家电产业的本地基础。应充分利用创业投资引导基金政策，引导社会资本用于民营家电配套，促进这些企业的创业与成长；积极推进“百万中小企业助力计划——翔计划”工程，尤其要推进中校民营企业进入家电产业发展。

加大家电区域集群营销①。建议以合肥为中心，对家电产业采用复合品牌模式，进行区域集群营销，鼓励以“合肥 + 品牌”或“合芜滁 + 品牌”作为复合品牌的基本模式，在此基础上，突出相应的产品和企业两个元素，深耕品牌在合肥本土周围的成长基础。本土根植性是区域集群营销的目标，而增强品牌复合性是增强本土黏性促进产业根植的重要手段。应大力培育荣事达和美菱等本土品牌，在增强外来品牌本土化黏性基础上，积极引进国际一线品牌，通过对这些区域营销行为制定具体考核任务和考核措施，根据复合品牌营销考核结果给予奖补支持，由于这对全市经济具有重大的拉动作用，也可采取“一企一议”或“一事一议”办法给予政策支持。

(六)发展总部经济，建设全球产业基地

支持企业总部建设发展。目前惠而浦正在建设中国总部，合肥应帮助惠而浦中国总部在本地落户建设，确定专门联络机构或人员，提供全天候服务。加快荣事达品牌与北城小家电产业园互动，推进荣事达总部发展壮大，同时，研发设计方面引进产业发展基金，营销方面支持其建设营销网点。加快志邦总部建设，当前仍要扩大总量，推进营销网络建设，力求在制造基地基础上扩大总部经济。支持万和总部建设，目前主要是扩大品种和产

① 集群营销（Cluster Marketing）顾名思义是集合众多产品的营销。主体主要是产业集群以及利益相关者，并需要政府、公共和私人机构、相关利益团体的积极支持；目标顾客是居民、旅游者、投资者、企业、外国市场、政府和各类协会等；目的是提升集群的竞争力，保持竞争优势、改善企业的营销绩效。

量，建设华东制造和销售总部。对总部建设进行奖补，可采取一事一议的方式确定支持方式。

探索总部经济建设新模式。合肥拥有良好配套和巨大市场空间，是国内外知名企业进入中国核心市场的切入点，合肥应充分利用本地科技市场交通区位等有利条件和中国巨大的市场空间，尽快制定制造总部、研发总部、营销总部或者华东总部、中国总部等相关政策。虽然一些大型外资家电企业已进入我国，但尚有大量小家电企业还没有进入，这些是合肥今后工作的重点。对于已进入合肥的大型企业，可针对新的品牌建立总部经济（如格力晶弘总部），这是合肥利用制造优势并能被对方普遍接受的总部经济新模式，需要进一步探索。对于新品牌总部给予事后奖补投入，并根据对合肥家电产业及税收贡献，以及目标设定和考核结果，对奖补投入规模进行动态调整。

建设全球家电集散中心。充分利用家电制造优势，在现有基础上扩充家电博览会功能，将家电博览功能固定化、永久化、专业化和网络化，通过拓展功能，形成全天候家电博览展销、看样订货、交流交易、贸易洽谈、展示展评、样品陈列为一体的全球家电集散中心。在此基础上，改进生产系统和物流服务，提升本地成本优势、市场优势、融资优势和创新优势，促进本地企业集群内部分工与合作，提高本地产业领导力，把合肥打造成为全球家电产业集散与制造互动发展的中心城市。对于家电博览会可采取市场化，同时政府采取“债转补”办法，预拨专项资金，约定绩效目标，根据考核结果确定补助金额甚至全部转为财政补助；同时，对于博览会配套项目可采取创业引导基金进行支持。会展中心永久化，将大大促进功能完善，其奖补标准不能仅按面积或展位计算，还要按照时间进行计算。

（七）主导区域联动，建设世界级产业群

家电产业是长江经济带着力打造五大世界级集群之一，合肥应在其中起到主导作用。紧紧抓住合肥长三角城市群副中心建设的战略机遇，逐步从合芜滁家电产业集群到长江经济带家电产业集群，并以此为基础打造世界级产业集群。首先，合肥应联袂本省的芜湖和滁州两地，建立区域联动关系，积累产业合作经验，其次，将区域联动扩大到苏南和杭甬直至长江中游和成渝地区，建成长江经济带家电产业集群，在此基础上，展开与以青岛为中心的胶东半岛和以顺德为中心的粤西南家电产业的合作竞争，建设全国乃至世界级家电产业集群。应推动安徽省或合芜滁建立家电产业联合发展基金，为未来建立长江经济带家电产业世界级产业集群发展基金提供经验。

首先，以合芜滁作为战略支点。合肥、芜湖和滁州在全国家电产业格局中都有一定地位，合肥其明显优势尽管在近年来取得迅猛发展，但仍要重视与芜湖和滁州之间产业协作，并成为合芜滁家电金三角战略联动的核心。在大家电产业中，未来合肥传统产品以及低层次环节应向芜湖和滁州转移，以腾挪空间促进制造精细化和智能化发展，同时加快家电研发、品牌营销和高端制造环节。在小家电产业中，全世界有3000多个品类，而我国只有1300多个品类，三地之间应进行分工布局和价值链互补。另外，合肥还应引导金三角内黑白小米家电产业融合跨界发展。安徽省或合芜滁应为搬迁或新建家电企业提供

资助。

其次，是联合长江沿岸产业力量。一是联合杭甬和苏南地区。苏南家电传统上具有一定基础，但主要集中在大家电方面，最近几年并不理想，应加快促成苏南产业转移；杭甬地区小家电具有较强基础，但其经营成本较高，合肥应与其进行产业合作。二是长江中游。这里市场巨大，也有不少制造型企业，但领头品牌型企业较少，未来应加强区域之间市场和制造合作。三是成渝地区。这里具有较强产业基础，合肥美菱与长虹也展开了深入合作，但合肥与该区域其他企业合作不多，特别是重庆具有较多产业资源，但并没有特别重要品牌，应关注该地区产业整合动态。除了建立产业基金外，还应建立长江经济带家电产业协会，设立区域协调机构。

最后，是与粤西南和胶东竞争合作。以青岛为中心的胶东地区，拥有海尔、海信和澳柯玛等一流品牌，企业规模大，培育大批知名企业家，但合肥科技资源具有优势，经营成本也比较低，过去曾经合作建设合肥海大产业园区，但合肥从中获益不多，应加强合作层次，共建研发设计机构。以顺德为中心的粤西南地区，正在形成珠海、佛山、东莞、中山、茂名和湛江等家电产业联动格局，但该地市场成熟，知名企业大都已落户合肥，合肥及其周边具有广阔的市场，可与其建立品牌营销机构。鼓励建立跨区域产业联动或产学研合作机构，并为其提供奖补资助。

（八）借助“一带一路”，带领我国家电“走出去”

合肥家电产业在建设全球家电基地和世界级产业集群过程中不断发展壮大，应在进一步集聚资源和增强活力基础上，发挥引领扩散功能，带领我国家电产业走出去。“一带一路”沿线有 40 多亿人口，将来还会有越来越多的经济体参与其中。从目前情况来看，约半数以上人口消费水平低于我国 5 年前城市居民平均水平，而且其中绝大部分家电产业发展水平都非常低，为我国家电产业提供了巨大市场和投资领域。对首次在国外建立研发、销售和制造机构的，建议按照规模给予“债转补”支持。

当前合肥应加大家电产品外销区域，尤其是传统家电在我国市场相对过剩情况下，实施出口多元化战略。加大家电产品外销力度，在巩固欧美等传统国际市场的同时，积极开拓中东、西亚、俄罗斯、东欧、非洲、东南亚等新兴市场，目前这些地区家电产品渗透率还比较低，市场有很大的拓展空间。充分利用合新欧班列促进合肥对接“一带一路”的有利条件，首先从合肥产量相对较大的白色家电做起，打开沿线相关地区的家电产品市场，同时积极发展跨境电子商务，促进我国家电产品输出。对于出口规模较大的企业给予运输等费用补贴。

将来合肥要利用上述多数地区存在的劳动力和资源成本较低以及市场空间优势，择机进行产能转移。尤其是传统家电制造，普通加工环节技术要求低，增加值也比较有限，可让这些环节转移出去。小家电由于主要用于家庭或个人生活，本地化或个性化要求比较高，可在沿线地区建立整机装配中心，以更好地满足当地家庭或居民需要。同时，应加强对这些地区家电研发设计、生产制造、物流营销和品牌培育等方面的研究，尤其是他们的消费偏好、消费政策和经济文化发展状况，支持骨干企业通过多种方式“走出去”，在有条件的地方，建设海外工业园区和经贸合作区以及家电贸易中心，而对于产业转移的给予搬迁费用资助。

（九）完善体制机制，加强产业发展保障

加强对家电产业发展的组织引导。根据合肥家电产业不同发展阶段及其特点，分析存在的主要问题，及时重新制定或编修“家电产业发展规划”，并根据合肥家电在全国地位变化重新定位其发展战略，当前，就是要着眼于全国家电产业的领导者地位来规划合肥家电产业发展，确定其发展路径，制定产业发展政策。必须从产品结构优化和价值链构造提升的根本要求出发，围绕增强内在动力，加快科技体制改革，积极组织招商引资，健全区域营销体系，加强产业品牌建设，提供良好服务，加强家电产业信息发布，引导民营经济健康发展，发展家电产业总部经济，形成具有国际影响的全球家电基地和世界级产业集群。

加快科技体制改革促进产业创新。合肥科技教育素有优势，但研发创新潜力没有得到体现，其关键问题在于体制机制和政策激励。应鼓励企业、科研院所和高等学校开放式协同创新（如人才政策），鼓励科技人员进行知识和技术转移（如股权政策），鼓励各种主体尤其是企业技术创新和设备更新（如设备购置税收抵免或补贴），还要鼓励跨区域的政府、企业和科研院所和高等学校之间的合作，以具有自主知识产权成果开发和应用为核心，推动各种形式合作，为合肥家电产业转型发展提供科技支撑。

营造有利于家电发展的良好环境。优化整合从研发设计到售前售后、物流仓储、出口报关和废旧家电回收等全产业链服务，建立家电产业专业数据库、专业人才信息库和投融资服务网络，开展专业技术服务，实现设备仪器共享，资源信息共享。进一步发挥家电行业协会作用，密切关注宏观经济形势变化和家电产业政策，研究监测产业经济运行态势，及时了解家电整机和配套件企业生产经营状况，定期到重点家电企业调研服务，统筹有关扶持产业发展的政策措施，协调解决企业发展面临的困难和问题。

建立政府与相关单位的沟通渠道。重点强化与外来品牌企业之间日常联系制度，沟通家电发展远景，凝聚产业发展力量。同时，要建立与尚未落户合肥但有产业转移或并购重组意向企业之间联络沟通关系。加强与合肥家电产业合作有关单位的联系沟通，尤其是参与产业园区、共性平台、产业价值链建设的相关单位。加强与教育部门或大中院校合作，根据产业发展需要设立相关专业和学科，推动家电产业价值链、全周期和多层次人才的培养和储备。加快与认证机构合作，推动技术标准和组织制度的完善，促进产业持续健康发展。支持家电企业上市和在新三板、区域性场外市场挂牌，强化上市后备企业培育，并分阶段享受政策支持。

附件一　合肥、青岛、顺德和慈溪四大家电产业基地比较

（一）四大家电基地比较

我国已形成了青岛、顺德、慈溪、合肥四大特色鲜明的家电产业基地，对中国家电产业的发展将产生深远的影响。青岛、顺德、慈溪三大产业群分别为国有经济主导型、乡镇集体经济主导型和民营经济主导型，不同的所有制属性深刻地影响了产业的成长路径和绩效，形成了不同的产业特色和竞争力。合肥紧紧抓住了沿海产业向中西部产业转移这一机遇，通过积极承接产业转移，带动了本地企业和外来企业的共同发展，实现了合肥家电产业的跨越式增长，但同时也不可避免地暴露出诸多隐患。附表1从多个维度对四大家电产业基地进行了综合比较。

附表1　我国四大家电产业基地比较

基地 比较项	青岛	顺德	慈溪	合肥
研发能力	强	一般	一般	一般
品牌建设能力	品牌影响力最强（海尔、海信）	品牌影响力提升迅速（格力、美的）	小家电品牌较强（奥克斯、方太）	以国内品牌居多，缺少国际一线品牌（美菱、荣事达）
资金筹集能力	中小企业融资能力强，融资渠道比较畅通，但渠道单一	中小企业融资能力较弱，但融资渠道多样，善于利用资本运作	中小企业融资能力较弱，融资渠道多样	中小企业融资能力较弱，融资渠道单一
企业管理能力	引入现代企业管理制度，中小企业间竞争良好	引入现代企业管理制度，中小企业间存在恶性竞争	家族式管理，中小企业间存在恶性竞争	引入现代企业管理制度，多种经济成分企业共同发展
竞争能力	自由品牌在国际市场上有一定知名度，在国内高中低端市场都有稳定的客户群	自由品牌在国际市场上有一定知名度，在国内高中低端市场都有稳定的客户群	小家电的出口规模上有优势，但缺乏自由品牌，国内主要占据中低端市场	家电出口规模很大，但缺乏知名品牌，国内主要占据中低端市场，但制造能力很强
自主创新能力	创新能力很强，拥有核心技术	创新能力较强，拥有核心技术	创新能力很弱，缺乏核心技术	创新能力较弱，缺乏核心技术
产业链	正在逐步扩大和完善	产业链极为完善	较为完整，但缺少部分关键部件生产能力	较为完整，但配套企业发展较慢

续表

基地 比较项	青岛	顺德	慈溪	合肥
发展模式	“抓大放小”政策的推动，跨地域资本运营	以民营中小企业企业为主，内源型增长特征明显	灵活的市场应变机制，发达的产业配套网络	政府扶持与承接产业转移，已成为全国最大的家电制造基地
价值链	逐步占据全球价值链中高端，国内价值链处于高端	向全球价值链中端攀升，国内价值链处于中高端	在全球价值链处于低端，国内价值链处于中低端	在全球价值链处于低端，向国内价值链中高端攀升

（二）合肥家电产业存在的问题

1. 要素成本上升，企业产量下降

受原材料价格上涨和劳动力、土地成本上升的影响，合肥家电产业面临着较大的成本压力，削减本就微薄的利润。同时，国家家电产业刺激性政策的退出和家电需求的趋于饱和，使得合肥家电企业产量同比下降和库存增加，2014 年海尔空调、洗衣机和电冰箱的产量同比下降近 20%、荣事达三洋电冰箱、微波炉和洗衣机的产量同比下降 15%，美的电冰箱、洗衣机的产量同比下降 12%。另外，由于家电产业与房地产业相关联度较高，房地产市场的不景气，也进一步加剧了家电产量的减少。

2. 家电企业本地化少，自主创新能力不足

目前，受益于产业转移，各大家电企业均在合肥投资建厂，带动了合肥家电产业的发展，但像合肥格力、美的、海尔等家电企业总部都设在外地，在合肥市仅为制造基地，销售和研发中心均不在合肥。近年来，合肥家电产业创新能力不断提高，取得了一定的进步。但是合肥较强的研发能力没能带动自主创新能力的提高，家电企业与高校和科研机构合作并不深入；家电企业与其他企业，如客户、供应商、竞争对手间较少进行合作技术创新。同时，产业关键技术、共性技术尚未取得实质性的突破；研发、工业设计等服务产业、科技创新中介机构发展相对滞后。另外，当前企业利润出现下滑，势必影响部分企业的创新投入，降低企业的自主创新能力。

3. 产品附加值低，家电品种不全

企业自主创新能力较弱、缺乏核心技术的直接影响就是合肥家电产品附加值低、利润率低、市场竞争力不强、新产品的研发、设计和制造水平相对较低。目前，合肥市家电企业生产的冰箱、洗衣机等大多数为低端产品，主要销往三、四级市场。从合肥家电产业结构来看，主要表现为白色家电强，黑色家电弱；大家电强，小家电弱。需要进一步丰富黑色家电和小家电产品种类，优化白色家电和大家电产品结构。从家电产业链来看，相关支

持性产业发展并不协调，产业链条尚不完善，产业链上游的配套原材料供应企业、工业设计和创意企业较少，产业链下游的大型物流企业，网络营销服务业发展滞后。从传统和新兴家电产品看，在稳定传统家电产品基础上，要进一步促进高端家电制造业和服务业的融合，推动智能、绿色家电产品的研发、生产和销售。

4. 品牌知名度不高，国际化进程落后

合肥家电企业仍是以国内品牌居多，缺少如三星、索尼等国际一线品牌企业，由于中高端产品较少，本地自主品牌建设缓慢，服务水平相对落后，企业品牌形象不显。相比青岛、顺德，合肥家电产业国际化进程远远落后，一是海外投资、并购较少，没有制定出行之有效的国际化发展战略；二是国际影响力低，由于企业自主创新能力不高，国际竞争力较低，仅靠现有产品难以形成有影响力的品牌；三是合肥家电企业出口规模较大，但处于价值链低端，未能实现价值链攀升，尚未形成集研发、生产、销售和营销于一体的综合体系。

附件二　惠而浦与伊莱克斯价值链战略及其启示

以白电产业中的两大海外巨头惠而浦和伊莱克斯为例，可以发现，近年来惠而浦明显的是向价值链前端转移，而伊莱克斯是更明确地“去制造”并向后端转移。惠而浦选择加强研发，向微笑曲线前端转移。而伊莱克斯更多的是去制造、加强品牌投入，向微笑曲线后端进发。

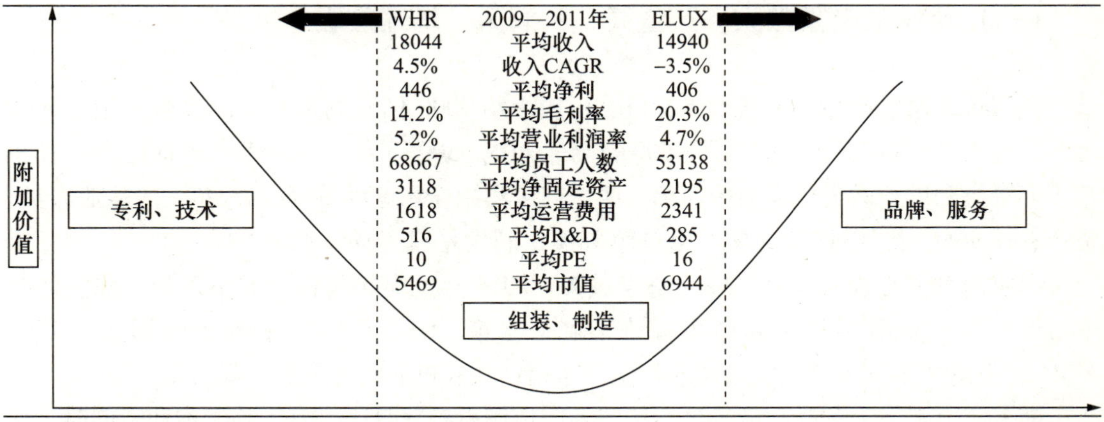

附图 1　惠而浦与伊莱克斯不同战略方向的不同表现

两家公司在选择战略转移的时点以及方向上有所不同：①伊莱克斯的员工人数、净固定资产从远高于惠而浦下降为比后者少，R&D 费用增速、绝对值和占收入比例也明显小于惠而浦。这可能表明，伊莱克斯更早也更大力度地在“去制造化”，甚至部分“去研发化”。②伊莱克斯毛利率明显高于惠而浦，但是二者营业利润率差别不大，这可能是来自于两家公司在成本端和费用端做出不同选择：伊莱克斯在低成本区域OEM/ODM的布局更快且比例更高，因此平均成本会明显低于惠而浦。但由于低成本区域的生产工艺较差，且使用较多替代材料，伊莱克斯产品的平均质量和能效可能较低，因此需要在费用端增加品牌宣传力度以及售后修理维护等费用。

公司不同的战略选择可能来自经营目标及对自身核心竞争力的判断不同：在经营目标方面，惠而浦是规模而伊莱克斯更看重营业利润率；在自身核心竞争力方面，惠而浦觉得是自己的质量，即制造和研发优势，而伊莱克斯觉得是自己的品牌服务。伊莱克斯立志成为在股东、客户和员工眼中全球最好的家电公司，并认为在一个市场（或产品）盈利之前，增速绝对不是优先考虑的以及营业利润率第一，然后才是增长；而惠而浦则立志成为满足全球任何角落任何家庭需要的家电公司；自身核心竞争力方面，伊莱克斯放在第一位的是产品与服务，并特别明确强调拥有全市场最好的服务体系；惠而浦放在第一位的是全球第一的份额和专业程度，强调最好的质量。

对于合肥家电产业转型升级而言，从上述两家厂商不同的战略决策中可以得到这样的经验：企业不同选择的背后是企业经营目标的差异，也就是来自管理层对于自身核心竞争力的不同判断。合肥家电产业要准确把握自身和行业的核心竞争力，勇于创新，走出一条属于自身的独特道路，才能迎难直上，占据全球价值链的高端地位。

附件三 打造合肥（北城）小家电产业基地

（一）传统家电基数大，产量高，利润薄，增速放缓

我国传统家电产品产量居世界首位，已成为约9000亿元成熟产业，冰箱（柜）6000万台，洗衣机5000万台，空调器4500万台，彩电9500万台，主要集中于珠三角、长三角、环渤海和以安徽为代表的中西部。四个产区集中全国93%的企业，96%的从业人员，资产总计96%，销售收入96%，出口额98%，利税总额97%，利润98%。

国家信息中心数据显示，24个重点城市，2014年家电销售情况并不理想，除空调器增长外，其他产品零售量和销售额均下降，冰箱、洗衣机零售量降幅分别为5.1%、3.3%。与前几年刺激政策实施时期相比，冰箱、洗衣机的销售明显下降。

随着家电下乡等刺激政策推出，传统家电市场占有率急剧上升，趋于饱和。同时，房地产行业发展放缓，居民大家电采购需求降低，而且随着市场饱和度的提高，传统家电增长的空间十分有限，产品销售利润率也逐渐下滑。

（二）小家电占比较小，增速快，利润高，专业化强

小家电定位于提高人们生活品质，产品类别广，涉及家庭生活方方面面，呈现出产品多样化、潮流化、个性化的特点。随着中国居民生活水平的提高，生活类家电的拥有率已成为衡量现代家庭生活水平高低的准绳。

2013 年，中国小家电全国销售额 1144 亿元，较 2012 年全年同比增长近 13%。数据显示，近 3 年来，中国小家电市场连年持续两位数增长，市场对小家电产品需求始终维持在良性的、稳定的水平上，整体增长态势稳健。

尽管小家电销售额只占到家电总销售额的 10% 左右，但其增长速度极快，而且利润却几乎是大家电的 1 倍以上，部分技术含量高、设计新颖的产品利润率甚至可以达到传统家电的 5 倍以上。例如智能马桶，日韩普及率高达 95%，而中国普及率不到 1%，未来 5 年，国内市场容量保守估计 3500 亿以上。

（三）合肥（北城）小家电基地建设优势

小家电产业基础好。以荣事达第六工业园为代表，60 余家小家电企业集聚，100 多家配套企业入驻，规模效益初步显现。北城发展小家电具备产业基础、科研基础、营销网络等已有优势，在全国小家电市场占有一定份额。

具有一定科技实力。合肥市工程技术研究中心（国家级、省级、市级）260 家，北城有 45 家，占 17%。拥有国家级高新技术企业、国家级企业技术中心、国家行业标准起草单位、省级工程技术研究中心、中国驰名商标、安徽省名牌产品等家电类企业达到几十家。

资源优势提供后劲。随着城区扩建，劳动力资源充足，局部商务成本低廉；道路交通、供水管道、电气热能等基础设施与合肥市区相互衔接、融为一体，已经逐渐成为产业积聚、商贾云集的热土。

（四）合肥（北城）小家电基地建设措施

着力错位发展。将北城打造成合肥小家电制造基地，与肥西柏堰科技园家电聚集区重点发展大家电产业形成定位互补、错位发展，且空间布局是一北一南，遥相呼应，成为合肥“家电之都”建设的新的增长极。

做好长远规划。结合北城总体建设规划、产业布局进行统筹考虑。在新兴小家电板块特别是代表未来发展方向的“物联网”产业迅速增长的大环境下，重点拓展如健康护理、新能源、空净设备、集成厨卫等家电细分市场是重中之重。

荣事达产业园区建设，近年来表现了强劲势头。现在有荣事达太阳能、空气能、电子电器、小家电、水工业等 13 家荣事达企业。荣事达园区已经累计投资 25 亿元，全国布局统一标识的一级销售网点 1.4 万家，统一标识服务车辆 13000 辆，年销售产品 3000 多万

件，解决直接就业岗位 12000 多人。

万和落户北城，具有很强的示范效应。万和是国内 A 股上市公司，已发展成为国内热水器、厨房电器、热水系统领先品牌，在合肥等地拥有七大生产制造基地，年产能超过 1500 万台。合肥万和电气有限公司于 2013 年落户北城，一期建设投产后，年销售收入达到 62500 万元。

附件四　家电本土品牌与工业园区互动

（一）合肥家电业以外来品牌居多

合肥是国内家电品牌最为集中的地区，国内外众多知名家电企业和配套企业 500 余家，拥有 4 个国际品牌、10 个国家级名牌产品。目前拥有外地品牌海尔、格力、惠而浦、美的、长虹、TCL、华凌、三洋、万和等。自有品牌荣事达、美菱、尊贵、欧力、志邦、格美等。在合肥家电的配套产业链中，有美芝、万宝、宝兰格、科德隆、日上电器、港利、凌达、京东方、鑫昊、彩虹、乐凯等著名配套企业。

（二）荣事达品牌建设中荣耀与困境

荣事达集团拥有“中国名牌”和“中国驰名商标”——“荣事达——Royalstar”。在 2005 年国家统计局公布的 1000 家最大的中国工业企业名单中，荣事达列电器行业榜第 34 位。2006 年经中国品牌研究院权威评估“荣事达”品牌价值是 26. 114 亿元，位居中国最具价值商标排行榜第 54 位，名列中国白色家电行业的前茅。2007 年被商务部授予“最具市场竞争力品牌”、列“全国重点保护品牌”榜首，是亚洲家电 20 强品牌之一。

作为中国家电自主品牌杰出代表，荣事达见证了中国家电业的变迁与发展，荣事达人始终牢记并坚决执行独具企业特色的“新和商”经营理念（诚信为本、开放兼容、和谐发展、共创共赢）、“零缺陷”管理理念（“零缺陷”决策、“零缺陷”生产、“零缺陷”供应、“零缺陷”服务、“零缺陷”人才管理、“零缺陷”执行）、“红地毯”服务理念（“三大纪律”、“八项注意”）。

荣事达集团改制后，3 家合资公司被完全剥离，19 家下属企业也通过挂牌转让方式实现了民营化。荣事达冰箱、洗衣机业务被美的收购，被改制后的荣事达集团已经被完全架空，支撑品牌成长和发展的核心资产已经被完全剥离。一方面，失去核心资产的荣事达品牌已经没有了可以依托的躯体；另一方面，民营化的荣事达企业借助荣事达品牌价值效应各自经营，也试图借助荣事达的品牌影响力挣得一杯羹。即使被美的收购的荣事达冰洗业务也被明显矮化。

（三）荣事达品牌建设措施

与实体对接是品牌建设的前提。荣事达品牌所有权目前在合肥市国资委。我们建议根据不同产品，将其经营权授予相关企业。例如，荣事达小家电品牌可授予荣事达工业园。合肥荣事达工业园年产值在 50 亿元以上，销售终端 3 万多个，对荣事达品牌每年广告投放费用约 4 亿元。这样既有利于荣事达品牌价值增值，也有利于小家电产业园区建设。

建立品牌建设相关激励措施。品牌资产价值主要包括产品维度、广告维度、形象维度、售后服务维度和企业文化维度。监理产品、形象和服务保证金，通过产品研发、产品质量、新产品数量、产品消费投诉、产品形象和服务瑕疵等多少决定是否返还、返还多少。还可以通过产品广告和企业文化建设进行扶持。对产品销量等进行补贴。

由国资委监管品牌运营。国资委作为品牌所有者（代表政府），应对品牌营运承担责任，当品牌被授予产业园运营后，尽管产业园要承担授权契约中所要承担的责任，国资委责任也不可推卸。在此案例中，国资委委加强对品牌管理，应派专人监督产业园，防止产业园等侵害品牌所有人利益。

品牌与产业园良性互动。特别是在合肥本土知名品牌比较少的情况下，如果荣事达按照本例进行运营，既能够促使荣事达品牌增值，也能够加快产业园区发展，而且产业园主要经营小家电，因而也会促使合肥家电产业发展。

附件五　白黑小米家电产业融合与跨界发展

（一）白黑小米家电之间功能上的区别差异

白色家电指可以减轻人们的劳动强度（如洗衣机、部分厨房电器等）、改善生活环境以及提高物质生活水平（如空调器、电冰箱等）的产品；黑色家电可提供娱乐、休闲，主要包括电视机、录像机、音响、VCD、DVD 等；米色家电指电脑等信息产品。小家电指的是电磁炉、电热水壶、风扇等家电产品。

白色家电到现在来看也并不都是白色的，只是早起使用的看起来不那么突兀的那些家电产品才叫作白色家电。实际上，现在家电产品分类已经在很大程度上都不按照其固有的颜色了，很多种家电产品都已经多彩多姿了。

从上述产品功能来看，白色家电只能改变人们的物质生活，而黑色家电可以改变人们的精神生活，小家电可以提高人们的家庭或个性化的生活品质，米色家电则能够提供信息处理服务或工作生活便捷。各自所提供的产品或服务适应了人们越来越高层次的需求，因而也越来越具有发展前景。

（二）白黑小米家电之间原理上的趋同融合

而白电更多的是通过电机将电能转换为热能、动能进行工作的，与小家电具有共性，例如催风机就是将电能转化为热能和动能，剃须刀则主要由电能转化为动能；黑电主要通过电子元器件、电路板和光电等技术进行工作，与米色家电具有共性，例如电脑就是由多块电路板和元器件组成的。

而且小白家电与黑米家电也有融合趋势。黑白家电有融合之势，例如在电冰箱上装电视机或放像机或显示屏；米色家电与小家电同样如此，例如 POS 机就是小家电与米色家电的结合体。

其实，它们两两之间都是有共同之处。不同品种家电之间颜色已经模糊了，而且不同品种家电之间的原理则是相通了。

（三）家电与其他行业也有跨界趋势

互联网 + 现在都非常流行了，向智能穿戴发展，如 APPL Ewatch 和 Google 眼镜等，逐步向时尚界渗透。远程医疗和 O2O 等向医药和商业渗透。这些都是比较明显的。互联网巨头 Google 刚推出了 3 款智能型家用产品：智能烟雾探测器、智能门访（门铃）、智能摄像头都是人们需求较强的产品，也是跨界产品。

特别是智能马桶产品，日韩普及率高达 95%，而中国普及率不到 1%，未来 5 年，国内市场容量保守估计 3500 亿以上。它不算是简单的家电产品，它也不是单纯的电器产品。但它目前归类于建筑产品，这是家电产业跨界发展的典型案例。这种产品销量大、利润率高，而且还需要一定的设计能力。

（四）适应产业融合跨界发展的主要措施

掌握关键共性技术及核心配件。白家电和小家电主要是压缩机和电机，用于电能向热能和动能的转换。黑色家电和米色家电主要是电路板和显示设备，用于光电信号转换。由于白黑小米家电产品已经趋于融合，因而关键共性技术及核心配件会越来越多。

加强产业集聚促进融合发展。不但家电产业不同种类产品之间要加强融合，甚至不同产业之间也要加强融合，因此，各种相关产业要提供跨界的条件，家电产业不同种类产品之间更要加强融合。不同产业之间集聚提高了产业融合跨界的概率。

相关产业主管部门要加强合作。如上所说的智能马桶在我国属于建筑材料，因此，建材主管部门要制定相应的标准，但智能马桶在我国又大多是家电企业生产，家电企业怎样参与标准制定等问题也要处理好。在日本韩国，智能马桶在 1997 年之前并不为人所熟知，但日本和韩国旅游部门先后制定了星级饭店标准，马桶也作为三星级饭店必备条件之一，这里面也涉及产业合作问题。

合肥楼宇经济发展研究

课题负责人：

韩建雨副教授，合肥区域经济与城市发展研究院研究员

课题组成员：

彭虹、张恒、刘杨含研究生

楼宇经济在我国始于20世纪90年代，是经济学界提出的一种复合概念。楼宇经济的发展实践首先发端于深圳和上海，随后出现在沿海一些经济发达城市（宁波、天津等），目前这种发展理念已日益普遍被多数地方政府所接受，并多以区为单位大力推进实施。合肥市楼宇经济以区为单位“野蛮生长”，目前已初具规模，并渐趋成为区域经济发展的重要支柱，但在我国经济已进入增长动力重构和发展方式转换的新常态背景下，合肥要在全国区域发展战略新棋局中谋求更大发展，必须大力发展楼宇经济，必须立足全市统筹谋划和高瞻远瞩思考问题。

本研究报告在深入实地调研和部门访谈的基础上，首先明晰了楼宇经济的概念内涵，在前瞻宏观形势变化的前提下指出了合肥发展楼宇经济的重要意义，在深入剖析我市楼宇经济发展现状和凸显问题后，提出了我市发展楼宇经济需要重点把握的四个问题，在此认识下，从组织领导、规划引导等方面提出有针对性的对策建议，供决策参考。

一、楼宇经济概念

（一）楼宇经济内涵

楼宇经济是我国城市经济发展中涌现的一种新型经济形态。它是以商务楼、功能性板块和区域性设施为主要载体，以开发、出租楼宇引进各种企业，从而引进税源，带动区域经济发展为目的，以体现集约型、高密度为特点的一种经济形态。更细化的一种提法为：楼宇经济是指利用城区新开发楼盘和闲置用房，以商务楼、写字楼、科研楼宇、标准厂

房、城市综合体、保护建筑和农居 SOHO 等（不包括行政、事业单位自用房、宾馆、专业市场、医院、学校等建筑）为载体，通过出租、售卖、合作等形式，招商引进现代服务企业和都市型工业，从而培植新税源和新的经济增长点，促进城市经济发展的经济活动。

本质上来说，楼宇经济是一种服务型经济和创意型产业，是顺应经济发展趋势知识和经济更趋紧密结合的产业，楼宇经济一般不需要较大的工业用地，更是一种向都市的空间和高度要效益的集约型经济形态。

（二）楼宇经济主要特点

1. 生产要素在空间上高度密集

楼宇经济最重要的特征即是其高度密集性，知识、信息、资金等众多生产要素在一定空间内的高度富集，很容易产生其他经济形态难以比拟的外部经济优势。如上海静安区的中信泰富、恒隆广场和梅隆镇广场被誉为南京西路的“金三角”，该区域集中了欧莱雅、百仕福、雪佛兰、辉瑞、阿托菲纳、耐克森、毕马威、网景、吉宝等众多国际知名品牌的地区总部或研发中心。土地资源稀缺匮乏，摩天建筑的高度和密度随着地价的上涨而不断增长，当今世界大中城市共同面对的这一普遍性问题是催生楼宇经济这种新型业态的内在土壤。

2. 楼宇对周边商圈的辐射带动作用较强

楼宇的发展与信息、科技、服务贸易等第三产业关联度很高，楼宇经济的发展壮大需要大量的相关产业“烘托”，同时楼宇也会将不断汇集的人流、资金流、信息资源等扩散至周边的金融、旅游、餐饮、健身、休闲、购物和各类中介组织等相关产业，从而带动整个商业板块迅速发展。这一特点也是各级政府大力推动楼宇经济发展的重要原因。

3. 入驻楼宇商家呈现高度流动性

国内外众多城市发展楼宇经济的经验表明，入驻楼宇的经济组织及其雇佣员工流动性非常快（企业入驻楼宇的平均时间不足 3 年），这与楼宇经济发展依托的产业形态（现代服务企业和都市型工业）有较大关系，如现代服务业包括诸如金融业、咨询业、广告策划、影视制作、网络公司、律师事务所、会计事务所、咨询中介公司、高科技企业、娱乐服务企业、房地产开发企业、旅游服务企业、交通通信企业等众多业态，这些业态很容易受到国内经济和世界经济环境和发展趋势的影响。这一特征提示我们：一方面，楼宇经济招商并非一劳永逸；另一方面，建设楼宇经济信息数据库和动态监测机制非常有必要。

二、宏观形势前瞻与合肥发展楼宇经济的重要意义

（一）国内经济处于转换期和衔接期，区域经济发展需要培育新的经济增长点

目前，世界经济处于缓慢复苏和格局重塑的新时期，主要经济体走势呈现分化，我国经济进入增长动力重构和发展方式转换的新常态，下行压力持续加大，多重困难和挑战相互交织。为保持经济稳定增长，我国政府继续创新宏观调控思路和方式，实行定向调控，向促改革要动力，向调结构要助力，明确提出要培育和催生经济社会发展新动力，加快实施创新驱动发展战略，改造传统引擎，打造新引擎。合肥发展的外部环境和条件已然发生深刻变化，但仍然处于大有可为的黄金发展期，培育新的区域经济增长点，大力发展现代服务业，突出发展工业设计等新型服务业态，推动楼宇经济与现代服务业和都市工业互促发展已成为合肥市在“十三五”时期甚至更长阶段保持经济中高速增长的必然选择。

（二）合肥在全国区域发展新棋局中的战略地位更加凸显，一系列战略部署的顺利实施需要楼宇经济发展助力

依托黄金水道推动长江经济带发展，打造中国经济新支撑带，是党中央、国务院审时度势，谋划中国经济新棋局作出的既利当前又惠长远的重大战略决策。《国务院关于依托黄金水道推动长江经济带发展的指导意见》（国发〔2014〕39 号）明确把合肥定位为长三角世界级城市群副中心和全国性综合交通枢纽，首次要求合肥提升都市区国际化水平、建设全国内陆经济开放高地。2015 年 3 月 28 日，国家发展改革委、外交部、商务部联合发布《推动共建丝绸之路经济带和 21 世纪海上丝绸之路的愿景与行动》，作为国家“一带一路”顶层设计的战略设想，其中提出，“打造重庆西部开发开放重要支撑和成都、郑州、武汉、长沙、南昌、合肥等内陆开放型经济高地。”这意味着，合肥已成为“一带一路”国际战略和长江经济带国家战略双覆盖区域。而这些国家重要战略部署的实施和合肥能否抓住这些历史难得的机遇实现跨越发展，最终跻身长三角世界级城市群副中心，建设成为全国内陆经济开放新高地，搭载现代服务业和都市工业的楼宇经济将成为重要的不可舍弃的助力源。

（三）推动现代服务业和新兴业态大发展成为共识，合肥发展楼宇经济恰逢其时

当前，国家坚持把经济结构战略性调整作为加快转变经济发展方式的主攻方向，明确提出把推动服务业发展作为产业结构优化升级的战略重点，把新兴产业和新兴业态打造为

竞争高地，要实施高端装备、信息网络、集成电路、新能源、新材料、生物医药、航空发动机、燃气轮机等重大项目，把一批新兴产业培育成主导产业。制定“互联网＋”行动计划，推动移动互联网、云计算、大数据、物联网等与现代制造业结合，促进电子商务、工业互联网和互联网金融健康发展。《合肥市现代服务业发展规划（2014～2020）》也提出坚持先进制造业和现代服务业“双轮驱动”，以建设服务业集聚区为突破口，实施服务业品牌化、集聚化、信息化和国际化战略，推动生产性服务业高端化发展、生活性服务业优质化发展、新兴服务业集聚化发展，加快打造全省高端服务业基地，努力建设长江经济带现代服务业高地，推动现代服务业全面、协调和可持续发展，为建设现代化新兴中心城市和区域性特大城市提供强大支撑。突出发展工业设计、检验检测、信息技术、科技成果转化、数字内容等新型服务业态，着力打造国家级高技术服务业基地。大力发展电子商务、跨境电子商务、移动电子商务、服务外包等。历史经验表明，现代服务业和新兴业态的兴起和楼宇经济的发展是相辅相成的，一部楼宇经济的发展史也是一部现代服务业等新兴产业不断壮大的历史，楼宇经济作为现代服务业和新兴业态的重要载体，合肥市要推动现代服务业和新兴业态大发展就必然要选择楼宇经济。

（四）世界科技革命和产业变革风云变幻，合肥在世界科技和全球制造领域占据有利位置需要寄望于插上都市型工业翅膀的楼宇经济快速腾飞

“工业4.0”战略由德国政府在2013年4月的汉诺威工业博览会上正式推出，其目的是提高德国工业的竞争力，在新一轮工业革命中占领先机。目前，世界已经普遍认为：“工业4.0”概念是以智能制造为主导的第四次工业革命或革命性的生产方法。在这种模式中，传统的行业界限将消失，并会产生各种新的活动领域和合作形式。创造新价值的过程正在发生改变，产业链分工将被重组。

鉴于世界科技革命和产业变革正孕育着新的重大突破，我国政府也适时提出要实施“中国制造2025”，坚持创新驱动、智能转型、强化基础、绿色发展，推动产业结构迈向中高端，加快从制造大国转向制造强国。促进工业化和信息化深度融合，开发利用网络化、数字化、智能化等技术，着力在一些关键领域抢占先机、取得突破。制造业是合肥市的优势产业，可以说“拥有的条件更好、基础更牢，面临的机遇更大、起点更高”，而与“中国制造2025”计划息息相关的都市型工业（一种与传统工业相联系的轻型的、微型的、环保的和低耗的新型工业，是指以大都市特有的信息流、物流、人才流、资金流和技术流等社会资源为依托，以产品设计、技术开发、加工制造、营销管理和技术服务为主体，以工业园区、工业小区、商用楼宇为活动载体，适宜在都市繁华地段和中心区域内生存和发展，增值快、就业广、适应强，有税收、有环保、有形象的现代工业体系）的重要载体即是楼宇经济。合肥要谋求世界级城市群副中心和全国内陆经济开放新高地，在未来风云变幻的世界科技革命和产业变革中占据有利位置，为“中国制造2025”计划添砖加瓦，不得不寄希望于插上都市型工业翅膀的楼宇经济快速腾飞。

三、合肥市楼宇经济发展现状与凸显问题

（一）合肥市楼宇经济发展现状

1. 楼宇经济发展初具规模，渐趋成为经济发展重要支柱

合肥市辖区内主要中心商务区楼宇经济发展已初具规模。蜀山区坐落有安徽国际金融中心、汇金大厦、之心城、松芝万象城、绿地蓝海国际大厦、蔚蓝商务港、新地中心、华邦ICC、港汇广场、华地金融中心、白天鹅国际商务中心、合肥天鹅湖万达广场、摩尔广场、电商园、加侨悦山国际等高档楼宇。瑶海区内聚集着中环国际大厦、蓝鲸国际、恒丰大厦、嘉华中心、宝文国际大厦、中房名都等各类楼宇42幢，总面积超150万平方米，其中超大型楼宇有铭座大厦、宝业东城广场、信地城市广场、中环国际大厦等十余座。截至2014年底，包河区建成、在建商务（商业）楼宇总面积约1002万平方米，其中已投入使用740万平方米，进驻企业包括麦当劳、肯德基、青岛啤酒等国内外500强企业区域总部23家，已有万达广场、滨湖世纪城、绿地赢海大厦等税收“亿元楼”9个，富广大厦、新能大厦、拓佳中心等“千万元楼”16个。受监管的36栋商务楼宇入驻企业总数增至3454家，且平均入驻率高达88.5%，注册率66.3%，重点楼宇年税收贡献率超过了1000元/平方米。截至2014年底，庐阳区共有各类楼宇167幢，其中5万平方米以上楼宇25幢，10万平方米以上楼宇11幢，楼宇商用面积共计631.5万平方米，入住楼宇企业7604家，聚集了包括西门子、中国移动、中国石油、中国远洋运输总公司、徽商银行等50家世界500强企业区域总部，同时聚集了九江银行、华夏银行、中信银行、东亚银行、民生银行等现代服务业企业省级总部。

2. 以区为单位的楼宇经济发展领导组织机构日益健全

蜀山区成立了由分管区长为组长的楼宇经济发展工作领导小组以及以区商务局为主导的工作办公室。瑶海区即将组建全区楼宇经济发展领导小组，统筹发展全区楼宇经济。庐阳区牵头成立了由区政府分管领导为组长，区直相关部门及各乡镇、街道、工业区为成员的全区楼宇经济、商业特色街区及社区商业发展工作领导小组。负责全区楼宇经济发展的宏观指导、综合协调、总体规划、政府投资安排、政策措施落实等工作，定期研究和统筹协调解决楼宇经济发展中的重大问题。包河区成立了以分管区长为组长、各相关单位为成员的楼宇经济发展领导工作小组，并下设楼宇工作办公室，定期召开联席会议，研究分析楼宇经济发展中遇到的问题与矛盾。

3. 楼宇经济发展政策支持体系愈加完善

蜀山区出台了《蜀山区加快楼宇经济发展实施意见》。瑶海区围绕服务业发展出台了

一些支持政策。庐阳区陆续制定并发布了《庐阳区中央商务区“十二五”发展规划》、《庐阳区商贸服务业“十二五”发展规划》等专项规划、《关于进一步加快楼宇经济等工作的实施意见》、《庐阳区承接产业转移加快服务业发展若干政策（试行）》，同时出台了《关于开展“扫楼”、“八员一楼”等楼宇经济具体工作的实施意见》、《庐阳区承接产业转移加快服务业发展若干政策实施细则》等一系列配套文件。建立了庐阳区楼宇信息基础数据库。包河区出台了《包河区发展楼宇经济考核办法》，按照年度目标，分解落实到各部门、街镇，加强对部门、街道的绩效监测和考核，并根据考核情况表彰楼宇经济工作先进。自2010年起，包河区出台了1000万元楼宇经济发展专项扶持政策——《包河区承接产业转移加快楼宇经济发展若干政策》（以下简称《政策》），《政策》连续多年公开兑现。

4. 楼宇经济发展软环境和服务平台建设明显改善

蜀山区在《蜀山区加快楼宇经济发展实施意见》中将楼宇经济发展软环境和服务平台建设作为重要政策保障加以实施。瑶海区已有建设服务平台的初步想法。庐阳区巩固和完善“八员一楼”（一栋楼宇配备城管、工商、税务、招商、物业管理、社会事务、安全生产、社区服务联络员）管理办法，实现一栋楼宇一个管理队伍。同时，每栋楼宇所属社居委在街道统一领导下，坚持每月上旬1~8日、下旬15~23日开展两次“扫楼”行动。每月定期收集、汇总楼宇经济信息报表，动态监测楼宇空置率，撰写月度楼宇经济运行监测和分析。各街道积极开展服务工作，定期拜访楼宇企业，及时了解决企业在生产经营过程中遇到的困难和问题，同时提供工商税务及政策法规咨询等服务。庐阳区政府门户网站首页设置了《庐阳区楼宇空置面积信息》专栏，同时还在网站打造楼宇经济、商贸金融、投资动态等多个功能板块，对庐阳区的楼宇经济发展实施数字化、精细化、实时化、动态化信息管理。包河区搭建了区、街（镇）、居三级楼宇经济工作队伍，楼宇信息员坚持每天走访楼宇，掌握楼宇企业入驻动态信息，与楼宇企业、物业公司保持常态联系。建立了包河区商务楼宇服务工作流程：企业办公选址推荐→企业实地考察楼宇→选择地址进驻楼宇→正式落户包河→发送楼宇经济快讯→访谈企业负责人→建立常态交流渠道。包河区按照“户籍式”管理楼宇、“一站式”服务客商的要求，建成全省首家三维立体楼宇数字信息平台——包河楼宇网，该网站集合了楼宇基本数据分析、数字黄页、企业与政府互动交流等功能，网站每年更新数字地图，建立了楼宇、企业、客商电子信息档案，对楼宇基本情况、企业注册信息、客商投资动向等进行动态掌握，实现了楼宇管理的动态信息服务。

（二）合肥市楼宇经济发展凸显问题

1. 楼宇经济“野蛮”生长，发展缺乏市一级长期规划引导

合肥市楼宇经济发展虽日渐壮大，但目前主要是以区为单位呈“野蛮生长”状态，各区均有一些楼宇经济发展的基本思路和想法，或者还有一些配套的政策措施，但各区之

间发展水平不一，发展思路多有雷同，这种状态如果持续下去势必对全市楼宇经济整体发展产生相当的负面影响。合肥市楼宇经济进一步发展需要改变这种以区为单位的单打独斗的野蛮发展状态，必须立足全市统筹考虑，高瞻远瞩思考问题。很迫切的就是，以区为主体的支持政策和发展意见虽已陆续出台一批，但是从市一级看，尚缺乏统一的楼宇经济总体规划，楼宇空间布局不明、功能定位不清，导致产业集聚功能雷同，同质化问题严重。楼宇片区与片区之间、产业与产业之间的互动融合难以深化，产业聚集程度难以提高，楼宇特色不够鲜明。

2. 高品质楼宇载体建设滞后，楼宇内部和周边配套设施落后

庐阳区在楼宇数量和面积均位居全市前列，但楼宇载体整体建设质量并不高，5 万平方米以上的大型楼宇偏少，5 万平方米以下的中小型楼宇偏多。且多数楼宇内部装修简陋，智能化程度低，停车泊位紧缺，商业配套功能欠缺，物业管理水平不高，对高端企业吸引力不强，从而严重制约了楼宇经济的进一步发展。多数楼宇开发商因利益驱动，急于销售或出租楼宇，而不是选择性地引进一批有针对性、适应商务人士需求的特色商业企业进驻从而提升楼宇的品质、完善楼宇商业配套，是导致高品质楼宇载体建设滞后的重要原因。

3. 楼宇经济服务平台的信息化水平亟待提升

合肥市一些发达区已经初步建立了楼宇经济网站或数据库，但数据库的数据质量和采集频率堪忧，某些区域甚至还处于人工定期（或不定期）采集楼宇发展数据的阶段，服务平台的信息化水平非常滞后，这也是迄今为止合肥市楼宇经济发展基本数据难以准确掌握的重要原因。不了解合肥楼宇经济的最新基本数据，讨论楼宇发展犹如盲人摸象，更好地服务企业更无从谈起。

四、合肥发展楼宇经济需要把握的重点问题

（一）现代服务业和都市型工业是楼宇经济发展的实质性内核，楼宇经济的崛起是现代服务业和都市型工业集聚和辐射的必然结果

根据 2012 年国家科技部发布的第 70 号文件，现代服务业是指以现代科学技术特别是信息网络技术为主要支撑，建立在新的商业模式、服务方式和管理方法基础上的服务产业，以金融保险业、信息传输和计算机软件业、租赁和商务服务业、科研技术服务和地质勘查业、文化体育和娱乐业、房地产业及居民社区服务业等为代表。它既包括随着技术发展而产生的新兴服务业态，也包括运用现代技术对传统服务业的改造和提升，有别于商贸、住宿、餐饮、仓储、交通运输等传统服务业。世贸组织的服务业分类标准则界定了现

代服务业的九大分类，即商业服务、电讯服务、建筑及有关工程服务、教育服务、环境服务、金融服务、健康与社会服务、与旅游有关的娱乐、文化服务与体育服务。

国际经验表明，在传统城市中心向世界级城市中心转变的过程中存在两大重要特征：一个是中央商务区（CBD）的高强度开发，另一个是现代服务业逐渐成为新兴支柱产业。由此可见，国际大都市的功能聚集的过程和现代服务业发展的过程是融为一体的，一方面现代服务业以高层次和专业化的商务服务支撑高度复杂的跨国经济管理和控制，从而加快都市国际化进程；另一方面城市功能的增强也会巩固现代服务业在都市产业中的地位，使其日益发展成为国际大都市及其中心城区的支柱产业。从理论层面来讲，楼宇经济启动的过程本身就是一个产业升级的过程：从马路市场、路边门面式的传统第三产业向现代金融、现代中介、现代服务业、要素市场为代表的现代第三产业发展；从第二产业单方向的萎缩外迁转向以楼宇经济对第二产业的双向整合——实现二产实体外迁，“总部”经济、“管理”经济、二产延伸服务经济等高水平要素的集约化聚集。

现代服务业和都市型工业是现代城市经济增长的引擎，顺应了现代市场经济高度发达的社会化分工的最新发展趋势，而现代服务业和都市型工业又是楼宇经济发展的实质性内核。这表明，合肥市若要谋求楼宇经济大发展，一定要坚持发展现代服务业和都市型工业，将二者的推进与楼宇经济的发展紧密结合起来，真正将合肥的楼宇经济发展构筑在现代服务业和都市型工业跨越式发展的基础之上。这一认知必须切实体现在楼宇经济发展规划制定、招商引资等众多环节中。

（二）楼宇经济发展的三大基础支撑：雄厚的经济基础、完善的城市设施、浓郁的商务（圈）环境

从全球范围来看，商务楼宇基本上都集中在国际化大都市的中心城区，究其原因，主要是国际化大都市的中心城区的经济发达，产业支撑强，交通便利，区位优势明显，且周围具有发达商业、信息等齐全的现代服务业配套产业和设施，如律师事务所、广告代理、会计师事务所、银行、保险公司以及餐饮、美容、理发、会展、旅游、宾馆等，可为商务活动提供便利。

商圈是楼宇经济发展的重要依托，是自身具有完整产业链条，集中了大量金融、商业、贸易和信息等商务行业及相关配套服务机构，拥有大量商务办公、酒店、公寓等配套设施，具备完善的市政交通与通信条件，便于现代商务活动的楼宇聚集区。实践来看，商务楼宇空间扩展一般是三个阶段：个体写字楼—写字楼扎堆—规划建设集中商务区，商务楼宇空间扩展的第二个阶段和第三个阶段是楼宇经济发展的温暖土壤。

一般来说，经济社会发展水平较高和商务氛围浓厚的区域对企业的吸引力更大，现代服务企业和都市型工业非常喜欢在这些区域的写字楼扎堆聚集，如上海的浦东和静安区、杭州的庆春路、南京市的秦淮区等楼宇经济比较发达的区域均是所在城市经济发展水平较高和写字楼最为密集的板块。区位因素、交通便利性和区域的配套设施等对楼宇的空间选择也具有决定性的影响，这些因素直接关系到楼宇的发展前景和入驻商家的效益预期。

整体较高的区域经济发展水平、完整的三高产业支撑体系、完善的城市设施、交通体

系的通达便利性、浓郁的商务（圈）环境和文化等，这些均是发展楼宇经济最基础的条件，合肥市要发展楼宇经济，必须研究和尊重这些楼宇经济发展的客观规律，在整体规划、楼宇选址、招商建设等诸多方面逐渐去造就和完善上述基本要素，才能从根基上逐渐推动楼宇经济长足发展。

（三）楼宇经济发展是企业主体和区域政府之间的利益博弈及合作互动，不同的条件和不同时期需要恰当合理选择适宜的发展模式和路径

楼宇经济是城市经济发展到一定阶段的必然产物，楼宇经济的形成和发展是资源要素在城市主要经济板块集聚的过程，其产生的动力主要为企业主体和区域政府之间的利益博弈及合作互动。对企业而言，楼宇经济的发展有利于降低其综合成本，楼宇经济一旦形成，便具有成本节约和收益递增的特点，这是企业集聚发展的“向心力”，另外，现代服务业企业的集聚也会产生专业化经营以及品牌和管理能力的优势。对地方政府来说，发展楼宇经济可以促进地区经济增长，商务楼宇集聚主要是现代服务业的总部企业，是突破中心城区空间承载力不足的、实现旧城更新和培育税源经济的重要途径之一，而且由于企业集聚而产生的知识溢出，可以衍生出来更多的新技术和新业态，促进地区产业结构升级，同时有利于提升城市品位和档次。

楼宇经济的发展模式：国外楼宇经济的发展一般遵循城市本身的地理结构与位置来进行规划与建设，以市场为主导形成 CBD；国内的楼宇经济发展则更多的是依靠政府的引导和行政力的推动。从楼宇开发的参与主体角度，可进一步细分为政府主导型、市场主导型、“政府—中介组织—市场联动”多元合作型等模式。其中，政府主导型以北京和上海为代表，如上海市政府成立的陆家嘴有限公司，全权负责该区域所有商务楼宇项目的开发，市场主导型以南京为代表，如南京珠江路科技街，通过企业自发，市场主导形成了“北有中关村，南有珠江路”的发展格局，“政府—中介组织—市场联动”型以杭州为代表，如杭州下城区政府主动与戴德梁行等知名中介组织进行项目合作，并协助在辖区楼宇中开拓招商业务。

不同城市会有不同的城市特点、经济结构和产业优势，楼宇经济的发展模式和发展路径必然会有所不同。对合肥而言，发展楼宇经济需要综合研究和分析产业、空间、土地、资本、规划、人才、文化等多重影响因素，找到最为适宜的发展模式和路径。一般来说，后发地区发展楼宇经济初期因涉及规划制定、政策扶持等宜采用政府主导型模式，待楼宇经济初见规模时，可逐渐过渡至“政府—中介组织—市场联动”多元合作模式，充分调动楼宇经济发展的各种参与主体积极性。

（四）符合合肥定位、彰显合肥优势的各种特色楼宇、主题楼宇是合肥楼宇经济发展的主要趋势

一般来说，楼宇经济有两种基本的产业集聚形式：综合楼宇和主题楼宇。综合楼宇是指楼宇内入驻的企业从事的行业比较繁杂，没有主导行业，这是目前最常见的楼宇经济形

式。但很多城市的发展实践表明，由于这种楼宇发展主题不突出，对企业的吸引力呈逐渐下降趋势，只有部分高档的综合楼宇尚存在一定的市场。主题楼宇则是指一个楼宇的入驻企业以一个主导产业或某一类企业为主，在楼宇的推广方面也更加突出这些主题产业，特色鲜明的主题楼宇非常容易吸引到企业的同类和相关集聚。目前来看，主题楼宇已经越来越成为地方政府和开发商追逐的热点。

从合肥市的实际经济社会发展水平出发，楼宇经济在合肥的大发展既要有综合楼宇，更要有大量的主题楼宇，规划建设一定规模等级的符合合肥定位、彰显合肥优势的各种特色楼宇、主题楼宇应该是合肥楼宇经济发展的主要趋势。

五、促进合肥市楼宇经济发展的政策建议

（一）坚持政府推动，谋划顶层设计

国内楼宇经济发展多是依靠政府的引导和行政力的推动，如北京和上海楼宇经济发展就主要由政府主导，上海市政府成立的陆家嘴有限公司即全权负责该区域所有商务楼宇项目的开发。不同城市会有不同的城市特点、经济结构和产业优势，楼宇经济的发展模式和发展路径也会有所不同。对合肥现阶段来说，宜采用政府主导型模式，一定时期后楼宇经济初见规模，可逐渐过渡至“政府—中介组织—市场联动”多元合作模式。

第一，要成立包括市发改委、市商贸局、市政研室、市财政局、市工商局、市统计局等相关部门及各区政府在内的合肥市楼宇经济发展领导小组，开展合肥市楼宇经济发展系列政策的顶层设计，充分发挥政府的主导作用。

第二，在合肥市楼宇经济发展领导小组直接领导下，深入开展调查全市的楼宇经济发展状况，掌握楼宇资源状况、楼宇分布、功能结构、经营管理状况、楼宇内入驻企业的产业结构、税收归属、物业管理、租赁情况及片区规划、配套政策等信息资源，建立详细的合肥市楼宇经济信息数据库，研究设置反映合肥市楼宇经济发展实际的统计和评价指标体系，完善动态监测机制，实现合肥市楼宇经济信息动态实时更新。

第三，组织合肥市相关研究部门或以政府购买方式邀请高校科研院所研究合肥市楼宇经济发展问题，增强决策科学前瞻性。

第四，部署出台楼宇经济发展系列配套文件。制定并出台《关于加快发展合肥市楼宇经济的指导意见》及实施细则，明确合肥市楼宇经济发展思路和具体路径；制定《合肥市楼宇经济发展规划》及市、区发展楼宇经济3年或5年行动计划，对楼宇群的布局规划、功能划分、产业导向、政策协调等作出长远安排（2030年）。

第五，设立合肥市楼宇经济发展引导基金，由政府、银行、投资公司、担保公司等发起组成，旨在增强楼宇经济扶持力度，引导企业改造提升现有硬件设施和管理水平，为合肥楼宇经济持续发展提供雄厚资金保障。

（二）规划科学引导，优化空间布局

运用数学模型或参考国际经验等办法科学预测未来合肥楼宇经济发展总体目标，编制《合肥市楼宇经济发展规划（2015～2030年）》，对全市楼宇经济发展的总体布局、特色产业、行业分布、近期和中长期目标做出详细规划，明确楼宇经济发展定位、发展重点，同时指导各区县编制本地区楼宇经济发展规划，并加强规划宣传和引导力度。

研究合肥市楼宇经济发展空间布局，深入分析各县区独特区域优势，明确各板块楼宇经济招商业态及定位，实行差异化发展，避免重复无序竞争。结合城市规划和轨道地铁规划，选择基础设施完善、周边商圈环境良好的板块开展楼宇开发建设，引导楼宇经济连片开发，促进楼宇合理聚集。

引导培育特色主题楼宇，着力打造合肥楼宇品牌。通过产业置换、建筑置换、拆旧建新等方式，加大整合楼宇资源力度，加速推进楼宇升级扩容。鼓励开发商持有楼宇，不拆零出售。可借鉴上海经验，引进集开发、经营于一体的大开发商在楼宇建成后继续持有经营以保证业态的一致性。引入行业龙头入驻楼宇，依靠行业龙头的辐射带动作用吸引企业集聚。按照《合肥市现代服务业发展规划（2014～2020）》产业发展谋划，重点扶持研发设计型科技服务业等现代新兴服务业和以电子信息产业为代表的现代都市工业在重点楼宇聚集。

（三）完善政策体系，切实保障执行

制定和完善促进合肥楼宇经济发展的配套政策体系，加大对楼宇业主、入驻企业、楼宇招商主体等的政策扶持和奖励力度，加强楼宇经济发展扶持政策宣传，确保政策执行细则明晰化、透明化，严格落实政策优惠落实执行，切忌出现政策奖励落实不到位现象。可试行：县区先期第一时间全额兑现奖励，然后市级财政按照奖励办法通过内部结算回补，并承担兜底职责。

制定并切实执行对楼宇业主的奖励配套政策，实行楼宇业主奖励与财政贡献挂钩机制，引导业主多引进行业龙头。加大对楼宇入驻商家的扶持力度，对符合合肥产业发展方向的楼宇进驻企业，可综合考虑其注册资金和当年对财政新增贡献额等，给予租金补贴、融资担保、贴息扶持、研发资助、纳税大户奖励等扶持。对带动区域经济发展有重大贡献的企业，可采取“一企一事一议”方式予以扶持。切实落实对招商主体的奖励政策，建立楼宇招商的责任体系，建立健全楼宇招商属地责任制与考核激励机制，设立合肥楼宇招商奖励基金，积极鼓励社会中介招商，对发展楼宇经济有突出贡献的单位、业主和个人给予重奖。

（四）硬件建设高标准，物业服务严要求

楼宇硬件建设水平和物业管理服务水准直接关系到楼宇经济的日常运转和发展前景。

另外，要谋求合肥楼宇经济大发展，必须首先着力普遍提升合肥楼宇的建设质量品质和管理水平。

在合肥四大重点板块（北一环为主的庐阳区、黄潜望板块及政务新区、马鞍山路沿线包河区、长江路沿线片区）高标准重点建设一批高档商务楼，打造合肥商务楼宇精品，重点引进国内外大型公司、知名企业的区域总部或其分部、研发外包机构、销售中心。高效盘活现有一批商务楼，强调楼宇的集聚和辐射功能，优化入住企业结构，提升楼宇利用率。无论是对旧楼宇的升级改造还是新建楼宇的建造设计，尽量引进管理水平高、设计理念超前的国际性或国内一流开发公司，整体提升合肥楼宇建设档次和美感，加强楼宇内部宽频智能网络、消防报警、安保监控、停车场、电梯、空调系统等基础配套设施的高标准建设。

针对目前很大一部分楼宇物业管理不到位和基本服务不够的问题，引进并注重培育一批一流资质的物业管理公司，提升商务楼宇管理品质，坚决摒弃人人都可以干物业的落后观念，尽量避免临时搭建草台班子干物业。加强楼宇周边配套建设，高质量培植商务楼群，合理调整楼宇周边业态，促进人流、物流汇集流动，打造区域性特色商务楼产业链，促成楼宇经济大商贸大商圈。

（五）强化政府服务职能，营造宜商宜居环境

转换政府职能角色，在合肥市楼宇经济发展领导小组指导下，由市商贸局、经信委、工商税务、街道及各楼宇物业部门组成建立起政府部门与楼宇业主、企业顺畅沟通的联系议事制度，保证经常性召集楼宇相关方了解运行情况，积极帮助协调解决楼宇经济发展中的困难和问题，并定期向合肥市楼宇经济发展领导小组报送合肥市楼宇发展情况报告。

健全优化合肥楼宇经济发展管理和服务机制，市、县区两级同时搭建涵盖政策宣传、企业登记、民政事务、劳动保障等综合职能的一体化服务平台，主要业务办理下放至县区平台承担，给予县区办事机构最大限度工作弹性。优化招商引资全程服务机制，设置楼宇业主和入驻企业绿色通道，简化楼宇入驻项目审批代办流程，切实改善软环境。

改进全市楼宇经济发展配套服务体系，综合利用和整合现有资源，引入社会资本，引进、培育、建设若干大型的国际一流的市级楼宇经济发展服务平台公司。服务平台在合肥市楼宇经济发展领导小组与相关部门指导引导下，针对楼宇企业营运和员工所需的服务开展市场化运作，力争为合肥楼宇入驻企业和业主提供具有国际优势的生产服务环境和具有国际品质的生活服务环境。

（六）重视招商，明确重点，锻造队伍，奖惩有序

“酒香也怕巷子深”，对合肥楼宇经济发展规模和前景来说，引资招商是落实顶层谋划的关键环节。合肥楼宇经济发展招商引资工作重点可集中关注三个方面：夯实产业支撑基础；明确楼宇招商重点方向和领域；锻造一支精干高效的楼宇招商队伍，实施奖惩结合制度。

高技术、高附加值现代服务产业和都市型工业是楼宇经济发展的核心产业支撑，没有完备、雄厚的产业支撑体系，楼宇经济发展一切将是空谈。合肥要谋求楼宇经济大发展，一定要吸纳积聚一批高端制造业总部进驻，吸纳积聚一批高科技含量产业进驻，吸纳积聚一批高附加值品牌产业进驻，加快大项目好项目引入力度，推动大量技术水平高、拉动力强的大项目好项目源源不断落地合肥，引导产业链向高端延伸，逐渐培育建成一批影响力大、竞争力强的国际知名品牌、大型企业集团和现代产业基地，从根本上推动区域经济发展和产业创新升级，打造现代服务产业和都市型工业与楼宇经济互促互进、深度融合的发展景象。

《合肥市现代服务业发展规划（2014～2020年）》提出，合肥市“十三五”时期大力发展的现代服务业包括：现代物流业、金融服务业、科技服务业、中介服务业、会展业五大生产性服务业；商贸流通业、家庭服务业、房地产业、旅游业、医疗健康服务业、养老服务业、气象服务业七个生活性服务业；服务外包产业、电子商务、软件和信息服务业、物联网、文化产业五种新兴服务业。现代服务产业和都市型工业是楼宇经济发展的内核，所以合肥市楼宇招商重点方向应该主要是上述服务业态和以电子信息产品研究、开发和组装，软件开发、制造，服装服饰，广告印刷与包装等为主的都市型工业。

在确定合肥市楼宇招商重点方向和基本领域后，需要注意把握三大问题：一是在楼宇招商引资过程中要注重行业龙头招商和著名投资商招商，对世界500强、国内500强和金融业、中介业的行业龙头等影响力大的企业进行定向重点招商，强力引进国内外大型公司、知名企业的区域或其分部、研发中心、销售中心、财务中心等打造总部经济，历史经验表明行业龙头和著名投资商能否聚集是高档楼宇成功的极其重要条件。二是要创新拓展楼宇经济招商引资渠道，不局限于部门招商、专业招商、企业招商、政府招商、市场化运作招商等方式，推行全民招商，科学设置楼宇入驻企业门槛，公正构建招商奖惩制度和责任跟踪制度，并透明公开化，积极拓展招商新思路和新渠道。三是既提倡全民招商，又抓好楼宇招商专业队伍建设，两条腿走路。建立健全招商人才选拔、使用、培训、考核机制，研究并实施符合合肥楼宇经济发展实际的奖惩结合制度，充分调动招商人员积极性，确保优秀招商人才不断涌现出来，而且能够安心留下来。

第三篇

重大课题与日常课题成果摘要

- 《长江中游城市群省会城市深化合作的路径与策略研究》摘要
- 《合肥市“十三五”时期加快转型发展问题研究》摘要
- 《合肥快递业发展政策研究》摘要
- 《合肥市建设“中国分布式光伏应用第一城”对策措施研究》摘要
- 《合肥家电产业转型发展研究》摘要
- 《合肥楼宇经济发展研究》摘要

《长江中游城市群省会城市深化合作的路径与策略研究》摘要

——长江中游城市群省会城市深化合作的对策建议

（撰稿人：胡艳　教授）

长江中游城市群省会城市第三届会商会议于2月7日在合肥召开。此前，按照张庆军市长的要求，合肥区域经济与城市发展研究院围绕“中部四省会城市深化合作的路径与策略研究”，开展了深入的前期研究，形成了《中部四省会城市深化合作的路径与策略研究》（以下简称《研究报告》）。该《研究报告》全面分析了“长江经济带建设”背景下长江中游城市群省会城市合作面临的新机遇、新目标和新任务，系统提出了深化合作的重点领域与合作策略，具体提出了下一步合作的对策建议。

本课题研究得到了中国区域经济学会副会长、中国社科院城市发展与环境研究所魏后凯教授、安徽大学荣兆梓教授等国内知名专家的指导，合肥市政府政研室、市发改委等市相关部门给予了具体指导，对课题研究工作提出了很好的建议。

现将研究成果主要内容报告如下：

一、国家实施“长江经济带”战略，长江中游城市群省会城市深化合作迎来了新机遇，进入了新阶段

（一）长江中游城市群省会城市合作面临着新机遇

（1）实施长江经济带战略，对于长江中游城市群四省会城市深化合作、联合打造内陆开放新高地、中部崛起增长极有着重要的推动作用。依托长江黄金水道，打造中国经济新支撑带是新一届党中央着眼于全球竞争格局出台的重大国家战略。开发长江经济带，向东开放可以对接“21世纪海上丝绸之路”，向西开放可以联通“丝绸之路经济带”，这为四省会城市深化合作、打造内陆开放新高地、中部崛起增长极提供了有利的外部环境和广

阔的合作空间。

（2）实施长江经济带战略，为长江上中下游各城市间联动发展提供了千载难逢的机遇，有利于促进长江中游城市群省会城市深化合作、实现一体化目标。长江经济带自东向西，覆盖经济发展水平呈连续阶梯状分布的长江下游、中游和上游地区，上中下游联动发展是实现长江经济带发展战略的关键。长江中游四省会城市及其城市群位于长江经济带中段，连接东西，是长江经济带的重要组成部分。开发长江经济带，建设长江大通道，有利于形成沿江城市间合作的渠道载体，连接两头，贯通东西，促进长江上中下游联动发展和四省会城市合作深化。

（二）长江中游城市群省会城市深化合作十分必要，机不可失

（1）深化四省会城市合作是推动长江经济带建设的重要支撑。四省会城市连接东西、双向开放的区位优势，有利于促进资金、资源、人才等多种生产要素在长江经济带上下游之间双向流动，带动沿江各大城市互联互通、分工协作，实现上中下游的联动发展。推进中部四省会城市合作既有利于区域发展，也关系到全国大局，对于加快中部地区全面崛起、探索新型城镇化道路、提高长江全流域开发开放水平、打造中国经济新支撑带，促进区域一体化发展举足轻重；四省会城市合作的广度和深度对于推动长江经济带一体化发展、实现“中国梦”的宏伟蓝图意义重大，影响深远。

（2）深化四省会城市合作，有利于发挥合肥联动东西的特殊区位优势，抢占先机，引领高端。特殊的区位赋予合肥独特的机遇。长江经济带发展战略赋予了合肥全新的战略定位和发展标杆：打造长三角世界级城市群副中心，提升合肥都市区的国际化水平。这是时代赋予合肥的历史使命，也是合肥发展面临的独特机遇。与其他副中心相比，合肥具有“一线城市定位，二线城市品位，三线城市成本”，“成长型城市的发展活力与创新型城市的增长动力”集于一身，虽有差距，亦有优势，潜力无限。顺应新形势和新目标，合肥在积极打造长三角城市群副中心的同时，不应削弱而应强化四省会城市合作力度，“东向发展不放松，西进战略不动摇”，充分发挥合肥东西双向通道的战略区位优势，抢抓机遇，才能抢占先机，登高望远，引领高端。

（三）长江中游城市群省会城市合作进入了新阶段

新常态背景下推动长江经济带发展战略的实施，标志着四省会城市合作步入了一个全新的阶段：一是合作平台更广阔，合作环境更宽松，合作迈上了新台阶；二是以公共产品为核心，以产业协作为重点，合作范围更广泛，合作领域更明确；三是以互动联动为前提，一体发展为方向，合作主题更突出；四是以市场运作为主导，政府协调为引导，合作模式更灵活。

二、长江中游城市群省会城市深化合作的目标任务

（一）前期合作基础与不足

2013年的《武汉共识》商定了四省会城市“互利共赢、长期稳定”的区域合作关系，并确定了9大合作领域及推进重点。2014年的《长沙宣言》达成“积极放大长江中游城市群的国家战略优势，共同建设具有国际竞争力的特大城市群，共同推进区域开放融合创新发展”三方面的共识，并在交通运输业、生态环保、社会保障、文化旅游等领域共同签署了一系列合作协议，为深化合作奠定了良好基础。但前期合作大多停留在签署合作协议的文本工作层面，实质性的合作、实化细化工作并不到位。合作对接的主体主要不是企业，而是政府及各职能部门。就像如果没有跨国公司的全球业务活动，难以想象会有全球化一样；区域合作如果不是以企业为主体进行对接，而始终是“政府搭台又唱戏”，区域一体化就永无实现的可能。因此，基于区域一体化发展方向，四省会城市应在政府推动下，以市场为主导，企业为主体深化合作。

（二）深化合作的重点目标与任务

——共同推进长江黄金水道中段建设，构筑四省会城市间无缝对接的现代化综合交通运输体系。

——统筹区域创新资源协同发展，谋划若干世界级产业集群。

——推进区域一体化市场体系建设，加快培育和完善统一的要素市场；整合文化旅游资源，促进市场一体化。

——加强区域生态环境协同保护治理，共同打造长江中段绿色生态廊道。

——完善细化区域合作常态体制机制，保障合作常态化、细化、实化。

——共同申报首个内陆跨区域自贸区。

三、长江中游城市群省会城市深化合作的重点领域、路径

（一）重点领域

《研究报告》根据已确定的遴选原则和标准，并运用定量分析方法进行行业领域细

分，最终筛选出四省会城市未来 1 ~2 年合作的重点领域。

——综合交通：优先发展高速铁路，重点发展航道港口建设。

——产业集聚：电子信息产业、（高端）装备制造业、节能环保产业、新材料产业、汽车及零部件产业。

——公共服务：重点推进教育、医疗、文化、旅游、生态环保等领域的一体化建设。

——联合申报自贸区。

（二）合作路径

总的来看是基础先行，重点突出。

——重点推进基础交通互联建设。完善城市群高速铁路交通体系建设；合力打造水上“畅通高速航道”。

——深化四省会城市产业协同发展，推进世界级产业集群形成；促进产学研合作，加快产业技术联盟建设。

——实施细化公共服务合作。重点推进建立友好医院和医疗资源合作；推进建立跨区域一体化的社保机制；重点推进大中专院校优势学科学分互认及毕业生就业等方面合作。

——推进生态环境联防联治机制建设；建立四省会城市环保信息通报制度及环保“黑名单”制度；探索建立区域生态补偿制度以及相关联席会议制度。

——联合申报首个内陆跨区域自贸区。

四、长江中游城市群省会城市深化合作的策略

可以概括为“一个主题、五点共识、七大策略”。

“一个主题”：创新机制，合作联动，一体化发展。

“五点共识”：合作层次方面，高平台、高起点，等高对接；合作领域方面，求大同存小异，重点突出，基础先行；合作程序方面，由浅入深，先急后缓，循序渐进；合作机制方面：先政府后市场，先上后下，上下结合；合作目标方面：从“互联互通，协同发展”的宽泛对接，到“共赢共享，一体化发展”的深度合作。

“七大策略”：以产业合作为主线、市场一体化为根本，大项目为抓手，大平台为支撑，城际交通为纽带，共同政策为诉求，拓展合作广度与深度（详见《研究报告》）。

五、长江中游城市群省会城市深化合作的保障

课题研究从“机制保障、规划统领、服务支撑、组织管理、政策支持”五个方面构

建了长江中游城市群省会城市深化合作的保障体系。

设计多元合作交流机制，保障合作的稳定性与可持续性；建立规划协调机构，协调衔接规划编制，统领合作方向：开展智慧城市建设，以智能化信息化手段提供服务支撑；设置跨区域协调组织，保证合作的常态化与有序化；建立政策会商机制，推动四省市政策法规的无缝衔接，强化政策支持力度。

《合肥市“十三五”时期加快转型发展问题研究》摘要

——合肥市“十三五”时期加快转型发展的四大要务与对策建议

（撰稿人：江三良　教授）

“十三五”时期是合肥加快转变发展方式，全面推进现代化、市场化、国际化的重要战略机遇期，是落实国家“四个全面”战略布局，践行“一带一路”愿景，贯彻长江经济带发展战略的重要历史阶段，是合肥加快建设“大湖名城、创新高地”和全面建成小康社会宏伟目标的关键时期。在经济发展进入“新常态”背景下，面对“长三角世界级城市群副中心”、“全国性综合交通枢纽”、“内陆开放新高地”、“优化提升沪宁合主轴带”、“提升合肥都市区国际化水平”等一系列新定位、新机遇和新要求，需要全面分析合肥加快转型发展的现实基础、阶段进程，研究提出加快转型发展的目标、任务和对策。

一、现实基础与转型要务

（一）现实基础

“十一五”以来，合肥确立了工业立市、创新推动、县域突破、东向发展和可持续发展等发展战略，强力推进“大湖名城、创新高地”建设，产业结构趋于优化，要素保障能力明显增强，居民生活水平持续提高，城市社会环境日益改善，生态建设目标完成情况良好。经济、社会、生态和空间结构已经为“十三五”时期加快转型发展做好了较为充分的准备。

（二）合肥转型发展阶段性特征研判与四大转型要务

为综合把握合肥转型发展进程及其在长江经济带中的地位，选取该区域综合实力位列全国先进的上海、南京、杭州以及长三角地区经济发展水平较高的苏州、无锡、宁波和长江中游省会城市武汉、长沙、南昌。另外，通过转型升级指数综合得分和分项得分对比，我们发现：①合肥转型发展进入经济、社会、生态“三位一体”的新阶段。②合肥经济发展处在工业化中后期新阶段。③合肥社会发展处在补齐“短板”的新阶段。④合肥生态发展处在保护性开发的新阶段。⑤合肥城市空间正在发生由单中心向多中心发展的蓄势阶段。

据此，我们认为，“十三五”时期合肥面临经济、社会、生态和空间四大转型要务：①产业结构面临向后工业化过渡转型。②社会结构要向富裕社会做重要转型。③生态环境要向生态文明系统化转型。④空间形态向世界级城市群副中心转型。

二、“十三五”时期合肥加快转型发展的要务分解

从经济、社会、生态和空间四大转型要务分析，“十三五”时期合肥加快转型发展的主要任务概括为以下四个方面：

（一）从经济总量和结构优化两方面缩小与南京、杭州的差距，在沪宁合主轴带功能中发挥应有的作用

经济总量上，保持较高增速，到 2020 年实现 GDP 万亿元，经济发展水平进入全国发达地区“第一方阵”，人均收入达到长三角城市群平均水平；结构优化方面，坚持“增量新兴、存量升级”的思路，加快推动由“工业立市”战略适时向“新型工业与现代服务业并重”战略转变，强化新型工业与现代服务业“双引擎”作用，提升第三产业比重与质量，凸显主导产业的特色和优势，聚焦重点领域，全力打造国家级和世界级产业集群。

（二）促进人口结构与阶层结构的合理化和高级化，构建现代和谐合肥

2020 年，合肥将建成千万人口的国际化都市，要通过进一步吸引高素质人才和专业技术人员，逐步形成规模适度、结构优化、多元和谐、分布合理、服务有效、与城市可持续发展和城市功能相适应的人口发展格局。人口地理分布方面，要通过经济均衡发展、服务均衡供给，有效疏解中心城区的人口压力；人口年龄、性别分布方面，一要主动积极地迎接老年化社会的到来，二要在稳定生育率的同时，逐渐降低性别比；人口素质提升方面，要建设城乡无差异的公共服务和生活设施，坚持教育优先发展，促进人力资本投资；阶层结构方面，要壮大县域经济，缩小城乡差距。

（三）按生态文明要求转换生产和生活方式，将合肥建设成为水清、天蓝、山绿、气爽的生态宜居宜业城市

单位GDP能耗和碳强度进一步降低，绿色、低碳消费理念深入人心，节能、节水、节粮和节材等生态环保消费行为成为主流。到2020年，森林覆盖率提高到30%以上，城市大气质量优良率达到95%以上，污水处理率达到90%以上。依照生态控制区、生态保育区、生态协调区的要求，协调生态保护与经济发展的关系。要加强巢湖蓝藻拦截和移除能力，加大湿地和森林保护力度，进一步推进巢湖生态环境综合整治；要合理布局城镇绿色空间，营造赏心悦目的城市生态景观；在“经济、公众、管理、流动、环境、生活”六维度（EU）建设低碳智慧城市。

（四）抢抓机遇提高城市的要素吸引力，破除传统空间扩张的“路径依赖”，发挥区位优势和交通枢纽地位，培育在国际经济体系中的竞争力

对外，要借长江经济带规划对合肥高起点的交通网络枢纽定位之力，完善和利用高速铁路、城际铁路、高速公路、国省干线公路网、水运和岸线资源、空港商务资源，增加交通基础设施的投入，改善区域交通可达性，紧抓长江经济带龙头，加快区域一体化进程，转区位优势为经济优势；对内，要深化“1331”空间发展战略，高起点、前瞻性地做好新一轮城市总体规划和土地利用总体规划的编制，实现由单中心、高集聚向多中心、敞开式的城市转变，促进市级中心、区级商圈、市级工业板块、区级创新创业平台、城区生态板块的空间布局和功能区相互协调，进一步增强城市承载力和辐射力，提升居民的幸福力和创新活力。

三、加快转型发展的保障措施

（一）统一认识，增强转型发展紧迫感

一要充分认识区域城市之间的竞争关系。随着近年来合肥的快速发展，土地、人力、能源等要素资源成本的不断提高，合肥承接产业转移面临着中西部地区的有力挑战，城市之间竞争压力也日趋增大。二要充分认识日趋增强的资源环境约束。合肥正处在工业化和城市化加速推进阶段，能源消费需求呈刚性增长，资源环境约束因素日趋增强，依靠资源消耗、环境污染的增长模式将难以为继。三要充分认识日益加大的政府债务风险。合肥的债务总体处在安全可控的范围，但也存在规模增长过快、债务负担相对较重、还款高峰期集中等潜在风险隐患。

（二）加强领导，“两手并用”加快转型

一是建立加快转型发展协调领导小组，根据需要从各相关部门抽调人员集中办公。二是在政府政绩和效能考核、事业单位人员岗位绩效考核等方面，合理设置和适时调整量化考核指标体系，注意由重“量”转向重“质”。三是通过改革，建立政府和市场“两手并用”的转型调控机制。用改革的办法调动社会力量，调整经济结构、建设生态文明和改善民生，引导城乡社会空间结构转型，促进要素按“市场报酬率”的吸引在城乡间的自由流动。

（三）增强要素保障，强力支持转型发展

加快转型发展是“政府意愿”，但更大程度上是市场行为的“加总效应”，终究离不开要素的市场动员。一要按照“1331”主体功能区规划要求，推动土地要素合理流转和规范使用；二要抓好基本公共服务均等化，彻底破除隐藏在户籍背后的身份差异和基本权利不平等，使农民成为一种职业而不仅仅是身份，实现人力资源有序合理的流动；三要推动金融要素协调发展和创新发展，加强对实体经济的金融支持，充分发挥各类政府引导基金、政策性贷款等资金投入的杠杆作用，积极拓展各类新型融资渠道，大力发展基金、资管、租赁等新型金融业态，引进外资金融机构，提升合肥金融国际化水平，强化对转型发展的资金保障，以金融创新来推动合肥经济、社会、生态和空间结构的优化调整和转型升级。

（四）加强引导，营造创新创业氛围

一是强化企业的创新主体责任，引导创新资源向企业集聚。试运行科技成果转移中心，减少转化周期，提高成果转化率；鼓励企业建立研发人员报酬与市场业绩挂钩的机制，全面落实鼓励民间投资和小微企业创新发展的政策措施，落实并兑现“1+3+5+N政策”，提高科技型中小微企业创新能力。二是加大政府的科技投入力度，引导社会资本支持自主创新。政府可以采取设立“基金宝”、“风险池”等办法撬动社会资本支持“大众创业，万众创新”，建议实施“梯形融资模式”的科技创新金融服务平台建设。三是优化协同创新平台运行机制。实施“孵化器倍增工程”，拓展孵化器为主体的创业平台。四是深化科技评价和激励机制改革。鼓励面向市场研发创新。

注：本文为《合肥市“十三五”时期加快转型发展问题研究》课题成果摘要。

《合肥快递业发展政策研究》摘要

——合肥快递业发展政策建议

（撰稿人：华德亚　副教授）

《合肥快递业发展政策研究》在实地调研、深入分析我市快递业发展现状和存在问题的基础上，借鉴发达国家和地区的快递业发展先进经验，提出了合肥市发展快递业的基本思路：以“做大做强、创新升级”为目标，以解决制约快递业发展“瓶颈”问题为导向，全力推动快递业的“规模化”、“信息化”、“精细化”和“全球化”发展，不断优化行业发展环境，着力加强基础设施建设，强化市场监管，推进技术创新，提高服务能力和水平，着力努力打造覆盖全市、服务全国乃至国际市场的现代快递业服务体系。并围绕行业整体规划、监管体系构建、配送体系完善、产业联动深化、增长方式转变、信息化建设、人才培养七个方面，提出了有针对性的政策建议。

一、完善整体规划，健全政策支持体系

1. 编制快递业发展规划

尽快编制《合肥市快递业发展规划》，确定快递行业发展的指导思想、发展思路、发展目标和重点任务，通过顶层设计，对全市快递行业发展进行整体谋划。将快递行业规划纳入全市总体规划内。

2. 强化民营快递企业扶持政策

对民营快递企业在融资、交通和用地政策等方面给予政策优惠。解决民营快递企业融资难的问题；设立快递企业用车通行绿色通道；对分拨中心和网点经营性用房建设用地给予政策支持。

3. 建立和完善相关部门协调机制

市邮政管理局牵头，定期与商务、公安、交通、海关、商检、经信等相关职能部门，对快递业发展中各方共同关心的问题展开定期会商，并形成可操作性的政策措施。

二、转变增长方式，促进集约型发展

1. 提升企业规模效益

对快递企业扩大生产规模，在财政、税收、金融、产业、信息等方面给予鼓励政策。突出重点，优化结构，形成多元化市场发展格局；鼓励快递企业加强协作，通过横向和纵向联合，实现优势互补，打造快递品牌。鼓励业务创新，形成一批具有核心竞争力的领军企业。

2. 优化网点空间布局

优化快递空间布局建设，形成城市重点区域、社区和乡镇全覆盖，呈网络状分布的快递网点空间布局。促进快递服务资源要素在空间上优化配置，力争形成点轴支撑、相互依托、服务高效的快递服务发展布局。

3. 提高行业集中度

鼓励不同类型企业间兼并重组，监督和规范快递企业兼并重组，落实兼并重组服务和优惠政策。

三、完善监管体系，维护行业秩序

1. 健全快递组织机构

完善市、区县及所属网点快递业经营组织，为行业自律和监督提供组织基础。

2. 健全地方快递行业监管法律体系

制定地方性法规和规定，对市场主体准入、企业诚信体系构建、从业人员资格与操作规范、快递服务标准、资费、收寄验视等方面进行规范管理；健全纠纷调解和司法保障制度，推动与快递相关的法律服务与保障体系建设。

3. 建立主管单位联合执法机制

市邮政管理局定期会同工商、公安等部门对快递企业侵害消费者权益的各类案件、违法违规经营问题和寄递安全问题进行联合执法检查。

4. 制定快递市场退出机制

邮政管理局和工商部门对不符合市场准入条件，未取得相关营业执照，经营不善导致无法保证快件安全运输的企业，应当坚决停止其经营，维护市场秩序，保证消费者财产不受损失。

5. 协助建立快递自律组织

设立快递业协会，建立行业自律制度；协助监管机构对快递企业开展检查；督促快递企业加强对分支机构的核查、监督和管理工作；建立快递企业管理人员培训制度，强化企业遵规守法意识；对一般快递从业人员进行岗前及在职培训指导，对违规行为进行处罚；建立快递企业服务质量评价体系、诚信经营考核机制；协调解决快递企业与消费者之间的矛盾，维护双方合法权益。

6. 建立县级邮政管理机构

设立县级邮政管理机构，并将其纳入市级政府管理，由市财政保障运行经费，接受市邮政管理局和县级政府的双重领导，市邮政管理局作为上级机构负责日常工作安排。

7. 加快行业诚信体系建设

颁布快递业诚信体系建设办法，对全市快递业诚信体系建设作出全面部署，明确建设目标，完善管理机制，构建规范从业人员行为的诚信体系。

8. 加快快递业标准化体系建设

市邮政管理局应推进分拨网点建设、运输车辆、营业网点以及一线快递人员等标准化建设，鼓励和支持快递企业依据国家标准、行业标准制定适合本企业的技术标准、管理标准和工作标准，提高服务质量和运行效率；组织标准的实施和对标准实施进行监督检查和考核，建立健全以技术标准为核心，以管理标准为支持，以工作标准为保障的标准化体系。

四、加快基础设施建设，完善配送体系

1. 加快建设环状快递产业园

加快推进安徽（蜀山）跨境电商园、申通、中通、圆通、省 EMS 等园区和分拨基地

建设；优化东南西北“四区”的快递产业园功能网络，全面提升管理水平；组织园区快递企业与金融、商贸流通、电子商务、专业市场等企业和平台对接，为园区企业搭建合作平台；强化产业园在区域快递行业中的影响力。

2. 建立市内配送节点

结合城市规划和基础设施改造，在大型商业区、购物中心、零售批发站点、大型写字楼和机关办公驻地等区域旁边，配套建设市内配送节点，提高城市内快递货物送取的效率，为快递企业提高服务质量提供硬件支撑。

3. 解决末端配送难题

整合信息，建立城市共同配送信息平台，融合数据交换、信息发布、在线交易、收集配送、车辆调度等功能，对接快递企业间的信息系统；加快末端网络建设，支持快递企业、商品零售企业充分利用现有网点，建设和改造标准化，共同配送门店和自助提货柜等；制定共同配送标准，鼓励快递企业实施标准对接。

五、加速与电商融合发展，推进与制造业联动发展

1. 加速与电子商务融合发展

创新电商与快递融合模式，如电商自建快递模式、与第三方物流快递相混合配送模式等；鼓励与电商企业建立战略合作伙伴关系；探索建设快递与电商共享信息平台，减少行业壁垒和分割，促进融合发展；以“一带一路”节点城市建设为契机，推进合肥水运港、国际内陆港、航空港、电子港发展，打造内陆开放高地，谋划跨境电子商务发展蓝图。引进跨境电子商务领军企业设立总部基地、营销中心，培育本土中小跨境电子商务企业。设立国际邮（快）件互换局，承担省内国际邮（快）件直接发运和接收工作。

2. 推进与制造业联动发展

鼓励制造企业剥离非核心业务，将部分物流业务外包给快递企业，并实现长期合作；选取典型制造企业与综合实力较强且有成熟经验的快递企业开展合作，推进快递与制造企业联动发展示范工程建设，通过典型示范带动更多企业参与合作；构建联动发展科技支撑体系。建立制造业和快递业之间联动发展标准体系，加快信息共享平台建设。

六、加速信息化建设，完善物联网支持体系

1. 支持快递业信息化服务平台建设

引导快递企业应用大数据、物联网、移动互联网、云计算等技术；加快快递企业与第三方在居民社区、企事业单位等场所，合作共建智能快递柜，提升快递行业信息化水平和快件末端投递智能化水平。

2. 完善物联网植入快递业扶持体系

借鉴国内外快递企业运用物联网技术的经验，将快递业作为“智慧合肥”建设的重要组成部分，鼓励快递企业将物联网技术应用于快递服务。

七、凝聚各界力量，加快人才培养

1. 提供快递人才培养资金保障

吸引企业和民间资本，设立快递产业专项基金，支持快递业人才培养。

2. 构建有利快递人才发展环境

改善快递从业人员工资待遇和工作条件，增强其工作成就感和归属感；改革快递企业用人机制，建立有效的激励机制，加大创新激励力度。创新人才培养模式，鼓励校企合作培养人才，通过高职院校订单培养，开辟产学研联合培养新途径。

《合肥市建设“中国分布式光伏应用第一城”对策措施研究》摘要

——合肥市建议“中国分布式光伏应用第一城”政策建议

（撰稿人：杨仁发　副教授）

《合肥市建设“中国分布式光伏应用第一城”对策措施研究》在分析合肥市分布式光伏应用现状和优势的基础上，探讨合肥市分布式光伏应用存在的“瓶颈”问题，借鉴国内外促进分布式光伏应用发展的相关经验，提出实施“两个平台，三项服务，四个应用，五项措施”的对策建议。

一、重点推进研发创新和大数据两个平台建设

1. 研发创新平台建设

依托合肥工业大学的教育部光伏系统工程研究中心、中科大太阳能光热技术研究所等科研院所，积极引进科技创新资源要素，重点支持高效率晶硅电池及新型薄膜电池、关键材料的研发和产业化，提高光伏逆变器、跟踪系统、集中监控以及智能电网等的技术和装备水平，降低分布式光伏应用投入成本。

2. 推动大数据服务平台建设

加快推进可开发屋顶面积、单体建筑屋顶等相关数据中心建设，建立可建分布式光伏电站资源数据库，形成数据中心集群，打造综合性大数据服务平台，为分布式光伏应用迅速铺开绘制出详细的“作战图”。

二、积极做好并网三项服务

1. 加强配套电网建设

积极发展应用融合先进储能技术、信息技术的微电网和智能电网技术，提高电网系统接纳光伏发电的能力。电网企业提供的电能计量表明确区分项目总发电量、“自发自用”电量和上网电量，并具备向电力运行调度机构传送项目运行信息的功能。

2. 优化并网审批流程

对各类分布式光伏发电项目，电网企业要按照《分布式发电管理暂行办法》和《分布式光伏发电项目管理暂行办法》的有关规定及设立的“绿色通道”，由市或县级电网企业按照简化程序办理电网接入并提供相应并网服务，明确申报材料内容和办理时限。进一步落实个人光伏发电系统，实行“一站式”并网接入服务等规定。

3. 完善并网运行服务

电网企业创造条件，方便分布式光伏发电在用户侧并网。对分布式光伏发电项目所发电量余量上网部分全额收购，免收系统备用容量费和相关服务费用、免费提供并安装电能计量装置。

三、继续推进分布式光伏发电四个范围的应用

1. 大力推进工业园区光伏发电应用

重点做好高新区“国家分布式光伏发电规模化应用示范区”建设，起到引领和示范作用。积极推进全市各类工业园区率先开展分布式光伏发电应用。同时，对可开发屋顶面积较少的工业园区，要因地制宜地建设小型分布式光伏发电系统。

2. 积极推进单体建筑屋顶光伏发电应用

优先在工业厂房、商业综合体、专业市场、大型会展场馆、体育场馆、机场、高速公路服务区等建筑屋顶建设兆瓦级的规模化分布式光伏发电系统。支持在学校、党政机关、医院、科研单位和城镇居民住宅等建筑屋顶推广小型示范发电系统。鼓励具备建设条件的现有屋顶应改造建设分布式光伏发电系统，新建项目应同步配套设计、建设分布式光伏发电系统。

3. 推进光电建筑一体化应用

鼓励屋顶在一定面积（如1000平方米）以上且符合光伏发电要求的新建建筑物，按照光伏建筑一体化的要求进行同步规划、设计、施工和验收。凡符合光伏建筑一体化发电系统建设条件的在建或已建成的建筑屋顶，均鼓励补建和改建光伏发电系统。积极推广光伏玻璃幕墙、顶棚、光伏瓦等的使用。

4. 推动光伏下乡创新

开展低密度住宅光伏发电应用试点。积极支持发展与农业生产、农民生活相结合的分布式光伏发电应用。在美好乡村建设中，具备条件的项目应同步规划建设光伏发电应用项目。支持农居连片进行光伏发电应用开发改造，建设与绿色设施农业相结合的光伏生态农业大棚、种（养）殖场等光伏发电项目。

四、有效落实五项政策措施

1. 全方位解决优质屋顶资源有限的问题

做好合肥市工业厂房屋顶资源的统筹协调，引导新建工业建筑厂房业主对于屋顶可利用面积超过1000平方米的，建筑设计上要符合光伏系统规划设计条件，将建筑分布式光伏发电应用纳入节能减排的考核以及奖惩制度。对于合肥市各经济开发区，允许将园区内分布式光伏发电量折算成节能量和减排量参与相关交易，实现节能减排的目标。对于合肥市周边县区农村，按照“规划引导、政府扶持、户企合作、收益分成”的方式，打造具有合肥特色的“光伏社区”、“光伏小镇”。对于合肥市高层建筑，可以采用“集中规划，独立经营，第三方监管”的模式，实现集中生产和管理，缓解利益分配不均的矛盾。

2. “加强电网企业激励”和“加快电力体制改革”双管齐下

在我国现有电力体制未发生较大变化的情况下，调整绩效考核体系，构建电网企业激励机制，可以在考核体系中加入“可再生能源发展”的分类指标，其中再下设“分布式光伏发电量”“风能发电量”等子指标，同时推动电网企业业务创新和转型，使电网企业能从分布式发电的推广中获得真正的激励。

3. 创新分布式光伏项目融资新模式

借鉴嘉兴市“政府引导、市场运作、统一管理”的经验，成立由企业和资本市场共同参与的分布式光伏产业发展基金，由政府引导，为分布式光伏项目提供担保，同时通过第三方监管公司和金融公司将企业的资产和收益权作为抵押，这样，政府、企业、资本市场三方共同承担风险，以此吸引资本的进入。对于入园分布式光伏项目，可以要求企业进行一定比例的自由资产投资，之后通过搭建企业和金融机构的服务平台，结合分布式项目融资需要给予一定支持，再通过金融租赁的方式进行融资。鼓励企业加入光伏产业基金，将项目收益权作为抵押的贷款资质，将未来的部分收益让渡给基金的方式，缩短资金回报周期。实行资产证券化，可以通过资产证券化放到相应的交易平台，方便股权基金、社保基金、信托等的广泛参与，从而拓宽融资渠道。

4. 创新发展模式，发挥市场的主导作用

在政府的主导下，严格控制市场准入标准，向市场上具备一定资质的分布式光伏中小专业化企业，将分布式光伏系统设计、安装建设、检测验收、运营维护等环节的专业化服务承包，引入市场竞争机制，以竞争机制解决目前分布式光伏应用过程中的政策执行力度低的问题，同时，重点培育一批标准化、专业化服务公司，鼓励能力强、技术好、人才储备足的企业延伸光伏发电专业化服务。

5. 加大节能政策支持

对参与建设分布式光伏发电项目的企业，在执行有序用电计划时可根据其发电规模予以优先支持。分布式光伏发电量可计入当地政府和用户节能量，也可抵扣企业新上项目用能指标，并可作为用能指标进行交易，不纳入能源消费总量考核。企业业主自行投资建设并运行的分布式光伏发电项目可申请节能技改项目资助。

《合肥家电产业转型发展研究》摘要

——合肥家电产业转型发展研究对策建议

（撰稿人：张治栋　教授）

《合肥家电产业转型发展研究》在开展广泛实地调研，分析合肥家电产业面临形势和问题，厘清合肥家电产业升级思路和目标原则基础上，围绕智能转型、完善价值链、优化结构、增强空间集聚、增强产业黏性、发展总部经济、强化区域联动、加快“走出去”、完善体制机制9个方面，提出了以下几条政策建议。

一、着力智能转型，强化家电制造优势

1. 以智能转型再创合肥家电制造优势

把家电产业作为“合肥制造2025”重点产业，通过“双千工程”、政府投资基金，支持企业技术改造，推进家电产业向智能制造转型。

2. 以白色家电作为智能制造重点试验

由于其技术、工艺和流程都比较稳定，可以此作为试点，通过人机互动、3D技术以及机器人和机械手的使用，提高产品质量，节约劳动力成本。

3. 推广智能物流改善管理降低成本

白色家电体积较大，放置要求严格，目前，合肥大多为厂房改造而来的钢构单层平面仓库，积极推进立体仓储，提高仓储智能化和自动化，改善物流管理，减少仓储用地。

二、围绕薄弱环节，完善产业价值链

1. 加强价值链构建

在提升家电制造基础上，要加大招商引资力度，完善价值链高端环节，尤其是上游研发设计和下游品牌营销等环节。积极利用合肥市天使投资基金，发展产业价值链的上游和下游环节。

2. 关注技术和商业

时刻关注技术发展变化，例如显示设备从管—屏—膜可能性，金属—塑料—橡胶材料可能性，以及家电商业业态变化，例如百货—专营—电子商务变化，以及跨境电子商务。

3. 组织剥离与重构

鼓励大企业主辅分离，剥离研究开发、仓储物流、市场营销、后勤保障等非制造环节，积极发展主要面向中小企业的专业化咨询、商务、检测、租赁、策划等生产性服务业。

三、优化产品结构，促进融合跨界发展

1. 改变传统家电大而不强局面

一是做强本土品牌。继续培育发展欧力、尊贵、晶弘、帝度等新品牌；二是做强零部件。针对电冰箱压缩机、空调压缩机、洗衣机电机等核心零部件重点研发；三是发展冰洗以外传统家电。

2. 积极发展小家电提高占有率

发达国家平均每户小家电 80 ~ 100 件，而我国城市每户小家电平均不到 20 件，市场前景巨大。尽管小家电销售额仅占 10%，但其利润为大家电的 1 ~ 5 倍。

3. 关注黑白小米融合跨界

小白家电与黑米家电融合，家电与电子相互渗透，智能化、数字化和网络化正在成为融合跨界发展媒介。规划建设家电信息产业园区，加大对关键共性技术研发创新。

四、增加产业黏性，加强产业本土根植

1. 完善优化产业市土配套

传统配套主要指产品生产过程中零部件尤其是关键零部件配套，随着生产性服务业的专业化与产业化，后勤保障、仓储物流、咨询、商务、检测、租赁、策划甚至人才培训和劳动力市场等也成为其重要部分。

2. 引导市土民营企业发展

引导本省民资进入家电产业，通过家电产业全周期与链条全过程的本地化，保持对产业周期的敏锐性，及时整合产业资源，促进家电产业通过并购重组发展壮大，不断培育家电产业的本地基础。

3. 加大家电区域集群营销

以合肥为中心，采用复合品牌模式，进行区域集群营销，鼓励以“合肥 + 品牌”或“合芜滁 + 品牌”作为复合品牌的基本模式，在此基础上，突出相应的产品和企业等元素。

五、加大招商引资，增强空间集聚创新

1. 规划调整工业园区布局

加大招商引资力度，充分利用丰富科技资源，将全市研发设计和营销品牌等生产性服务业相对集中，并与制造业进行匹配，形成制造与服务的近距离集聚，有利于全链条互动创新机制的形成。

2. 建设柏堰白电创新集群

融入研发设计等高端服务机构，扶持企业之间创新联盟，鼓励开放式协同创新，以制造为基础，以创新为动力，促进工业化与信息化融合，推进智能化转型，重点建设柏堰白电创新集群。

3. 打造北城小电创新基地

国资委与产业园之间展开合作，将荣事达品牌授予北城小家电产业园经营，以荣事达

小家电产业园区为基础，通过产品、广告、形象、售后服务等方面加大投入，推动园区与品牌的互动发展。

六、发展总部经济，确立全球产业基地

1. 支持企业总部建设发展

确定联络机构人员，协助惠而浦总部建设。加快荣事达品牌与北城小家电产业园互动，推进荣事达总部发展壮大。加快志邦总部建设，扩大总量。支持万和总部建设，建设制造或销售总部。

2. 探索总部经济建设新模式

对于已进入合肥的大型企业，可针对新的品牌建立总部经济，例如格力在合肥建设晶弘总部，这是合肥利用制造优势创新的总部经济新模式，需要进一步探索。

3. 建设全球家电集散中心

充分利用家电制造优势，在现有基础上扩充家电博览会功能，将家电博览功能固定化、永久化、专业化和网络化，形成全天候家电博览展销、订货、洽谈、展评、陈列为一体的全球家电产业集散中心。

七、主导区域联动，建设世界级产业群

1. 以合芜滁作为战略支点

合肥、芜湖和滁州在全国家电产业格局中都有一定地位，合肥尽管有其明显优势，并在近年取得迅猛发展，但仍要重视与芜湖和滁州之间产业协作，并成为合芜滁家电金三角战略联动的核心。

2. 联合长江沿岸产业力量

一是联合杭甬和苏南地区。苏南家电传统和杭甬小家电具有较强基础；二是长江中游。市场巨大且制造型企业不少，但品牌型企业较少；三是成渝地区。美菱与长虹合作深入，但其他企业合作不多。

3. 与粤西南和胶东竞争合作

以青岛为中心的胶东地区，拥有海尔、海信和澳柯玛等一流品牌，但合肥具有科技资源和成本优势，应共建研发设计机构。粤西南市场成熟，知名企业大都已落户合肥，可与其建立品牌营销机构。

八、借助“一带一路”，促进家电“走出去”

1. 发挥合肥引领扩散功能

合肥家电产业在建设全球家电基地和建设世界级产业集群过程中不断发展壮大，应在进一步集聚资源和增强活力基础上，发挥引领扩散功能，带领我国家电产业走出去。

2. 以白家电打开国际市场

在巩固欧美等传统市场的同时，从合肥产量相对较大的白色家电做起，充分利用合新欧班列，加快对接“一带一路”，开拓东欧、西亚、北非和东盟等新兴市场。

3. 加快家电产业转移整合

传统家电制造普通加工环节技术要求低，增加值也比较有限，可让这些环节转移出去。小家电本地化或个性化要求比较高，可在沿线地区建立整机装配中心。

九、完善体制机制，加强产业发展保障

1. 加强对家电产业发展的组织引导

根据合肥家电产业不同发展阶段特点以及主要问题，及时重新制定或编修“家电产业发展规划”，并根据合肥家电地位变化准确定位发展战略。

2. 加快科技体制改革促进产业创新

合肥科技教育素有优势，但研发创新潜力没有得到体现，其关键问题在于体制机制和政策激励。要鼓励跨区域的政府、企业和科研院所和高等学校之间的合作。

3. 营造有利于家电发展的良好环境

优化整合从研发设计到售前售后、物流仓储、出口报关和废旧家电回收等全产业链，

实现设备仪器共享，资源信息共享，发挥家电行业协会作用，协调解决困难和问题。

4. 建立政府与相关单位的沟通渠道

重点强化与外来品牌企业之间日常联系制度，沟通家电发展远景，凝聚产业发展力量。同时，要建立与尚未落户合肥但有产业转移或并购重组意向企业之间联络沟通关系。

《合肥楼宇经济发展研究》摘要

——合肥楼宇经济发展政策建议

（撰稿人：韩建雨　副教授）

《合肥楼宇经济发展研究》在深入实地调研和部门访谈的基础上，在前瞻宏观形势变化的前提下，深入剖析了合肥市楼宇经济发展现状和存在问题，从政府推动、规划引导、品质管理、环境营造、招商激励等方面提出了有针对性的对策建议。

一、坚持政府推动，谋划顶层设计

1. 充分发挥政府的主导作用

现阶段采用政府主导型模式，推进楼宇经济发展，再逐渐过渡至“政府—中介组织—市场联动”多元合作模式。同是，成立合肥市楼宇经济发展领导小组，包括市发改、商贸、财政、工商、统计等相关部门及各区政府为成员单位，研究合肥市楼宇经济发展问题，谋划楼宇经济发展系列政策和顶层设计。

2. 建立合肥市楼宇经济信息数据库

开展全市楼宇经济发展状况调查，掌握楼宇资源状况、楼宇分布、功能结构、经营管理状况、楼宇内入驻企业的产业结构、税收归属、物业管理、租赁情况及片区规划、配套政策等信息资源，研究设置反映合肥市楼宇经济发展实际的统计和评价指标体系，完善动态监测机制，实现合肥市楼宇经济信息动态实时更新。

3. 设立合肥市楼宇经济发展引导基金

由政府、银行、投资公司、担保公司等发起组成，增强楼宇经济扶持力度，引导企业改造提升现有硬件设施和管理水平，为合肥楼宇经济持续发展提供资金保障。

二、规划科学引导，优化空间布局

1. 编制《合肥市楼宇经济发展规划》

科学设置合肥楼宇经济发展总体目标；对全市楼宇经济发展的总体布局、特色产业、行业分布做出规划，明确楼宇经济发展定位、发展重点。指导各区县（市）编制本地区楼宇经济发展规划或行动计划，对楼宇群的布局规划、功能划分、产业导向、政策协调等作出安排。

2. 研究合肥市楼宇经济发展空间布局

深入分析各县区独特区域优势，明确各板块楼宇经济招商业态及定位，实行差异化发展，避免重复无序的竞争。结合城市规划和轨道地铁规划，选择基础设施完善、周边商圈环境良好的板块开展楼宇开发建设，引导楼宇经济连片开发，促进楼宇合理聚集。

3. 引导培育特色主题楼宇

通过产业置换、建筑置换、拆旧建新等方式，加大整合楼宇资源力度，加速推进楼宇升级扩容。鼓励开发商持有楼宇、不拆零出售。引进集开发、经营于一体的大开发商在楼宇建成后继续持有经营以保证业态的一致性。引入行业龙头入驻楼宇，依靠行业龙头的辐射带动作用吸引企业集聚，着力打造合肥楼宇品牌。

三、完善政策体系，切实保障执行

1. 出台楼宇经济发展系列配套文件

制定和完善促进合肥楼宇经济发展的配套政策体系，加大对楼宇业主、入驻企业、楼宇招商主体等的政策扶持和奖励力度，加强楼宇经济发展扶持政策宣传，确保政策执行细则明晰化、透明化，严格落实政策优惠落实执行。

2. 实行楼宇业主奖励与财政贡献挂钩机制

制定对楼宇业主的奖励配套政策，引导业主多引进行业龙头。加大对楼宇入驻商家的扶持力度，对符合合肥产业发展方向的楼宇进驻企业，可综合考虑其注册资金和当年对财政新增贡献额等，给予租金补贴、融资担保、贴息扶持、研发资助、纳税大户奖励等扶持。另外，对带动区域经济发展有重大贡献的企业，可采取“一企一事一议”方式予以扶持。

四、硬件建设高标准，物业服务严要求

1. 提升楼宇建设质量和品质水平

高标准重点建设一批高档商务楼，打造合肥商务楼宇精品，重点引进国内外大型公司、知名企业的区域总部或其分部、研发外包机构、销售中心。盘活现有一批商务楼，强调楼宇的集聚和辐射功能，优化入住企业结构，提升楼宇利用率。引进管理水平高、设计理念超前的国际性或国内一流开发公司，整体提升合肥楼宇建设档次。加强楼宇内部宽频智能网络、消防报警、安保监控、停车场、电梯、空调系统等基础配套设施的高标准建设。

2. 培育一批一流资质的物业管理公司

提升商务楼宇管理品质。加强楼宇周边配套建设，高质量培植商务楼群，合理调整楼宇周边业态，促进人流、物流汇集流动，打造区域性特色商务楼产业链，促成楼宇经济大商贸大商圈。

五、强化政府服务职能，营造宜商宜居环境

1. 健全优化合肥楼宇经济发展管理机制

转换政府职能，建立政府部门与楼宇业主、企业顺畅沟通的楼宇议事制度，由商务、经信、工商、税务、街道及各楼宇物业部门联合组成，定期会商、了解运行情况，积极帮助协调解决楼宇经济发展中的困难和问题。

2. 搭建兼具综合职能的一体化服务平台

市、县区两级同时搭建涵盖政策宣传、企业登记、民政事务、劳动保障等综合职能的一体化服务平台，主要业务办理下放至县区平台承担。优化招商引资全程服务机制，设置楼宇业主和入驻企业绿色通道，简化楼宇入驻项目审批代办流程，切实改善软环境。

3. 改进全市楼宇经济发展配套服务体系

综合利用和整合现有资源，引入社会资本，引进、培育、建设若干大型的国际一流的楼宇经济发展服务平台公司；针对楼宇企业营运和员工所需的服务开展市场化运作，为合肥楼宇入驻企业和业主提供具有国际优势的生产服务环境和具有国际品质的生活服务环境。

六、重视招商，明确重点，锻造队伍，奖惩有序

1. 明确楼宇招商重点方向和领域

现代服务产业和都市型工业是楼宇经济发展的内核，按照《合肥市现代服务业发展规划（2014～2020）》，重点锁定扶持研发设计型科技服务业等现代新兴服务业和以电子信息产业为代表的电子信息产品研究、开发和组装，软件开发、制造，服装服饰，广告印刷与包装等为主的现代都市工业。在明确上述楼宇招商重点方向和领域的同时，突出打造总部经济，重点在行业龙头招商和著名投资商招商。对世界500强、国内500强和金融业、中介业的行业龙头等影响力大的企业进行定向重点招商，强力引进国内外大型公司、知名企业的区域或其分部、研发中心、销售中心、财务中心等。

2. 夯实产业支撑基础

积极吸纳积聚高端制造业总部、高科技含量产业、高附加值品牌产业进驻，加快大项目、好项目引入力度，推动大量技术水平高、拉动力强的大项目、好项目落户合肥，引导产业链向高端延伸，逐渐培育建成一批影响力大、竞争力强的国际知名品牌、大型企业集团和现代产业基地，从根本上推动区域经济发展和产业创新升级，促进现代服务产业和都市型工业与楼宇经济互促互进、深度融合。

3. 创新拓展楼宇经济招商引资渠道及奖励模式

开展部门招商、专业招商、企业招商、政府招商、市场化运作招商，推行全民招商，科学设置楼宇入驻企业门槛，公正构建招商奖惩制度和责任跟踪制度，并透明公开化，积极拓展招商新思路和新渠道。切实落实对招商主体的奖励政策，建立楼宇招商的责任体系，建立健全楼宇招商属地责任制与考核激励机制，设立合肥楼宇招商奖励基金，积极鼓励社会中介招商，对发展楼宇经济有突出贡献的单位、业主和个人给予重奖。在提倡全民招商的同时，注重抓好楼宇招商专业队伍建设，两条腿走路，锻造一支精干高效的楼宇招商队伍。建立健全招商人才选拔、使用、培训、考核机制，研究并实施符合合肥楼宇经济发展实际的奖惩结合制度，充分调动招商人员积极性，确保优秀招商人才不断涌现出来，而且能够安心留下来。

第四篇

文件政策解读

- 《国务院关于进一步促进资本市场健康发展的若干意见》政策解读——解读“新国九条”
- 《国务院办公厅关于多措并举着力缓解企业融资成本高问题的指导意见》政策解读
- 《国务院关于加快发展生产性服务业促进产业结构调整升级的指导意见》政策解读
- 《国务院关于依托黄金水道推动长江经济带发展的指导意见》政策解读
- 《国务院关于依托黄金水道推动长江经济带发展的指导意见》及《长江经济带综合立体交通走廊规划》政策解读
- 关于发挥财政支柱作用落实“长江经济带指导意见”的政策建议
- 《国务院办公厅关于促进国家级经济技术开发区转型升级创新发展的若干意见》政策解读
- 中共中央国务院《关于加大改革创新力度加快农业现代化建设的若干意见》的解读报告（1）
- 中共中央国务院《关于加大改革创新力度加快农业现代化建设的若干意见》的解读报告（2）

领导批示：

调 研 专 报

第 5 期（总第 132 期）

合肥市人民政府政策研究室　　　　二〇一四年十月八日

《国务院关于进一步促进资本市场健康发展的若干意见》政策解读

——解读“新国九条”

合肥区域经济与城市发展研究院[①]

一、政策出台背景

（一）当前我国以大银行为绝对主体的金融体系不能很好适应经济发展的需要

大银行或高度集中的银行体系在处理信息和监督等方面具有规模优势，更加适合提供

① 合肥区域经济与城市发展研究院，是合肥市人民政府与安徽大学共建的新型智库，旨在依托安大人才智力资源，深入研究合肥经济社会发展的重大问题，为市政府科学民主决策提供智力支持。关注国家重大产业政策取向，为市政府做好政策分析、提出对策建议、谋划政策储备，是其主要职责之一。

市政府政研室联系人及联系电话：朱文台，63538159。

研究院联系人及联系电话：杨仁发，13085062125；孟天琦，13637084587。

大规模的融资服务。但随着中国要素资源禀赋出现的根本性变化，新时期对资源配置效率的要求已经超越了对铺摊子的规模诉求。这相应地需要一个更加高效、市场化、富有弹性的金融体系支持实体经济发展。

（二）经济结构转型进入关键时期

当前我国经济发展进入了结构调整阵痛期、增长速度换挡期，爬坡过坎的紧要关头。资本市场能否充分发展，将在很大程度上决定未来我国经济能否转型升级成功。一方面，资本市场平台的搭建能够更好地发挥资本市场优化资源配置的作用，对完善现代企业制度和公司治理结构，提高上市公司质量，增强企业竞争能力，促进资本形成和股权流转等方面起到极大的促进作用。另一方面，资本市场未来有望成为我国混合所有制经济发展的重要平台，将在中国经济结构的转型升级中扮演重要角色。

二、政策亮点

（一）全力建设多层次资本市场

“新国九条”的核心目标是，建设成一个结构合理、功能完善、规范透明、稳健高效、开放包容，从场内到场外、从公募到私募、从股权到债权、从现货市场到衍生品市场的多层次资本市场体系。

（二）积极稳妥推进股票发行注册制改革

“新国九条”要求积极稳妥推进股票发行注册制改革，建立和完善以信息披露为中心的股票发行制度。一直以来，中国的股市是以核准制为主，其最大的问题就是不利于市场参与主体自身功能的发挥，注册制最大的好处就是减少了各种条条框框，方便企业上市，更加符合市场化的要求。另外，IPO注册制的推行伴随的是更为严格的监管及相应的退市和转板制度，从这个角度而言，注册制改革也有利于投资者在更为规范化和市场化的环境中进行证券投资。

（三）新三板以及区域性场外市场将获得进一步发展

“新国九条”指出，要加快完善全国中小企业股份转让系统，建立小额、便捷、灵活、多元的投融资机制。并在清理整顿的基础上，将区域性股权市场纳入多层次资本市场体系，并完善集中统一的登记结算制度。

（四）培育私募市场

“新国九条”的亮点之一是重点突出了“培育私募市场”，从“新国九条”的表述顺序看，股票市场排在第一位，债券市场排在第二位，培育私募市场排在第三位，期货市场排在第四位，证券期货服务业排在第五位。在以前的类似表述中，私募市场要么不出现，要么也只出现在不重要的位置。从这次对“培育私募市场”表述的篇幅和位置看，都说明了在未来的发展规划中，“培育私募市场”是比较重要的发展方向之一。

（五）市场化并购重组

并购重组作为企业融资和优化我国产业结构的重要途径之一，需要资本市场的有力支撑，但是过去由于审批难、市场壁垒和行业分割，公司产权和控制权跨地区和跨所有制转让受到障碍。“新国九条”强调，尊重企业自主决策，鼓励各类资本公平参与并购，破除市场壁垒和行业分割，实现公司产权和控制权跨地区、跨所有制顺畅转让。市场化并购重组是推动未来国企改革的重要推手，并成为我国未来整体经济领域市场化改革的重要渠道。

（六）扩大资本市场开放

“新国九条”从跨境投融资、鼓励证券期货“走出去”、加强跨境监管合作等方面明确了扩大资本市场开放的路径，并明确了开放的三个方向：便利境内外主体跨境投融资、逐步提高证券期货行业对外开放水平、加强跨境监管合作。在便利境内外主体跨境投融资方面，提出扩大合格境外机构投资者、合格境内机构投资者的范围，提高投资额度与上限。

（七）公司欺诈发行强制退市

“新国九条”明确提出要构建符合我国实际并有利于投资者保护的退市制度，建立健全市场化、多元化退市指标体系并严格执行。对欺诈发行的上市公司实行强制退市。中国资本市场一直以来都是只进不出，慢慢形成资本市场目前的“亚健康”的状态，这也导致了中国资本市场一直萎靡不振。退市制度如果能很好地实施，就能优胜劣汰，保留下来大量优质的上市公司，从而体现出中国资本市场的价值，大量的资金也会被吸引进来。

（八）互联网金融获得认可

“新国九条”明确提出，支持证券期货服务业、各类资产管理机构利用网络信息技术创新产品、业务和交易方式。支持有条件的互联网企业参与资本市场，促进互联网金融健康发展，扩大资本市场服务的覆盖面，这表明监管部门对互联网金融的认可。目前，具备金融资本和渠道资源的互联网企业等待的就是金融开放政策，互联网金融有望得到更大发展。

三、促进合肥市资本市场发展的政策建议

（一）加大上市后备资源培育和扶持力度

合肥市企业整体基础还不够强，缺乏具有高成长性、自主创新能力强、规范运作水平高的企业，上市相对于其他发达城市障碍较大，优质上市储备资源明显不足，上市企业的竞争力不强，因此加大对储备类企业的培育力度刻不容缓。一是加大对企业上市的宣传和引导力度。帮助企业克服认识上的误区，提升企业家的领导才能，建立一批具有远见卓识的现代企业家队伍，增加其冲击资本市场的勇气和信心，使其充分了解上市对企业发展壮大的独特优势，提高企业上市积极性。二是开展对市域内具有上市潜力公司的摸底、调研，全面、准确明晰全市上市后备资源的现状。对上市后备资源库要确保能及时地更新与补充，在此基础上，要加大对拟上市公司的培训和培育力度，为拟定上市企业制定发展思路、培育计划，并根据企业规模、融资情况等进行分类指导。三是切实帮助拟上市公司解决实际困难。比如指导企业做好财务规范审计、完备基础资料、股份改制、股权融资、资源整合以及土地、税收、环保等关键性工作，避免企业在上市的过程中走弯路甚至是走错路，在指导基础性工作的同时还要给予企业必要的政策及资金支持。

（二）推进企业在多层次资本市场上市挂牌

支持企业到主板、中小企业板、创业板、全国中小企业股份转让系统和区域场外市场等上市挂牌。建立本市多层次资本市场上市挂牌企业统一资源库，加强部门协同，进一步完善和整合相关扶持政策，切实做好中小企业改制与上市挂牌的服务工作。

（三）高度重视债券市场融资

合肥市大多数企业属于中小企业，在解决中小企业融资难这个问题上，债券市场比股票市场有着更为广阔的发展空间。因此，在辅导有条件的企业上市之外，要帮助那些不具备上市资格的中小企业发行中小企业集合债、私募债、中期票据等形式募集资金，进一步创新债券融资工具，积极探索新的企业债券品种。

（四）鼓励发展多样化私募投资基金和各类私募投资产品

私募资金的来源是相对活跃的民间资金，数量庞大，且目前我国私募基金相较于公募基金，规模小，仍处于起步阶段，未来发展空间巨大，大力培育私募市场可以有力支持卧室的经济发展。

（五）依托资本市场推进企业改革与发展

充分发挥资本市场资源配置功能，支持国有资本与民营等其他各类资本相互融合，发展混合所有制经济。鼓励民营企业利用资本市场健康发展。发挥资本市场服务实体经济、促进产业结构调整的作用，支持新技术、新产业、新模式、新业态企业加快发展。

（六）支持企业借助资本市场开展并购重组

尊重企业的市场主体地位，进一步突破部门、地区、行业和所有制的限制，鼓励各类资本公平参与并购重组，促进企业股权有序顺畅流转。改善政府管理和服务，简化审批程序，完善鼓励扶持政策，降低并购重组成本。

（七）吸引和培植各类中介机构，搭建金融中介服务平台

构成资本市场的主体除了上市公司之外，还包括证券公司、基金管理公司、证券投资咨询机构、资信评级机构、会计师事务所、律师事务所、资产评估机构等金融中介。目前，合肥市金融中介服务方式存在以下三方面的问题：一是金融资源配置效率不高；二是在金融体系结构中比较侧重间接融资与银行贷款；三是服务覆盖面相对较窄，真正从主板市场中受益的企业数量非常有限。这三方面的问题造成了合肥市资本市场的活跃度不高且难以实现规模效应。首先，要放宽金融中介机构的市场准入。制定优惠政策扶持和吸引有实力的机构和资本落地合肥。其次，引导促进本地银行、债券、信托、期货、保险公司之间的业务合作。实现企业和客户的资源共享。最后，利用互联网技术，打造网络金融服务模式。由于互联网技术的独特优势，能够大幅减少交易成本，简化操作手续，提供“一站式”服务。

（八）加快发展区域性场外交易市场

借鉴国内外场外交易市场的制度安排，深入研究交易规则，加快发展区域性的集中、统一、高效的场外交易场所，努力获取国内领先优势。

（九）努力营造良好的资本市场发展环境

建立健全本市信用信息体系，加强本市公共信用信息与金融信用信息的共享互通与联动合作，完善资本市场守信激励和失信惩戒机制。

（十）在政策允许的框架内适度发展民间金融

不仅金融机构多元化，所有制方面也应多元化，只有这样才能切实搞活金融，增强金融服务功能。引导民营企业、民间资本进入金融领域，鼓励民间资本依法设立小额贷款公司、风险投资基金、私募基金等合法金融机构。

执笔人：徐亚平　安徽大学经济学院副院长、教授

调 研 专 报

第6期（总第133期）

合肥市人民政府政策研究室　　　　　　　　　二〇一四年十月八日

《国务院办公厅关于多措并举着力缓解企业融资成本高问题的指导意见》政策解读

合肥区域经济与城市发展研究院

一、政策出台背景

今年以来，受宏观经济下行影响，不少中小企业资金链出现断裂危机，企业家跑路、中小企业倒闭现象时有发生。对民营经济该如何“下药”救扶再度成为一道亟待解决的难题。

8月13日，央行公布数据显示，7月末，广义货币（M2）余额119.42万亿元，同比增长13.5%，增速分别比上月末和去年同期低1.2个和1个百分点。7月，人民币贷款增加3852亿元，同比少增3145亿元；当月人民币存款减少1.98万亿元，同比多减1.73万亿元，创2009年12月以来新低。受新增贷款大幅下降和票据大幅减少的影响，社会融资规模降至超低水平。数据显示，7月社会融资规模为2731亿元，分别比6月和去年同期少1.69万亿元和5460亿元。

这个数据远低于市场的一致预期，可能有两方面的原因：一是央行前期加大了非公开定向投放力度，使市场难以得到有效的刺激信息，商业银行在整体无法获得明确的刺激信号之前，借贷行为加剧，从而导致信贷投放不足；二是实体方面在迟迟等不到明确的刺激政策后，对于后市悲观情绪加重，借贷行为也在收缩，特别是产能过剩和边缘性行业。

因此，为保证经济平稳运行和企业高效发展，国务院办公厅近日印发《关于多措并举着力缓解企业融资成本高问题的指导意见》，要求金融部门采取综合措施，着力缓解企业融资成本高问题，促进金融与实体经济良性互动。

二、政策亮点

（一）企业将不再受传统授信模式“到期还款后再续贷”的制约，财务成本将进一步降低

因为小微企业对资金的需求往往呈现出“短、频、急”的特点，有些银行会承诺小企业在还清欠款后再贷，这样无形中小企业不得不四处找小微金融机构甚至高利贷借款把银行欠款还了，可再贷款时银行会以额度不够，上级指示等各种借口不再贷款，把小企业陷入困境。

（二）“优化审贷程序，缩短审贷时间”

传统的信贷模式下，小微企业贷款程序烦琐，效率不高。《意见》为商业银行如何开展小微企业贷款指明了方向。提前进行续贷审批、设立循环贷款、实行年度审核制度等措施，可减少企业高息“过桥”融资；鼓励商业银行开展基于风险评估的续贷业务，可让达到标准的企业直接进行滚动融资。

（三）提出切实执行有保有控的信贷政策

针对特定行业或特定地区企业的“一刀切”问题，对产能过剩行业中有市场有效益的企业不能搞“一刀切”。

（四）发展直接融资

逐步扩大各类长期资金投资资本市场的范围和规模，按照国家税收法律及有关规定，对各类长期投资资金予以税收优惠。继续扩大中小企业各类非金融企业债务融资工具及集合债、私募债发行规模。

（五）发展金融机构

继续加快推动具备条件的民间资本依法发起设立中小型银行等金融机构，积极稳妥培

育立足本地经营、特色鲜明的村镇银行，引导金融机构在基层地区合理布局分支机构和营业网点。

（六）引导商业银行纠正单纯追逐利润、攀比扩大资产规模的经营理念

优化内部考核机制，适当降低存款、资产规模等总量指标的权重。设立银行业金融机构存款偏离度指标，研究将其纳入银行业金融机构绩效评价体系扣分项，约束银行业金融机构存款“冲时点”行为。

三、政策建议

此次相关政策的出台主要着眼于解决短期企业融资贵的问题。其实小微企业融资贵、融资难最根本的问题还是当前小微企业生存环境恶化，盈利能力下降，无力支付高额的利息。所以，应该采取切实可行的措施优化小微企业的生存环境，增强企业的盈利能力，落实对小微企业的税收支持政策，切实增强小微企业核心竞争力和盈利能力。因此，从宏观上来说，解决问题的根本出路是要让企业能够挣到钱。否则，即便这一期融到了资金，如果到下一期还不起，仍然会融资难。

政策中提出进一步完善小微企业融资担保政策，加大财政支持力度。大力发展政府支持的担保机构，引导其提高小微企业担保业务规模，合理确定担保费用。而实际情况是很多担保公司受企业效益的影响，名存实亡或者亏损严重，行业遭受到重创。相关银行也发文不与担保公司合作贷款。担保公司本身的生存就已出现危机，小企业的担保又由谁来做呢。

分析这个文件，对小微企业来说，银行贷款不是其主要资金来源，所以各种要求银行加大对小微企业的金融支持力度实施难度很大。真正能与小微企业一起同甘共苦、相伴成长的只能是众多的小贷公司，典当公司、担保公司和融资租赁等小微金融机构。笔者认为，不能带着有色眼光看小微金融机构。而应该为这些小微金融机构提供更好的成长环境，以便让更多的小微金融机构快速成长起来。如果为小微企业提供融资服务的机构多了，小微企业享受的服务就会更多更好，成本才能降低下来，也才能更好地为小微企业融资提供细心周到的“管家式服务”。

我们认为，还是应该把政策的重点放到如何帮助小微企业开拓市场，提高盈利能力，加强对小微金融机构等服务机构和中介的扶持上来。具体建议如下：

（一）调整政府资金支出的考核方法

把政府的有限资金支出提前到企业初创阶段，做天使投资和风险投资，提高坏账损失的容忍度，授权相关人士做投资决策，切实帮助有潜力的小微企业。政府资金应该做雪中

送炭的事，把锦上添花的事留给银行去做。不允许目前一些政府投资部门宁愿不做业务，也不放贷受损受处理的现象出现，以解决官员不作为或少作为的现象。

（二）建立企业的信用制度

金融如何对接实体经济也是重要的命题。史晋川指出，银行体系一直没有很好发展起信用贷款机制，实际上是银行的懒政，让企业担保一下看似很稳，但面临一损俱损的危机。而网状的担保链问题形成的区域系统性风险，已经不是仅靠企业就能解决的问题了，目前各地的应对措施基本都不是经济手段，政府靠行政力量借助银行建立了防火墙，银行靠担保公司又维护了自己的利益。最后直接受影响的就是小微金融机构和小微企业。我们认为最根本的问题是金融体制一定要向真正的市场方向改革，中国的金融体制特别是银行，实际上离真正的市场竞争差得还比较远。

（三）企业的投资是有阶段性的

金融机构不能在经济好时鼓动企业扩大投资，经济紧缩时就立即停贷。银行员工要建立这么一个理念，他们与企业是利益共同体，不是对手，企业一旦完了，银行利益也就会受损失。所谓的止损，“一刀切”停贷都不是解决问题的最佳方法。银行应努力营造与小微机构的合作共赢局面，逐渐形成一个适宜小微企业生存的良性的小微金融生态。

（四）政府要加强对法院债权纠纷案件办理的力度和效率

法院可考虑适当增加人手，加速清欠，让恶意逃债人不存侥幸心理。如果法院人手不够，忙不过来，可以考虑购买中介的服务，由他们去做前期的尽职调查等案头工作，加快办案的速度。只与效率高的中介购买服务，淘汰不良中介。这样加大打击恶意欠债人的力度，尽心帮助由于不可控因素造成的欠债人解决难题，整合资源，开拓市场。降低债权人放贷的风险的追债的难度，这样小微金融机构才会适当降低贷款利率。

（五）政府采购也应该敢于尝试新技术

据我们调查了解，安徽省内的政府采购只希望购买京沪一线城市成熟的产品，但如果安徽的创新型科技企业新研发的产品只能销售到京沪广去，无疑给安徽小企业的市场推广增添了更多的障碍。也难怪安徽较多的科技企业发展有些规模了，就立即在江浙注册，以获取那边的资源和市场。这进一步加剧了小微机构融资难的困境。

（六）政府对高校的科技成果转化，要给予灵活的扶持和奖励政策

鼓励高校教师与企业一起将科技成果转化，以提高小微企业的创新能力。

（七）大力培育小微金融企业等服务机构，建立服务于小微企业的市场营销顾问团队

目前政府有些部门的工作只是应付上级领导检查，流于形式，并没有时间和精力去为小微企业做更细致的服务工作。因此，浪费了太多的资源。所以，建议在高校经管学院设立科技成果转化的中介经纪人队伍，建立更多的小微企业服务中心，让高校师生更好地为小微企业服务。

四、结束语

企业是经济活动的基本细胞。当前我国货币信贷总量不小，但小微企业融资不易、成本较高的结构性问题依然突出，不仅加重企业负担、影响宏观调控效果，也带来金融风险隐患。有效缓解这一问题，既可为企业“输氧供血”，促进当前稳增长，又能形成金融与实体经济良性互动，使经济固本培元、行稳致远。要按照定向调控要求，多措并举、标本兼治，推动结构性改革和调整，深化金融体制改革，加强金融服务和监管，为做强实体经济、扩大就业和改善民生提供金融支持。

执笔人：汪　芹　安徽大学副教授

调　研　专　报

第7期（总第134期）

合肥市人民政府政策研究室　　　　　　　　二〇一四年十月八日

《国务院关于加快发展生产性服务业促进产业结构调整升级的指导意见》政策解读

合肥区域经济与城市发展研究院

一、政策出台背景

在资源、能源和环境约束的条件下，要打造和实现中国经济提质增效的“升级版”，仍存在一系列的问题亟须解决。其中，最为重要的问题是如何提高制造业核心竞争力。我国制造业在参与国际分工过程中，基本处于全球价值链的中低端环节。特别是2008年的全球金融危机后，欧美等发达国家实施“再工业化”战略，这对提升我国制造业竞争力带来严峻的挑战，如何提升和增强我国制造业竞争力已迫在眉睫，我国制造业已经到了升级的“时点”。

产业结构调整升级一直是我国努力解决的问题，但是效果一直低于预期。改革开放以来，我国产业结构得到不断改善，但是与发达国家相比，还是不尽如人意。根据国务院2007年发布的《关于加快发展服务业的若干意见》（以下简称《意见》）提出的目标，到2020年，我国基本实现经济结构向以服务经济为主的转变。2007年以来，虽然我国服务业取得较快的增长速度，但服务业占GDP的比重没有明显改变，反而在有些年份出现下降。从服务业内部结构来看，生活性服务业供给规模和质量水平明显提高，而生产性服务业发展相对滞后、水平不高、结构不合理等问题突出，亟待加快发展，例如，生产性服务业增加值占服务业比重在2007年和2008年连续两年出现下降，这在一定程度上与我国“十一五”以及“十二五”规划中明确提出要大力发展生产性服务业以及推动生产性服务业快速发展不相吻合。

由于生产性服务业涉及农业、工业等产业的多个环节，具有专业性强、创新活跃、产业融合度高、带动作用显著等特点，是全球产业竞争的战略制高点。当前，在我国经济下行压力较大的情况下，需创新宏观调控思路，不再过于依赖刺激投资和工业，而是通过加快生产性服务业发展，把调结构和稳增长结合起来，这既有助于当前稳增长，更有利于加快推动工业转型升级，引领产业向价值链高端提升，促进“中国制造”迈向“中国创造”，对打造中国经济升级版至关重要。

二、政策亮点

（一）重点明确了生产性服务业细分行业

相比“十一五”以及“十二五”规划等文件，细化了生产性服务业重点发展的行业范围，为研发设计、第三方物流、融资租赁、信息技术服务、节能环保服务、检验检测认证、电子商务、商务咨询、服务外包、售后服务、人力资源服务和品牌建设。其中，节能环保服务、检验检测认证以及人力资源服务和品牌建设等首次明确提出。

（二）进一步强调提高市场开放程度

一是不得对社会资本设置歧视性障碍。鼓励社会资本以多种方式发展生产性服务业，要求进一步放开生产性服务业领域市场准入，强化公平竞争环境，进一步减少生产性服务业重点领域前置审批和资质认定项目，由先证后照改为先照后证。二是推进生产性服务业领域有序开放。放开建筑设计、会计审计、商贸物流、电子商务等服务业领域外资准入限制，引导外资生产性服务业企业投资；同时，鼓励有条件的生产性服务业企业境外投资。

（三）拓展了生产性服务业的发展方式

一是产业融合。文件中多次提到产业融合，并提出了融合的方向，即实现生产性服务业与农业、工业在更高层次的融合，要求加快推进生产制造与信息技术服务融合。二是集聚发展。这是第一次提出。因地制宜地引导生产性服务业在中心城市、制造业集中区域、现代农业产业基地以及有条件的城镇等区域集聚。三是创新发展。该《意见》中“创新”

一词出现44次。鼓励生产性服务业企业开展科技创新、产品创新、管理创新、市场创新和商业模式创新，鼓励农业企业提高科技创新和有能力的工业企业重点围绕提高研发创新，不断向价值链高端发展。

（四）政策措施具体化和多元化

该《意见》提出了许多新的政策和措施：一是完善土地和价格政策。对于生产性服务业用地、用电（水、气）作出明确的规定，要求建立合理的生产性服务业企业贷款定价机制，完善生产性服务业价格形成机制。二是加强知识产权保护和人才队伍建设。鼓励生产性服务业企业创造自住知识产权，促进知识产权协同创新，支持生产性服务业创新团队培养，培养创新型、应用型、复合型、技术技能型人才。三是完善财税政策和创新金融服务。尽快将营业税改征增值税试点扩大到服务业全领域，研发设计、检验检测认证、节能环保等科技型、创新型生产性服务业企业，可申请认定为高新技术企业，享受15%的企业所得税优惠税率。鼓励商业银行开发适合生产性服务业特点的各类金融产品和服务，建立生产性服务业重点领域企业信贷风险补偿机制，支持符合条件的生产性服务业企业上市融资、发行债券。

三、政策建议

随着合肥经济的高速发展，从总量上看，合肥生产性服务业得到较好的发展，生产性服务业增加值从2006年的200.44亿元增长到2012年的647.81亿元，增长了2.23倍，但低于同期合肥GDP和服务业的增长率。生产性服务业增加值占GDP的比例由2006年的18.67%降低到2012年的15.56%，这低于我国总体平均水平，这表明合肥在经济增长高速发展时期，生产性服务业发展相对偏慢，这与合肥制造业发展不相匹配。同时，从生产性服务业行业构成比重来看，2012年各细分行业所占比重大小依次为金融业（33.13%）、交通运输、仓储和邮政业（25.49%）、租赁和商业服务（26.26%）和信息传输、计算机服务和软件业（13.47%）及科学研究、技术服务和地质勘查业（11.65%）。从构成比重来看，传统的生产性服务业所占比重较大，新兴生产性服务业所占比重较小，与全国层面相比，各细分行业所占比重位次一致，但是合肥科学研究、技术服务和地质勘查业所占比重高出全国平均水平，租赁和商业服务远高于全国平均水平，这是合肥生产性服务业发展的优势所在。基于合肥制造业、农业以及生产性服务业的现状，提出以下几点政策建议，以供参考。

（一）完善合肥生产性服务业发展规划体系

依据合肥市“十二五”规划等总体发展规划，结合即将编制的“十三五”规划，科学编制全市生产性服务业发展总体规划；编制合肥市生产性服务业区域发展规划；各区、县（市）、开发区加快编制本地区生产性服务业发展规划；编制合肥市生产性服务业集聚区发展规划；合理编制《合肥市生产性服务业发展鼓励投资指导目录》。

（二）加快发展生产性服务业的重点领域

结合合肥制造业、生产性服务业等产业优势，确定生产性服务业发展的重点领域，主要为：一是金融服务业。根据合肥现有的生产性服务业的优势，大力推进重大车辆装备制造业、电子信息产业等主导产业与金融业融合互动发展，充分发挥金融服务对新型工业化发展的支撑功能。加快构建以滨湖国际金融后台服务基地为核心的金融产业。加快提升金融聚集区能级，优化金融聚集区软、硬环境建设。二是现代物流业。充分利用合肥现有的优势，努力将合肥建成东中部地区物流中心城市、区域性航空物流基地和国家级物流枢纽城市，重点建设装备制造物流体系、整车及零配件物流体系、商贸物流产业体系、绿色食品（农产品）物流网络体系。三是研发设计服务业。充分依托合肥全国科教基地以及制造业发展优势，重点发展工业设计以及高科技的延伸服务，组建一批公共研发、设计、检验检测等公共服务平台，扶持重点工业企业成立独立的研发机构。四是信息服务业。通过信息化与工业化的有机融合，促进产业结构优化升级，切实提升装备制造业等主导产业的核心竞争力，因此，应加快信息服务业发展。根据合肥现有的基础，加快云计算、物联网等信息基地建设，力争在面向工业重点行业知识库建设取得突破，积极发展电子商务，加快相关软件产业发展。五是商务服务业。围绕合肥重大装备制造业、电子信息等主导产业发展需要，积极发展法律咨询、工程咨询、检验检测认证、商务会展、人力资源服务、融资租赁、售后服务等商务服务。重点发展会展服务、人力资源服务、售后服务，加快发展检验检测认证服务、融资租赁等。六是节能环保服务。合肥节能环保产业发展迅速，据统计，今年以来，合肥在节能环保产业投资额达189.9亿元，因此，应抓住这一时机，大力发展节能环保服务业。依据合肥节能环保行业情况，有选择地重点发展相关性强的节能环保服务业。

（三）进一步明确优化生产性服务业的空间布局

根据合肥各区、县（市）、开发区的产业实际发展和布局情况，进一步优化生产性服务业空间布局，明确合肥东部、南部、西部、北部以及中心城市等地区生产性服务业发展重点，促进生产性服务业集聚的形成和发展。

（四）进一步完善生产性服务业政策保障体系

一是积极做好“营改增”工作。以国家全面推进生产性服务业“营改增”试点为契机，争取将合肥更多生产性服务业行业（领域）纳入“营改增”范围。二是进一步完善生产性服务业发展用地机制。完善生产性服务业建设用地的规划和价格制定，促进土地节约集约发展，促进生产性服务业发展壮大。三是细化和完善生产性服务业支持政策。深入落实国家扶持生产性服务业发展的有关政策，制定相应的工作方案和实施细则，确保政策有效落实，例如，对于如何推进生产性服务业领域有序开放、企业所得税优惠税率等方面。四是争取将合肥成为“国家服务业综合改革试点和服务业发展示范区”。合肥作为省级服务业综合改革试点基础上，上升为国家级服务业综合改革试点。五是进一步加强促进工业企业特别是装备制造业企业加快分离生产性服务业的产业政策和金融财税政策。明确目标任务、工作举措和保障措施。

执笔人：杨仁发　安徽大学副教授

调　研　专　报

第11期（总第138期）

合肥市人民政府政策研究室　　　　二〇一四年十一月二十四日

《国务院关于依托黄金水道推动长江经济带发展的指导意见》政策解读

一、政策背景

《国务院关于依托黄金水道推动长江经济带发展的指导意见》（以下简称《意见》）所称长江经济带，是横跨我国东中西三大区域、占国土21%的面积、拥有全国40%的人口和生产总值、综合实力最强、战略支撑作用最大的区域之一。

推动长江经济带发展，是充分发挥长江黄金水道枢纽作用的战略需要，可以进一步开发岸线资源，发展流域经济，打造中国经济新支撑带；是化解当前国内外矛盾的需要，有利于挖掘中上游广阔腹地蕴含的巨大内需潜力，纠正沿海地区过度依赖外向型经济的增长模式；是国内向纵深腹地梯度发展的需要，长江横贯东中西，连接东部沿海和广袤的内陆，依托黄金水道打造新的经济带，有独特的优势和巨大的潜力；是全面推进新型城镇化实践的需要，有利于形成新型城镇化的新格局。

二、政策亮点

《意见》从七个方面提出了发展思路，本文立足合肥，围绕创新驱动促进产业转型升级、全面推进新型城镇化、培育全方位对外开放新优势、建设绿色生态廊道四方面的政策进行解读。

（一）首次高标定位合肥为全国“以创新驱动产业转型升级”的先行示范区，突出其自主创新在国家层面的引领示范作用

《意见》明确指出：“发挥上海张江、武汉东湖自主创新示范区和合芜蚌（合肥、芜湖、蚌埠）自主创新综合试验区的引领示范作用，以沿江国家级、省级开发区为载体，以大型企业为骨干，打造电子信息、高端装备、汽车、家电、纺织服装等世界级制造业集群。”指明了合肥要以创新驱动产业转型升级，创新驱动城市发展。同时也意味着合芜蚌自主创新综合试验区已跻身于国内自主创新示范区的第一方阵，成为引领安徽乃至全国自主创新的旗帜。

（二）从低碳发展、打造沿江绿色生态廊道视角为合肥产业结构调整升级指明了方向

《意见》明确要求：长江沿线以及沿河、环湖城市，应注重通过集聚科技创新要素、节约集约利用资源、调整产业结构，共同改善长江生态环境；加快发展金融保险、节能环保、现代物流、航运服务、旅游休闲、健康养老、家庭服务、文化教育、信息技术、电子商务、研发设计、知识产权、检验检测、认证认可等服务产业，区域中心城市要逐步形成以服务业为主的产业结构。

（三）首次在国家层面明确了合肥归属于长三角城市群的定位，指明了合肥作为全国主体功能重点开发地区，依托长三角城市群加快承接产业转移和加强区域间分工协作的方向

为合肥依托长三角城市群寻求更广的承接产业转移和区域合作指明了方向；把合肥置于长三角交通干线上的重要节点和轴线上进行重点开发，提升其聚集力和辐射力。

（四）立足全球化竞争和国家战略，首次在国家层面明确建设合肥长三角副中心和国际化都市区的城市定位和全国性交通干线的枢纽地位

这标示着未来合肥发展成为国际化都市和长三角城市群副中心的城市定位，以及由区

域性交通枢纽迈向全国性交通枢纽的功能地位转变。

（五）从提升城市功能与品质，实现产城融合、可持续发展视角，指明了推进以人为核心的新型城镇化路径

《意见》指出，要“加强公共交通、防洪排涝等基础设施建设”、“开展新型城镇化试点示范”、“选择具备条件的开发区进行城市功能区转型试点，引导产业和城市同步融合发展”。对合肥而言，如何拓展城市发展空间，提高城市品位，既实现产城融合，创新发展；又做到人与自然、环境相融合，科学发展，人文发展，具有重要的指导意义。

（六）从长江经济带全方位对外开放，打造沿江中心城市、内陆经济开放新高地的视角，揭示了合肥承东启西、关键连接点的开放空间和特殊重要的战略地位

《意见》指出：“加快武汉、长沙、南昌、合肥、贵阳等中心城市内陆经济开放高地建设。”“增强沿江沿边开放口岸和特殊区域功能，打造高水平对外开放平台”。发挥长江三角洲地区对外开放引领作用，建设向西开放的国际大通道，全面提升长江经济带开放型经济水平，对合肥是一大利好。合肥将凸显区域优势，不仅立足于长三角，而且可以向西开放，是对接长三角、中四角的关键连接点，合作空间更为广泛。

三、政策建议

政策的推出对合肥既是机遇也是挑战。未来5年是合肥关键的5年，城市转型发展，合肥任重道远。

（一）高标准，新定位，积极推进城市功能转型

新中国成立以来，合肥经历了城市功能由县城向省会城市转型升级，产业结构、就业结构不断动态调适的过程，在此过程中城市功能不断形成壮大。向国际化都市区迈进，必然要求城市功能的进一步转型。2013年，合肥城镇化率为67.8%，根据国际经验，合肥的城镇化发展，将进入集聚效应助推经济收敛、技术赶超、产业升级以及可持续发展的稳定轨道。合肥未来发展的“1331”城市空间布局已经确定、蓝图已绘，要根据规划功能及时跟进。

（二）分类指导，分层实施，及时促进产业转型

由中部次发达中等城市向国际化都市迈进，必然要求建立新型的都市产业群，实现产业的转型与跨越式发展。要分类指导，分层实施推进战略性新兴产业、传统主导产业、都市服务业、现代农业发展。新一代信息技术产业、智能装备产业、生物医药生物育种、光伏新能源产业等战略性新兴产业，代表了世界产业升级的趋势，其重点任务是抓住产业升级的技术路线图，紧跟并试图在某些领域挤进世界领先行列；对家电、汽车等传统主导产业而言，主要任务是围绕智能化、人性化、节能化的产业发展方向，促进高端化、规模化和集群化；都市服务业的发展重点则是根据城市功能升级的需要，提升竞争力、影响力和对产业结构升级的渗透力；要按照“高、精、特、新”的要求发展现代农业，它不仅是实现统筹城乡发展的抓手之一，也是绿色、休闲、生态、低碳城市化的重要构成内容。

（三）审时度势，提高规划管理能力，推出新的发展战略

城镇化进程中的政府与市场关系可以相辅相成，政府顺势而为可以事半功倍。根据我们的研究，2006 年和 2012 年合肥市城镇化质量水平有两次快速的提高，这与政府提出“工业立市”战略和城市空间发展战略有着密切的关联。《意见》出台，合肥将面临新的内外环境，审时度势推出新的发展战略势在必行。2013 年，合肥工业增加值已经占到 55. 3%，“工业立市”的战略目标已经实现。但合肥服务业比重仅占 39. 4%，产业结构与都市化的要求不相符合。我们认为合肥应为进入“后工业化”时期做好战略准备，适时推出“保二促三”的发展战略。

（四）放眼全球，进一步将合肥“大湖名城、创新高地”的名号叫响传远，扩大城市影响力，为打造国际化都市造势

“大湖名城”的应有之义是城市的生态转型，要做好“水”的文章，让巢湖示范区实现经济生态化；“创新高地”不仅仅是科教资源富集，更重要的是变科教资源为经济优势，要抓紧落实科研成果转化，形成创新创业的良好氛围，让更多的科技人才在合肥实现创业和致富梦想。对内对外要统一名片，将合肥“大湖名城、创新高地”的名号叫响传远。

合肥区域经济与城市发展研究院
合肥市发改委
合肥市政府政研室

执笔：江三良　教授　合肥区域经济与城市发展研究院研究员
审核：胡　艳　教授　合肥区域经济与城市发展研究院院长
审定：王毓江　合肥市政府政策研究室主任

调　研　专　报

第 10 期（总第 137 期）

合肥市人民政府政策研究室　　　　　　　　二〇一四年十一月二十四日

《国务院关于依托黄金水道推动长江经济带发展的指导意见》及《长江经济带综合立体交通走廊规划》政策解读

一、政策背景

随着中国经济发展模式由出口导向型向内需拉动型转变，需要在产业层面和空间层面寻找新增长点。从空间层面上来看，经济新增长点由东部沿海地区向内陆纵深拓展，长江经济带作为区域经济发展的主轴线能否充分发挥引领区域经济增长的作用，对我国经济整体提质增效升级至关重要。在此背景下，国务院印发《国务院关于依托黄金水道推动长江经济带发展的指导意见》（以下简称《意见》），并附《长江经济带综合立体交通走廊规划》（以下简称《规划》），部署将长江经济带建设成为具有全球影响力的内河经济带、东中西互动合作的协调发展带、沿海沿江沿边全面推进的对内对外开放带和生态文明建设的先行示范带。

《意见》的印发，标志着我国区域发展战略的新提升，意味着我国开发开放进入沿海内陆沿边优势互补的新阶段。这为合肥带来了前所未有的战略机遇。在城市与区域竞争日趋激烈的今天，合肥如何破除传统的“路径依赖”，抢抓机遇，借力提高城市的创新能力、经济开放度和外向度，培育在国际经济体系中的竞争力，并发挥其自身区位优势和交通枢纽地位对长江经济带提供战略支撑，显得尤为重要。

二、政策亮点

《意见》围绕七个方面做出了部署，《规划》就交通走廊建设提出了具体安排。本文立足合肥，主要针对城市定位、生态建设、交通网络等方面进行解读。

（一）明确了合肥市长三角城市群副中心的城市定位

《意见》明确合肥归属于长江三角洲城市群，并提出提升南京、杭州、合肥都市区的国际化水平。结束了合肥长期以来在长江三角洲城市群和长江中游城市群中的归属争议问题。明确了合肥在长三角城市群交通网络中的地位：长江三角洲城市群要建设以上海为中心，南京、杭州、合肥为副中心，“多三角、放射状”的城际交通网络。鉴于交通对区域经济增长的引领和支撑作用，该定位可以说等同于提出了合肥未来在长三角地区经济副中心的城市定位。

（二）为合肥港和巢湖生态环境治理创造了条件

在出口导向型经济发展时期，合肥吃了未能“通江达海”的亏。《规划》提出的统筹推进支线航道建设，明确提出加快建设合裕线和研究引江济淮通航的可能性。这对合裕线航道的建设和运营会产生明显促进作用，有利于充分发挥航道对区域内经济社会发展的潜力；同时，引江济淮等工程不仅能有效治理巢湖生态环境，而且对提升合肥“通江达海”能力，为合肥打造物流中心、扩大经济腹地范围创造了条件。

（三）进一步强化了合肥的区域铁路枢纽地位

《规划》提出重点建设上海经南京、合肥、武汉、重庆至成都的沿江高速铁路，建设商丘经合肥至杭州的高速铁路，形成覆盖50万人口以上城市的快速铁路网。在铁路建设重点项目里提出建设商丘经合肥至杭州、郑州至合肥、合肥至九江的快速铁路。在即将到来的高铁时代，这些项目的规划和建设都会进一步强化合肥的铁路枢纽地位。这对合肥发展来说既是机遇也是挑战，把握得好的话能够提升合肥的城市吸引力，把握不好的话容易造成高端人才和发展要素外流。

（四）为合肥空港经济区发展提供了机遇

《规划》提出发挥合肥干线机场作用，实施合肥机场扩建工程，依托空港资源，发展临空经济。合肥新桥国际机场及其空港经济区不仅能够为优化合肥产业空间布局、提升城市核心竞争力创造条件，而且有利于更大区域投资环境的优化，对周边将具有极大的带动作用。

（五）为合肥城际交通网络完善创造了可能

《规划》提出打造以上海为中心，南京、杭州、合肥为副中心，城际铁路为主通道的“多三角、放射状”城际交通网络。建设以合肥为中心，连通芜湖、马鞍山、宣城、铜陵、池州、安庆、淮南、蚌埠、滁州等城市的放射状城际交通网，实现中心城市与周边城市之间1~2小时通达。目前，合肥市对安徽省内其他城市（尤其是皖东城市）的辐射带动能力和经济联系强度争议较多，部分原因就在于合肥对皖东城市的交通可达性不及南京、上海等城市。而以合肥为中心的省内城际交通网络的完善为提高合肥市在安徽省内的城市首位度和辐射力创造了可能。

（六）为提升城市内部公共交通网络能力提供了保障

《规划》明确提出贯彻落实公共交通优先政策，统筹城市发展与重大交通基础设施建设；有序发展城市轨道交通，建成合肥城市轨道交通主骨架。这为提高城市内部公共交通的快捷性、可达性和便利性，实现地面公交与轨道交通衔接顺畅、运行快速、换乘方便，满足市民基本出行需求，构建现代化公共交通网络体系提供了保障。

三、政策建议

（一）借力完善交通网络体系，尽快把区位优势转化为经济优势

合肥是长江经济带经济增长的核心地区和关键节点，具有承东启西的区位优势。合肥需要借此区位优势来打造交通优势、物流优势，在激烈的城市竞争中脱颖而出。合肥经济圈处于整个长江中下游城市群的枢纽位置，不仅是空间上的枢纽，而且是市场联系的枢纽、产业协同的枢纽、社会文化交流的枢纽。这些枢纽作用的发挥还须有交通枢纽的“硬件”基础。优越的交通基础设施是承接产业转移、加速产业集聚、培育产业集群的主要基础。合肥应借《规划》对合肥高起点的交通网络枢纽定位之力，通过高速铁路、城

际铁路规划建设，提升铁路在对外交通体系中的功能与地位；进一步完善高速公路、国省干线公路网、优化水运及强化机场衔接，引导城乡统筹发展；增加交通基础设施的投入，改善区域交通可达性，集聚大区域的资源，发挥交通对区域经济的带动和引领作用，尽快把交通优势转化为经济优势。

（二）紧抓长江经济带龙头，加快区域一体化进程

如果说长江经济带是一条龙，那么上海就是龙头，合肥则处于“龙颈”部位，灵活而关键。《意见》中对合肥在长江三角洲城市群的归属划定是比较客观的。无论是从目前经济联系的密切程度还是未来区域经济发展趋势上，合肥都与长三角的联系更为密切。但目前合肥与原长三角地区的区域一体化程度不够高，区域一体化利益协调机制尚不完善。合肥的经济发展要乘势而上，必须顺应形势紧紧抓住长江经济带的龙头，加速区域一体化进程，对接沪、宁、杭，对接大上海。对于合肥经济圈乃至整个安徽省的发展来说，需要在贯彻落实东向发展战略的同时东西兼顾，向东积极融入长三角承接产业转移，向西努力扩大自身腹地和市场辐射范围，加强与长江中游地区的分工合作。

（三）集约利用岸线资源，探索生态文明建设新模式

随着未来长江黄金水道支线的不断开发，合肥港沿南淝河、派河、店埠河、杭埠河及沿巢湖等沿河（湖）岸线资源会日益紧缺。合肥城市发展应该未雨绸缪，及早建立岸线利用的准入门槛，控制随意占用和粗放利用岸线，促使临港企业向陆域纵深发展，节约、集约利用有限的岸线资源，实现岸线资源的综合利用和对腹地产业、城镇的带动作用，最大限度地发挥岸线的复合功能。同时，合肥要在长江经济带生态保护规划上走在前面，探索生态文明建设的新模式。合肥的发展和环巢湖生态治理休戚相关。如果环巢湖的生态治理做好了，合肥的知名度和形象将得到进一步的提升；反之，如果环巢湖地区的生态治理不尽如人意，那么，就会变成合肥市一个沉重的负担。

合肥区域经济与城市发展研究院
合肥市发改委
合肥市政府政研室

执笔： 程绍铂 博士 合肥区域经济与城市发展研究院研究员
审核： 胡 艳 教授 合肥区域经济与城市发展研究院院长
审定： 王毓江 合肥市政府政策研究室主任

调 研 专 报

第13期（总第140期）

合肥市人民政府政策研究室　　　　二〇一四年十二月十八日

关于发挥财政支柱作用落实“长江经济带指导意见”的政策建议

《国务院关于依托黄金水道推动长江经济带发展的指导意见》（以下简称《意见》）明确了合肥在国家战略层面的新定位，为合肥发展带来了前所未有的新机遇。现就落实国家战略部署，深化财税体制改革，发挥财政支柱作用，推动合肥长江三角洲城市群副中心建设，提出以下几点政策建议：

一、创新基础设施提供方式，打造全国交通枢纽中心

一是加快航道建设。依托长江黄金水道强化一体化建设，规划上既要考虑长三角城际交通网络的整体性，又要考虑合肥地域性特点；加大对裕溪河、兆西河航道整治和建设的财政投入，提升重吨级船舶通行能力，提升吸引力和带动力。

二是创新基础设施投入方式。交通等基础设施投入大，既要依靠中央财政资金支持，更需创新投融资方式，健全财政投融资机制，充分调动社会资本参与交通等基础设施建设、服务和管理。采取政府与民间共同投资方式，“建设上海经南京、合肥、武汉、重庆至成都的沿江高速铁路”；采取政府投资，法人团体经营运作方式，“完善合肥机场干线建设，增加国际运输航线，推进支线机场建设”；采取私人出资或由主管部门筹资、定期收费补偿成本并适当盈利等方式，“提高国省干线公路技术等级和安全服务水平，加快县

乡连通路、资源开发路、旅游景区路、山区扶贫路建设”；综合选择“建设—经营—转让”投资方式（BOT）、“公私合伙”投资方式（PPP）和“建设—经营—所有”投资方式（BOO）等方式，提供基础设施建设。

二、深化产业财税制度改革，促进产业结构优化升级

充分发挥合芜蚌自主创新综合改革试验区的引领作用，完善财政科技投入机制、税收激励政策，创新驱动产业转型，培育具有国际水平的产业集群。

一是创新财政科技投入机制。确保财政科技投入稳定增长，重点支持应用技术研究、社会公益性研究和前沿技术研究；依托合肥高校和科研机构，支持建成一批国家工程中心（实验室）和企业技术中心；加大科技人才投入，提高科研人员待遇。

二是强化企业技术创新主体地位。落实促进高新技术企业、转制科研机构、创业风险投资企业、科技中介服务机构等发展的税收优惠政策，引导创新资源向企业集聚，培育若干领军企业。

三是加快新一代信息基础设施建设，助推信息化与产业有效融合。充分利用互联网、物联网等新一代信息技术改造提升传统制造业，促进合肥制造业做大做强；推进信息化与产业融合发展，培育发展战略性新兴产业，使之成为先导性产业和支柱性产业；加大对商业、服务业的支持力度，建立电子商务发展专项资金，努力将合肥打造成电子商务示范城市，加快农业、制造业和服务业的电子商务应用。

四是深化“营改增”改革，推动大型企业主辅分离，促进现代服务业发展。尽快组织调研“营改增”对合肥交通、邮政、电信、现代服务业的影响，出台和完善“营改增”过渡措施，消除改革给企业带来的不利震荡。

五是推进农业综合开发投资参股经营试点，充分发挥财政支农政策的导向功能。在稳定粮食生产的同时，进一步落实相关税收优惠政策和补贴政策，支持与高效精品农业，以及与都市农业相关的现代物流、农贸市场、农产品超市等企业发展；发挥产业基金的引导作用，鼓励更多的社会资本参与农产品加工，做大做强农业加工龙头企业，发挥龙头企业的引领作用。

六是积极引入产业投融资 PPP 模式，探索财政支持产业发展资金的基金化运作模式。利用创业投资引导基金，发挥财政资金的酵母和导向功能，构建政策性资本、民间资本、外来资本共同参与的股权投资保障体系，为初创及成长期企业提供从创业到上市全流程资本支持。设立科技贷款风险补偿基金，财政与银行合作，采用协同出资、风险共担的模式，构建科技贷款风险保障基金池。设立区域重点成长型企业发展基金，与民营资本合作投入战略性新兴产业项目。

三、建立公共服务共担机制，提升长三角副中心地位

探索建立公共服务共担机制，创新城镇化发展体制机制，提高城镇化的承载能力，建设长江三角洲城市群副中心。

一是提高教育、医疗等公共服务水平，增强合肥市承载能力。教育领域，应加强政府在教育投资上的主体地位和主导作用，稳定教育经费来源。大幅度地提高义务教育占教育总经费的比重，着力解决农业转移人口义务教育问题。理顺政府与民间的教育投入关系，采用不同的投资模式：对于中小学基础教育，应以政府公共投资为主；对于普通高等教育，应由各级政府与民间主体共担投资任务；对于职业技术教育，应采取民间自主兴办的模式。加强监管，重点鼓励对农业转移人口的职业技能和文化培训，提升农业转移人口的素质。医疗服务领域，建立以政府为主体的卫生医疗服务体系，加大政府投入，优化结构；建立多层次的医疗保障制度；推进卫生医疗和药品公共定价制度、药品购销制度、卫生医疗机构财务管理制度、医疗机构补偿机制等改革，促进医疗卫生服务的多元化和竞争。

二是建立健全与居住年限等条件相挂钩的基本公共服务提供机制。这是《意见》提出的可以量化且可操作性强的做法，为政府建立和完善居住证制度提供政策依据，有助于政府循序渐进地解决城镇化进程中人口增加和基本公共服务提供不足的矛盾。

三是探索建立农业转移人口市民化成本分担机制，构建多元化、可持续的城镇化投融资机制。通过股权融资、项目融资、特许经营等方式吸引社会资本投入，建立有利于创新行政管理、降低行政成本的设市设区模式。加快实施肥西县改区及长临河、忠庙等建镇级市步伐，不断扩大副中心的放射作用。

四是增加市政投入，加强公共交通、防洪排涝等基础设施建设。加强城市维护建设税的征收和管理，研究提高城市维护建设税税率的税制改革。

四、完善对外开放财政政策，建设内陆经济开放高地

合肥“承东接西”的区域地位，决定了上海自由贸易示范区和西部省份“走出去”的先行区建设将对合肥产生较强的辐射作用，合肥应利用这一契机，完善相关政策，加快内陆经济开放高地建设，提升国际化水平。

一是完善国际贸易财税监管制度。着眼促进产业结构调整和升级，克服国际重复征税，促进企业公平竞争，完善国际贸易财税政策。及时、足额地为企业办理出口退税，完善监管制度，打击出口骗税活动。完善进出口贸易和加工贸易关税制度，推动对外开放口岸和特殊区域建设，加快合肥综合保税区建设，尽快实现与长三角顺畅对接，保证进出口货物物流畅通。

二是完善“引进来”财政支持政策。现阶段，“引进来”战略从数量向质量引进转变，决定“引进来”财税政策应注重支持先进技术、人力资本等的引进，应加强非居民

企业所得税的管理，营造公平、规范、透明的竞争环境。

三是完善“走出去”财政相关制度。建立海外风险勘查基金、加大对“走出去”企业的补贴力度，注重行业和区域导向性财政补贴，加强政府发展援助等。健全对“走出去”企业金融支持政策，建立统一政策性信用机构，加快政策性信用机构业务的转型。进一步落实对“走出去”企业的税收激励政策，提高税务管理和服务水平。

五、健全环境财政制度体系，绘制生态美丽合肥画卷

健全环境财政制度体系，大力推进生态文明建设，加强环境保护，全面推进巢湖生态示范区建设，促进可持续发展，建设生态美丽合肥。

一是完善环境财政收入制度。关注环境税制绿化改革，进一步落实增值税、企业所得税、关税、出口退税等环保环节的税收优惠政策。深化排污收费制度改革，短期应扩大征收范围、提高收费水平、改进排污费资金的利用效率、严肃查处占用排污费行为；长期应着手“清费立税”改革。拓宽环境财政收入形式，可组织发行中长期环境建设债券、发行环保福利彩票等。建立完善的环境融资机制，充分发挥财政、信贷和证券三种融资方式的合力，调动更多的资金进入环保领域。

二是健全环境财政支出制度。继续加大环保财政支出力度。专款专用环境资金，环境收费专用于特定领域和部门，建立专项基金，主要用于大规模的、跨区域的、无污染主体的污染治理。提高环境保护资金使用效率，落实环境资金的管理主体，完善绩效管理，加强对政府投入的跟踪管理，实施严格的处罚制度。完善环保投资机制，确保财政资金投向城市环境基础设施建设、污染流域或区域治理、生态环境建设和保护、环境管理能力建设等领域。同时，通过招投标、政府采购、直接投资、贷款贴息和污染治理社会化、市场化、专业化等方式改革环保投资体制。另外，建立环境风险投资机制，采取“政府引导、民间参与、合理组合、市场运作”的模式，探索组建公司型环保投资基金。

三是创新环境财政管理体制。改变以往主要在中央政府和地方政府之间界定环保事权和支出责任的做法，创新环境财政管理体制。按照“谁受益，谁补偿，谁污染，谁治理”的原则，探索上中下游开发地区、受益地区与生态保护地区试点横向生态补偿机制，对受益区域交叉的环境公共品，应由相关地区政府协商或由中央政府出面协调，由受益地区共同提供，充分调动地方参与生态建设与环境治理的积极性，实现经济与环境的协调发展。

合肥区域经济与城市发展研究院
合肥市财政局
合肥市政府政研室

执笔：张云华　副教授　合肥区域经济与城市发展研究院研究员
审核：胡　艳　教授　合肥区域经济与城市发展研究院院长
审定：王毓江　合肥市政府政策研究室主任

调　研　专　报

第 14 期（总第 141 期）

合肥市人民政府政策研究室　　　　　　　　　　二〇一四年十二月十八日

《国务院办公厅关于促进国家级经济技术开发区转型升级创新发展的若干意见》政策解读

一、政策背景

2014 年是党中央、国务院创办国家级经济技术开发区 30 周年。30 年来，国家级经济技术开发区已经成为推动我国开放型经济发展，促进工业化、城镇化进程，实现区域发展战略的重要支撑，有效地发挥了窗口、示范、辐射和带动作用。

当前全球经济形势中不确定因素仍然存在，中国经济面临由高速增长转为中高速增长、从要素驱动转向创新驱动、经济结构不断优化升级的新常态，新常态下的趋势性变化使中国经济发展面临不少困难和挑战。特别是，经过多年的发展，经济开发区的动力正在逐渐消退、创新逐渐减弱，部分经开区的发展处于停滞的僵局中。为适应新形势、新任务，进一步发挥国家级经济技术开发区作为改革试验田和开放“排头兵”的作用，国务院办公厅发布《关于促进国家级经济技术开发区转型升级创新发展的若干意见》（以下简称《意见》）。

二、政策亮点

《意见》从明确新形势下的发展定位、推进机制体制创新、促进开放型经济发展、推动产业转型升级、坚持绿色集约发展及优化营商环境6个方面提出以下几点措施：

（一）明确了新时期国家级经济技术开发区的发展定位

国家级经开区尽管数量众多，基本上仍是政府主导、搭建平台、集聚资源，以优惠政策招商引资的模式。

在经济新常态下，国家级经济技术开发区定位是：成为带动地区经济发展和实施区域发展战略的重要载体，成为构建开放型经济新体制和培育吸引外资新优势的“排头兵”，成为科技创新驱动和绿色集约发展的示范区。

（二）提出了国家级经济技术开发区发展方式要加快转型

《意见》提出开发区要实现“四个转变”，即实现由追求速度向追求质量转变，由政府主导向市场主导转变，由同质化竞争向差异化发展转变，由硬环境见长向软环境取胜转变。同时，中西部的国家级经开区应依托本地区的比较优势，着力打造特色和优势主导产业，提高承接产业转移的能力。探索动态管理，细化监督评估工作，完善考核体系。

（三）进一步加强机制体制创新，推进行政管理体制改革

因地制宜地推进国家级经开区与行政区融合发展的机制体制创新，推动国家级经开区依法规范发展。创新管理体制，一方面要提高行政效率和透明度，完善决策、执行和监督机制，加强事中事后监管，强化安全生产监管，健全财政管理制度，严控债务风险；另一方面应进一步下放审批权限，大力推进工商登记制度改革。

（四）为国家级经开区在资本项目改革领域提供了机遇

《意见》鼓励国家级经开区在人民币资本项目可兑换、人民币跨境使用、外汇管理改革等方面创新试点，使得开发区有机会吸纳、复制上海自贸区金融领域的改革措施。

（五）突出了提升开放型经济发展质量，推动区域协调发展

推动有条件的区内企业“走出去”；充分利用外资的技术溢出和综合带动效应，积极

吸引先进制造业投资，努力培育战略性新兴产业，大力发展生产性服务业。推动东中西部地区共建跨区域合作园区或合作联盟，支持中西部地区国家级经开区承接产业转移的金融、土地、人才政策。

（六）推动产业转型升级，协调发展先进制造业和现代服务业

培育战略性新兴产业，增强产业集聚效应；增强科技创新驱动能力，将保护知识产权和提高创新能力摆在更加突出的位置。通过加快人才体系建设、创新投融资体制、提高信息化水平等措施为产业转型升级提供人才、资金、技术保障。

（七）践行生态文明，坚持绿色集约发展

支持国家级经开区创建绿色园区，开展经贸领域节能环保国际合作。严格资源节约和环境准入门槛，大力发展节能环保产业，提高能源资源利用效率，减少污染物排放，防控环境风险。严控增量、盘活存量，加强对土地开发利用的动态监管，符合条件且确有必要的国家级经开区按程序申报扩区或调整区位。制定中长期发展规划、重点产业投资促进规划，并严格依据土地利用总体规划和城市总体规划开发建设。

三、政策建议

合肥市应紧紧抓住国家推动开发区转型升级、创新发展的政策机遇，进一步明确定位，在开发区行政管理体制改革、对接上海自贸区政策、大力发展开放型经济、推进转型升级等方面，下功夫、谋实策，再造开发区创新发展活力，争取在区域竞争和打造对外开放新高地中拥有主动权和话语权。

（一）推行行政管理体制改革，强化服务型政府建设

一是完善法律法规。制定并完善我市开发区的相关法规、规章，依法规范发展，为开发区稳定发展提供法治保障。二是推进行政管理体制改革。完善决策、执行和监管机制，提高行政效率，以体制活力激活开发区持续稳定健康发展的动力；建立高效的行政管理体系以及适应高风险开放市场的监督管理体系，形成权力约束、服务周到的行政管理体制和运行模式，为开发区企业发展提供良好的政策环境。三是推进审批制度改革。进一步下放审批权限，积极探索建立负面清单管理模式，将外商投资由核准制改备案制。积极推进工商营业执照、组织机构代码证、税务登记证“三证合一”等模式；推行工商登记与商事登记制度衔接改革，实施企业注册资本认缴制、“先照后证”等措施；在企业注册、投资项目备案等方面简化程序、压缩环节、公开透明，由事先审批转为事中、事后监管；打造

法治化、国际化的营商环境。

（二）主动对接上海自贸区资本项目改革政策，强化合肥金融中心建设

积极探索开展人民币资本项目可兑换、人民币跨境使用、外汇管理改革等试点。一是在人民币资本项目可兑换改革方面，推动跨国公司在开发区内设立资金结算中心，金融机构在“一线打通、二线隔离”原则下开展离岸业务创新，促进贸易投资便利化、提高资金使用效率、实现跨境资金配置。引进中、外资金融机构入驻，为企业对外贸易、工程承包、跨国投资等全球化经营活动提供跨国综合化的金融业务。借鉴上海自贸区做法，设立分账核算单元，为符合条件的区内主体开立自由贸易账户，提供高效的金融服务。二是在人民币跨境使用改革方面，开发区跨境直接投资，可与前置核准脱钩，直接向银行办理所涉及的跨境收付、兑换等金融业务。支持开发区开展境外投资，对区内企业到境外投资开办企业实行备案制。开展多样化风险对冲手段创新，允许符合条件的区内企业开展境外证券投资和境外衍生品投资业务，活跃区域内金融市场。推动商业银行直接办理经常项下、直接投资的跨境人民币结算业务。三是在外汇管理改革方面，完善跨国公司总部外汇资金集中运营管理、外币资金池及国际贸易结算中心外汇管理政策，放宽试点企业准入条件，简化审批流程。支持开展境内外租赁服务，简化经常项目收结汇、购付汇单证审核。建立健全外债和资本流动宏观审慎管理体系框架，实施金融宏观审慎管理。加大金融企业服务功能的空间拓展。推动投融资体制创新，促进金融资源集聚，做大做强合肥金融产业。四是在产业与金融融合方面，推动合肥经济技术开发区和滨湖新区深度融合，探索经济技术开发区产业基地和滨湖新区金融后台服务中心的融合发展体制机制，实现产业与金融有效互动，推动经济技术开发区和滨湖新区融合发展。

（三）大力发展开放型经济，推动开发区“走出去”

一是对外和对内“两个开放”并重。以开发区为平台，着重在先进制造业和战略性新兴产业方面拓展开放合作、承接创新和互惠互利。主动参与长三角新一轮开放，开拓西向开放格局，加强与中西部地区的合作和互动。将对内开放置于同等重要的地位，对内、对外一视同仁，享受相同的权利、承担相同的义务。二是“引进来”和“走出去”同步。重视引进总部经济，积极争取已有的外资、合资企业将地区营销总部、科技研发中心入驻合肥，促进产业链不断向高端延伸。着重引进智力、技术、渠道和承接研发机构、营销总部；着重引进、承接生产性服务业等现代服务业，促进开发区产业结构不断转型升级。加强宏观指导和服务，支持开发区企业“走出去”，推动开发区企业跨省域、跨国界拓展发展空间，重点培育一批总部植根于合肥的跨国公司，提升开发区企业国际化经营管理能力，努力打造世界级的产业基地。三是推进区域合作。加强与境外经贸合作区的交流合作，推进部分服务业领域开放，积极引进先进制造业投资，提升合肥市产业国际化水平。加强与国内其他经济技术开发区的合作联盟建设，推动建立国家级经开区联动发展信息平台，完善承接东部产业转移的金融、土地及人才政策。

（四）强化创新驱动，促进开发区转型升级

一是推动开发区由生产制造基地向科技创新基地转变。把加快科技创新作为提高综合竞争力的重要举措，培育科技创新人才；鼓励区内企业加大科技研发投入，建立研发机构，鼓励和支持区内企业、高校和科研机构积极承担国家科技计划项目，促进自主创新。加强对自主创新的资金支持力度，采用直接投入、补助、贷款贴息等多种方式调动区内企业自主创新的积极性。完善知识产权保护方面的法律法规，加大对各种侵犯知识产权行为的打击力度，提高科技创新的积极性。二是大力发展战略性新兴产业。充分发挥合肥市产业发展的比较优势，重点发展电子信息、新能源、高端装备制造和公共安全 4 个产业，积极培育新能源汽车、节能环保、新材料和生物 4 个产业，形成具有竞争力的产业集群，推动开发区产业转型升级。推进科技研发、物流、服务外包、金融保险等现代服务业的发展，不断优化产业结构和布局。三是提高承接东部地区产业转移的能力。充分利用我市开发区所处长江经济带的区位优势，把开发区建成上海自贸区溢出效应的重要承接地；加强创新能力和品牌建设，打造特色和优势主导产业，严防低水平的重复建设，促进现代产业集群健康发展；努力在产业集聚发展、创新平台建设、合作水平提升等方面实现新突破。

合肥区域经济与城市发展研究院
合肥市政府政策研究室

执笔：齐美东　教授　合肥区域经济与城市发展研究院研究员
审核：胡　艳　教授　合肥区域经济与城市发展研究院院长
审定：王毓江　合肥市政府政策研究室主任

调 研 专 报

第3期（总第144期）

合肥市人民政府政策研究室　　　　　　二〇一五年二月十三日

中共中央国务院《关于加大改革创新力度加快农业现代化建设的若干意见》的解读报告（1）

一、出台背景

近日，中共中央、国务院印发了《关于加大改革创新力度加快农业现代化建设的若干意见》（以下简称“一号文件”）。在我国经济发展新常态下，“三农”工作挑战和机遇并存，可用三句话概括，即“两板挤压”、“双灯限行”、“六产开拓”。“两板”即农产品价格的“天花板”与成本价格的“地板”；“双灯”即世贸的黄灯与资源环境的红灯；“六产”即第六次产业，即农业是可以包含一产、二产、三产的产业，一加二加三等于六，称为第六次产业。

（一）“两板挤压”

“地板”不断抬升，农产品成本价格由于劳动力工资的上涨，因土地流转需要支付的土地租金的持续攀升，农药化肥种子价格的居高不下以及农技服务成本的不断提高等诸多因素而越来越高。“天花板”已被顶破。农产品价格全面飘红，部分农产品已高于国际市场价格。一些主要农产品如棉花、稻谷等价格已高于国外到岸完税价。国内农产品价格倒挂状况现象严重，农民种粮积极性受到挫伤，农业生产的空间越来越小，阻碍了农业的发展。

（二）“双灯限行”

黄灯“限行”，世贸设置的“黄箱政策”指农业补贴进入成本，干扰市场价格；“绿箱政策”指补贴不进入成本核算，不干扰市场价格；“蓝箱政策”指休耕补贴政策。我国现行农业补贴政策如粮食直补、粮种补贴都属于“黄箱政策”，补贴已经没有空间，这一政策亮起了黄灯。“绿箱政策”如土地整理、农田水利、扶贫、农业保险、治污等方面的投入，不直接对农产品价格造成干扰，世贸组织没有规定，可以大做文章。修耕地的补贴是蓝箱，基本没有实行。红灯“亮起”，农业资源紧张，环境污染严重。如重金属对土地的污染，据公开数字显示，我国有2000万公顷土地受重金属污染。资源与环境问题已成为两个“紧箍咒”，严重影响我国农产品量与质的提升。而国外农产品的廉价与优质形成强势竞争态势，使我国农业遇到前所未有的新挑战。我国农业将首次经历加入世贸组织以来从未经受过的严峻考验，“两板挤压”，“双灯限行”，对农业发展的速度与结构、机制与动力、战略与政策等方面都产生广泛而深刻的影响。

（三）六产开拓

现代农业不再单是一产，而是一产、二产、三产融合发展的新农业，属于全产业链的综合产业，亦叫作第六产业。其核心和关键就是积极拉长农业产业链条，在农业中注入现代要素，实现一、二、三产全产业链的增值，从而加快农业生产结构优化转型，完成发展方式调整转变。要以市场需求为导向，综合统筹布局农业发展，通过内涵改造农村内生性的物质基础，培养自身造血功能，练好“粮牧功”，念好“山海经”，唱好“林草戏”，打好“果蔬牌”。

二、主要内容

“一号文件”涉及的内容有五大方面：围绕建设现代农业，加快转变农业发展方式；围绕促进农民增收，加大惠农政策力度；围绕城乡一体化，深入推进新农村建设；围绕增添农村发展活力，全面深化农村改革派；围绕做好“三农”工作，加强农村法治建设。总计80多项具体措施，对如何加大改革创新力度，加快农业现代化建设提出了新要求，作出了新部署，同时，针对增强粮食生产能力以及消费者和农民最关心的问题作出了一些具体化的要求。“一号文件”在农业发展“两板挤压”、“双灯限行”、

“六产开拓”的新常态下，为我国经济发展新常态情境下的农业农村发展提示了方向，指明了路径。

三、对策建议

认识新常态，适应新常态，引领新常态，是当前和今后一个时期农业必须面对的严峻课题。合肥市应该主动适用和应对新环境，把握新机遇，把农业打造成一个一、二、三产融合、上中下游一体、产供销加互促的第六次产业。必须做到“三有”，即要让农业有效益，农民有事干，农村有生机。三者并重才能在新常态下解决好三农问题，不可顾此失彼。

（一）注入现代元素改造农业

一是推进农业适度规模经营。要抓住“一号文件”关于支持农村土地制度改革试点的重大机遇，积极争取部分市县成为全国农村土地承包经营权、农房使用权、林权抵押担保试点。并在确权登记颁证的基础上，按照“一号文件”明确的标准，即当地农户经营规模的10～15倍，积极培育种养大户、家庭农场、农民合作社、龙头企业等各类新型经营主体，发展多种形式农业适度规模经营，着力构建新型农业经营体系。在美国家庭经营占86%，欧盟占88%。要高度关注以家庭作为核心的经营主体，合肥市小岗村的核心经验之一就是恢复了农业家庭经营功能。二是要培养现代化的职业农民。我市农业劳动力目前平均受教育年限是7年左右，应加强农业职业教育，组织实施新型职业农民培育工程，加大农村实用人才培养力度。在抓好义务教育的同时，多方面发展农业职业教育、农业技术培训，提倡农业终身教育，应把农村精英教育模式改为生存教育模式，提高农民生存与发展的能力，让农民熟练掌握农业生产技术。三是加强农民组织建设。今天的农民组织已经远不适应农业的发展，应确立由组织农民到向农民组织飞跃的理念，培养农民自主服务意识。同时从农村实际出发，善于发挥乡规民约的积极作用，把法治建设和道德建设紧密结合起来。

（二）紧扣“四品”提升农产品加工业

“四品”即农产品加工的品相、品质、品位和品牌。品相即要好看；品质即要有好的质量；品位即从舌尖上的安全到舌尖上的美味均要上档次；品牌即要根据消费者需要打造创立，以品牌拓展市场。以“四品”为抓手，着力打造四条完整的农产品产业链条：粮食及农副产品的生产加工产业链；畜牧及水产品的生产加工产业链；林业及林产品的生产加工产业链；秸秆的综合利用产业链，全面提升农产品加工业。

（三）创新突破提升农业服务业

一要创新全产业链服务。对重大研发项目财政资金给予重点支持，鼓励农业龙头企业拓展产业链条，开展科技研发和创新，进行从种子研发到商场销售的全产业链经营，不断培育企业的资金、技术、人才和市场方方面面的优势，努力提高生产效益。二要采取规模化服务。“一号文件”明确指出要“开展大型农机具融资租赁试点”，这一政策无疑促进农机租赁成为今后农机购置的重要方式之一，将有助于农机融资租赁市场形成规模效应，推动农村规模化经营硬件完善和农机产业发展，推进农业机械化发展。政府部门应抓紧研究规范准则加以正确引导，真正实现一举多赢。三要推行“傻瓜式”服务。农业一家一户需要的多种服务很复杂，可以创造一个模式，比如打一个电话，企业就可以提供所有需要的农业服务。创新服务模式对于当今我国小规模经营实现农业现代化非常具有现实意义。建议结合建设“智慧城市”，因地制宜，以点带面，逐渐向“智慧三农”等领域拓展。四要不断创新业态。如今基于互联网思维的新型业态正如雨后春笋，不断涌现。互联网思维就是省掉一切中间环节，厂家东西直销用户。如绩溪的聚土地就是很有意义的探索，可以学习借鉴，利用众筹、利用互联网、利用电商综合做文章，让城里人成为不在地的地主，引城里人下乡，让农产品进城。

（四）加大资金创新支持力度

一是积极推动政策性金融机构和商业银行与农业农村有机融合。支持支援农村与农业建设，创造一切有利条件解决农业的金融抑制问题。二是鼓励发展农村金融的本土力量。即鼓励发展农民合作组织内部的资金互助组织。地方政府要加强监督，规范其运行规则，确保其成为成员封闭、业务封闭，不给出固定报酬的资金互助组织。努力培育农民金融意识、金融管理和金融信用能力。三是继续加大财政投入。加大对土地整理、农田水利、农村道路、扶贫开发等投资力度。财政部、发改委、扶贫办、民政部门等应形成合力，增强财政投入效益。四是加大对政策性补贴研究。充分利用 WTO 规则所许可的制度来完善黄箱、绿箱和蓝箱政策，综合运用补贴政策，一方面更好地发挥已有的补贴政策作用，另一方面使补贴政策既能够保证农业的健康发展和农民收入的持续增长，又不违反国际规则。

执笔：崔宝玉　副教授　合肥区域经济与城市发展研究院研究员
审核：胡　艳　教授　合肥区域经济与城市发展研究院院长
审定：黄传霞　合肥市政府政策研究室副主任

调　研　专　报

第 4 期（总第 145 期）

合肥市人民政府政策研究室　　　　　　　　　　二〇一五年二月十三日

中共中央国务院《关于加大改革创新力度加快农业现代化建设的若干意见》的解读报告（2）

一、文件的着力点

在新型工业化、城镇化、信息化和农业现代化快速推进的今天，如何在经济发展新常态下实现农业与农村的新发展，中共中央、国务院《关于加大改革创新力度加快农业现代化建设的若干意见》（以下简称“一号文件”）给出了明确的答案，即按照“稳粮增收、提质增效、创新驱动”的要求，继续全面深化农村改革，全面推进农村法治建设。按照习近平总书记提出的“五新”要求，努力在提高粮食生产能力上挖掘新潜力，在优化农业结构上开辟新途径，在转变农业发展方式上寻求新突破，在促进农民增收上获得新成效，在建设新农村上迈出新步伐。进一步让农业强起来，让农村美起来，让农民富起来。

二、合肥社会经济发展的阶段性特征分析

第一，经济结构具有了发达经济体的部分特征。就一、二、三产业比重而言，2013年，我国第一、二、三产业占GDP的比重分别为10.0%、43.9%和46.1%，安徽分别为12.3%、54.6%和33.1%，合肥分别为5.3%、55.3%和39.4%。合肥一产所占比重比全国、省分别低4.7个和7个百分点；二产所占比重比全国、省分别高11.4个和0.7个百分点；三产所占比重比全国低6.7个、比省高6.3个百分点，经济结构显示我市已呈现出高度工业化特征。从就业人员的产业分布看，2013年，我国第一、二、三产业就业人口占总就业人口比重分别为31.4%、30.1%、38.5%，安徽省分别为34.37%、27.35%、38.28%，合肥分别为25.32%、18.62%、56.06%。合肥一产就业人口所占比重分别比全国、省低6.08个和9.05个百分点，二产分别比全国、省低11.48个和8.73个百分点，三产分别比全国、省高17.56和17.78个百分点，就业结构反映出合肥也同样具备了发达经济体特征。

第二，收入状况较好体现了包容性发展理念。就收入水平而言，2013年，我国人均GDP为41804.7元（按年终汇率为6767美元），安徽省为31795.09元（为5128.07美元），合肥人均GDP达61555元（为9939美元），分别较全国、省高47.24%和93.6%，反映出合肥近年来经济增长较快，较为接近世界平均水平；就城乡居民收入差距而言，2013年，我国农村居民人均纯收入8896元、城镇居民人均可支配收入26955元、城乡收入差距为3.030:1，安徽省农村居民人均纯收入8098元、城镇居民人均可支配收入23114元、城乡收入差距为2.854:1，合肥农村居民人均纯收入10352元、城镇居民人均可支配收入28083元、城乡收入差距为2.712:1，比全国、省的差距分别要低一些。尤其应指出的是，合肥是在经济高速发展过程中实现了城乡收入差距状况的改善，这从实践层面上体现了包容性发展的新理念。

第三，人口发展呈现城镇化与老龄化同向并进趋势。从城镇化趋势来看，2013年末，我国城镇化率为53.73%，安徽省城镇化率为47.9%，合肥市城镇化率已达67.8%，比全国、省分别高14.07个和19.9个百分点，反映出合肥城镇化进程推进快速。从人口流动来看，2013年，安徽省农民工总量为1783万人，其中外出农民工达1288万人，反映出安徽省是农民工输出多，而合肥市当年常住人口超过户籍人口49.6万人，这在一定程度上表明我市作为安徽省乃至全国区域的重要经济增长极，对于生产要素的吸引集聚效应。从人口老龄化趋势看，截至2013年底，我国60岁以上和65岁以上人口已达20243万人和13161万人，分别占全国总人口14.9%和9.7%；安徽省60岁以上和65岁以上人口分别为984.7万人和650万人，分别占常住人口的16.3%和10.8%，分别比全国高1.4个和1.1个百分点。合肥市人口老龄化程度稍好于安徽省。根据安徽大学农研院2012年7月和2013年2月针对肥西、长丰两县共计472位农民的田野调查，肥西县和长丰县60岁以上农业从业人员所占比例分别为33.5%和34.2%，45~60岁所占比例分别为35.4%和

32.7%，表明人口老龄化问题对于合肥同样不容忽视，应未雨绸缪及早采取相应对策。

第四，农业现代化不断推进，粮食安全保障能力较强。就粮食生产单产而言，2013年，全国亩均358.46公斤，安徽省亩均330公斤，合肥市达到了411.93公斤，比全国、省分别高14.92%和24.83%，表明合肥市农业现代化水平较高。就人均粮食产量而言，2013年，全国人均为442.37公斤。安徽按户籍人口和常住人口分别计算人均分别为473.35公斤和543.90公斤，合肥市分别为421.19公斤和393.75公斤，大致在粮食安全线上下徘徊，但与同年武汉市154.33公斤和124.14公斤，以及南京市142.83公斤和181.86公斤相比，合肥无疑具有更强的粮食安全保障能力。

三、对策建议

（一）新常态下合肥市农业发展方向

一是着眼于粮食生产能力的进一步提高。有强大的粮食和农产品生产能力，才能为日益增多的城乡居民提供质优价廉的丰富农产品，才能吸引更多优秀人才来合肥创业就业，进一步促进合肥社会经济再上新台阶。合肥目前粮食及其他农产品生产潜力与农业生产条件明显不匹配，需加大农业基础设施建设和农业科技投入，进一步发挥生产潜力。二是着眼于农业生产结构的进一步优化。从城乡居民消费需求出发，进一步发挥合肥农业区域的比较优势，促进农业生产结构进一步优化，使有限的农业资源产出更多、更好、更安全的农产品。三是着眼于转变农业发展方式的进一步转变。注重提高农业发展的质量和效益，走注重可持续的集约型农业发展道路，修复已被破坏的农业生态环境，走资源节约、环境友好的现代农业发展道路。四是着眼于增加农民收入。把进一步缩小城乡收入差距，实现包容性发展，作为合肥农业发展的重要任务。在增强惠农政策力度，拓宽农村外部增收渠道的同时，进一步挖掘农业内部增收潜力，开发农村第二、三产业的增收空间，让农民持续增收。五是着眼于城乡发展一体化大局。立足未来城乡人口结构性变化，顶层设计适度超前规划，努力提升农村基础设施和公共服务水平，推进城乡基本公共服务均等化。发挥新型城镇化的辐射带动作用，有序推动城乡居民的合理流动，分类推进农业转移人口在城镇定居，引导有技能、资金和管理经验的农民工返乡创业，努力开辟创新驱动城乡一体化的新途径。

（二）新常态下合肥农业发展的路径探讨

一是大力增加农业投资，着力改善农业生产条件。合肥农业生产现已具备了较高的技术水准，并涌现出了一批像长丰草莓、肥西苗木等具有全国影响的农产品品牌。但与农业发达国家相比差距仍较大，因此，仍需要进一步增加农业投资，强化农业基础设施建设，提高农业生产的技术含量，提高农业投入效率，为农业现代化奠定更为强大的物质基础，从而使合肥具有更为强大的粮食生产和农业生产能力。二是强化人力资本投资，改善农业生产组织形式。合肥作为全国四大科教基地之一，在人力资本方面具有较好的基础。应发挥这一优势，进一步增加向农业人力资本的投资，改善农业人力资本投入效率，改善农业劳动者的文化素质，提高农业生产经营者的技术水平和经营能力，为农业生产结构调整和农业发展方式转变奠定坚实的基础。三是统筹协调四化关系，尽力发挥四化协调对于农业发展的推动作用。未来合肥将吸引省内外一大批有识之士前来定居就业，同时合肥地域范围内也将有大量农村人口离开农村前往城镇定居就业。因此，合肥在推进新型工业化、城镇化和信息化的过程中，强力推动农业现代化，促进四化之间相互协同。应着眼于未来，统筹安排工业布局和城镇布局，让那些即将离开农村的人们以较低的成本在城市实现安居乐业。这可以在一定程度上改善农业与农村极为紧张的人地关系，为调整农业生产组织形式，缩小城乡收入差距，创造良好基础，也尽可能化解人口老龄化对于合肥社会经济发展的冲击。四是用制度创新进一步激发农村改革与发展的活力。目前改革开放已进入深水区，户籍制度、农地集体产权制度、农业经营制度等相关制度安排，日益暴露出与农业及农村发展不协调的一面。建议合肥结合经济社会发展客观实际，尤其是结合农村经济社会发展的现实，从制度创新层面入手，在户籍制度、农地集体产权制度、农业经营制度等方面有所创新，向农民赋权，不仅可以有效激发农民的积极性和创造力，也可以为合肥长远的可持续发展奠定良好的发展环境。

执笔：常 伟 副教授 合肥区域经济与城市发展研究院研究员
审核：胡 艳 教授 合肥区域经济与城市发展研究院院长
审定：黄传霞 合肥市政府政策研究室副主任

第五篇

数据库

▶ 合肥区域经济与城市发展数据库建设方案
▶ 合肥区域经济与城市发展数据库建设总结

合肥区域经济与城市发展数据库建设方案

一、建设背景与意义

长期以来，政府各部门内部拥有着大量经济与城市发展数据资源。然而，由于管理分散，各部门指标数据自成体系，标准不一，共享程度较差。对于城市管理者而言，部门数据虽海量却彼此“绝缘”，很难形成具有全局性的决策依据，而在分散、无序的信息面前，普通公众更加无所适从。如何打通信息孤岛，实现部门数据的共享？建设合肥区域经济与城市发展数据库，将数据有效地组织起来，是实现政府庞大信息资源“一盘棋”愿景的前提和基础。

建设合肥区域经济与城市发展数据库也是合肥经济社会发展的迫切要求。合肥拥有独特的区位优势，既是华东地区的一部分，又是中部六省和“中四角”的成员，近年来，合肥经济社会的快速发展有目共睹。一方面合肥加快了融入长三角的步伐，另一方面合肥也正积极加大与中部地区的发展合作。在这一发展过程中，不论是决策部门的政策引导，还是学术机构的理论分析，甚至企业的生产与扩张，都离不开准确的数据，都对完善的数据库提出了更高、更迫切的要求。

二、建设目标

数据库是按照数据结构来组织、存储和管理数据的仓库，它产生于20世纪50年代，随着信息技术和市场发展，尤其是20世纪90年代以后，数据管理不仅仅是存储数据和管理数据，而转变成用户所需要的各种数据管理的方式。

一般而言，数据库的基本功能包括两点：一是数据查询；二是数据分析。基于当前有限的建设经费，拟建设的数据库只能发挥数据查询功能，基本建设目标如下：

（1）建立科学合理的指标体系，反映合肥经济与城市发展的基本情况；

（2）有组织、有计划、持续地对政府统计部门、政府各部门以及国民经济行业管理部门统计的相关信息资源进行收集、整合，建立资源共享的管理机制；

（3）为合肥区域经济与城市发展提供一定的基础数据支持，满足政府管理决策、部门信息共享和社会公共服务“三个层次”的相关需求。

三、建设内容

基于合肥区域经济与城市发展研究院的宗旨和职能，当前拟建设的内容包括城市发展数据库、产业发展数据库和课题研究数据库三个模块。

（一）城市发展数据库

该数据库拟构建10个一级指标，下设约40个二级指标，指标体系如表1所示。

表1 城市发展数据库指标体系

一级指标	二级指标
国民经济核算	国内生产总值
	第一产业增加值
	第二产业增加值
	第三产业增加值
人口和就业	年末总人口
	在岗职工平均工资
房地产	房地产开发投资额
	房地产开发住宅投资额
	房地产开发办公楼投资额
	房地产开发商业营业用房投资额
	房地产开发企业施工房屋面积
	房地产开发企业竣工房屋面积
	房地产开发企业住宅竣工房屋面积
	商品房销售面积
	住宅商品房销售面积
	商品房平均销售价格
	住宅商品房平均销售价格
	房地产开发企业购置土地面积
	房地产开发企业土地开发面积

续表

一级指标	二级指标
财政和金融	地方财政预算内收入
	地方财政预算内支出
	城乡居民储蓄年末余额
运输与邮电	旅客运输量
	货物运输量
	邮政局（所）数（处）
	固定电话用户数
贸易经济	社会商品零售总额
	货物进出口总额
教育、卫生、文化	普通高等学校在校学生数
	医院、卫生院数
	执业（助理）医师数
	剧院、影剧院数
开发区高新技术企业主要经济指标	开发区高新技术企业数
	开发区高新技术企业从业人员
	开发区高新技术企业总产值
	开发区高新技术企业总收入
	开发区高新技术企业出口总额
空气质量监测	年内空气达标天数
价格	居民消费价格指数

（二）产业发展数据库

该数据库基于合肥主要产业发展现状，拟构建15个一级指标，围绕各产业总产值、主要产品产量、进出口额、从业人员数及规模企业经济效益等方面构建二级指标。这些产业包括：

食品、纺织、医药、造纸、汽车、家电、钢铁、化工、建材、装备、电子、商贸、金融、房地产和旅游。

（三）课题研究数据库

该数据库拟收录与合肥区域经济与城市发展相关的研究报告及文献。

四、数据来源

城市发展数据库和产业发展数据库的数据来源有：政府统计部门、政府各部门以及国民经济行业管理部门。具体来讲，通过购买、建立与相关部门的合作关系、网络搜寻等方式获得数据。

课题研究数据库的数据收集渠道主要是安徽大学图书馆的中国知网以及其他相关网站。

五、展　望

在未来加大经费投入的情况下，合肥区域经济与城市发展数据库不仅能够将年度数据缩短至季度、月度数据，在容量上也有较大拓展空间，以更好、更高效地发挥服务地方经济建设的作用。另外，可以拓展的领域包括：

（1）政策法规数据库：收录政府部门针对合肥区域经济与城市发展制定的各项政策、法律、法规。

（2）区域产业发展数据库：收录长三角城市群、中四角城市群产业发展数据。

（3）上市公司微观数据库：上市公司的基本信息、公司重大事项、公司内部控制、财务报表与指标分析、权益构成及变动、交易数据等。

（4）数据决策分析平台：此平台须建立在专业的数据库管理系统基础上，支持基于数据中心的高端数据分析应用，可应对用户的要求，快速灵活地进行大数据量复杂查询处理，以直观的统计图表方式展现给用户，对统计指标的分布结构、变化趋势等特征进行跟踪分析。

合肥区域经济与城市发展数据库建设总结

一、建设背景与意义

长期以来，政府各部门内部拥有着大量经济与城市发展数据资源。然而，由于管理分散，各部门指标数据自成体系，标准不一，共享程度较差。对于城市管理者而言，部门数据虽海量却彼此“绝缘”，很难形成具有全局性的决策依据，而在分散、无序的信息面前，普通公众更加无所适从。如何打通信息孤岛，实现部门数据的共享？建设合肥区域经济与城市发展数据库，将数据有效地组织起来，是实现政府庞大信息资源“一盘棋”愿景的前提和基础。

建设合肥区域经济与城市发展数据库也是合肥经济社会发展的迫切要求。合肥拥有独特的区位优势，既是华东地区的一部分，又是中部六省和“中四角”的成员。近年来，合肥经济社会的快速发展有目共睹。一方面，合肥加快了融入长三角的步伐；另一方面，合肥也正积极加大与中部地区的发展合作。在这一发展过程中，不论是决策部门的政策引导，还是学术机构的理论分析，甚至企业的生产与扩张，都离不开准确的数据，都对完善的数据库提出了更高、更迫切的要求。

二、建设目标

数据库是按照数据结构来组织、存储和管理数据的仓库，它产生于20世纪50年代，随着信息技术和市场发展，尤其是20世纪90年代以后，数据管理不再仅仅是存储和管理数据，而转变成用户所需要的各种数据管理的方式。

一般而言，数据库的基本功能包括两部分：一是数据查询；二是数据分析。基于当前有限的建设经费，拟建设的数据库只能发挥数据查询功能，基本建设目标如下：

（1）建立科学合理的指标体系，反映合肥经济与城市发展的基本情况；

（2）有组织、有计划、持续地对政府各部门以及国民经济行业管理部门统计的相关信息资源进行收集、整合，从而建立资源共享的管理机制；

（3）为合肥区域经济与城市发展提供一定的基础数据支持，满足政府管理决策、部门信息共享和社会公共服务“三个层次”的相关需求。

三、建设内容

在市政府政研室和研究院领导的指导和支持下，数据库建设基本达到预期目标，即提供了一扇初步了解合肥城市发展现状的窗口。建设内容包括城市发展数据库、产业发展数据库和文献数据库。

（一）城市发展数据库

城市发展数据库收录了1978～2013年合肥城市经济社会发展的主要数据，以及公众关注的空气质量监测数据，其指标体系如表1所示。

表1　城市发展数据库指标体系

一级指标	二级指标
国民经济核算	国内生产总值
	第一产业增加值
	第二产业增加值
	第三产业增加值
人口和就业	年末总人口
	在岗职工平均工资
房地产	房地产开发投资额
	房地产开发住宅投资额
	房地产开发办公楼投资额
	房地产开发商业营业用房投资额
	房地产开发企业施工房屋面积
	房地产开发企业竣工房屋面积
	房地产开发企业住宅竣工房屋面积
	商品房销售面积
	住宅商品房销售面积
	商品房平均销售价格
	住宅商品房平均销售价格
	房地产开发企业购置土地面积
	房地产开发企业土地开发面积

续表

一级指标	二级指标
财政和金融	地方财政预算内收入
	地方财政预算内支出
	城乡居民储蓄年末余额
运输与邮电	旅客运输量
	货物运输量
	邮政局（所）数（处）
	固定电话用户数
贸易经济	社会商品零售总额
	社会消费品零售总额
	货物进出口总额
教育、卫生、文化	普通高等学校在校学生数
	医院、卫生院数
	执业（助理）医师数
	剧院、影剧院数
开发区高新技术企业主要经济指标	开发区高新技术企业数
	开发区高新技术企业从业人员
	开发区高新技术企业总产值
	开发区高新技术企业总收入
	开发区高新技术企业出口总额
	出口创汇
	利税总额
空气质量监测	空气质量达标天数
	可吸入颗粒物
	二氧化硫
	二氧化氮
价格	居民消费价格指数
	商品零售价格指数

（二）产业发展数据库

产业发展数据库收录了合肥主导产业的规模、经济效益等数据，如家电、汽车、食品加工、装备制造、化工等；同时，也收录了各个城市以扩大内需为战略重点而大力推动的金融、旅游、房地产等服务业行业的主要发展数据。数据来源于《合肥统计年鉴》、各行业发展规划、发改委报告、中商情报网、合肥日报等。具体来讲，包括食品、纺织、医药、造纸、汽车、家电、钢铁、化工、建材、装备、电子、商贸、金融、房地产、旅游共

15 个主要产业，搜集了各产业总产值、主要产品产量、进出口额、从业人员数及规模企业经济效益等指标数据。产业发展数据库指标体系如表 2 所示。

表 2　产业发展数据库指标体系

一级指标	二级指标
食品	
纺织	工业总产值、产量、进出口、从业人员数、总资产贡献率、资产负债率、流动资产周转次数、成本费用利润率、产品销售率
医药	
造纸	工业总产值、产量、进出口额、从业人员数、总资产贡献率、资产负债率、流动资产周转次数、成本费用利润率、产品销售率
汽车	工业总产值、产量、进出口额、从业人员数、总资产贡献率、资产负债率、流动资产周转次数、成本费用利润率、产品销售率
家电	工业产值、四大家电产量、从业人员数
钢铁	主要产品产量
化工	工业总产值、产量、进出口额、从业人员数、总资产贡献率、资产负债率、流动资产周转次数、成本费用利润率、产品销售率
建材	工业总产值、产量、进出口额、从业人员数、总资产贡献率、资产负债率、流动资产周转次数、成本费用利润率、产品销售率
装备	工业总产值、产量、进出口额、从业人员数、总资产贡献率、资产负债率、流动资产周转次数、成本费用利润率、产品销售率
电子	工业产值、从业人员数、总资产贡献率、资产负债率、流动资产周转次数、成本费用利润率、产品销售率、单位数
商贸	社会消费品零售额、进出口额、从业人员数、企业数
金融	行业总产值、从业人员数、本外币存款余额、本外币贷款余额、人民币存贷比、人民币资金来源各项存款、资金运用各项贷款
房地产	行业总产值、从业人员数、房地产开发投资额、房地产开发企业投资完成额、房地产平均销售价格、商品房销售面积、住宅商品房销售面积
旅游	总收入、国内旅游人数、入境旅游人数、国内旅游收入、国际旅游外汇收入

（三）课题研究数据库

课题研究数据库包括文献数据库和研究报告数据库两部分。文献数据库收录了2001～2015 年以合肥区域经济与城市发展为研究对象的公开发表文献，其中包括大量本研究院成员的研究成果，主要研究主题如表 3 所示。研究报告数据库为本研究院的相关研究成果。由于涉及版权和知识产权保护问题，该数据库供内部查阅，未在研究院网站公开发布。

表 3　文献数据库研究主题

年份	文献主题
2001	城市经济圈构建、水资源对城市发展的影响
2002	区划调整与区域经济发展
2003	千亿合肥
2004	城市化进程、城市资源、城市规划、旅游发展
2005	区域经济差异、城中村、城市崛起
2006	循环经济、城市化进程
2007	区域经济增长机制、城市空间布局、城市旅游
2008	总部经济、城市形态特征、区域创新体系、物流产业
2009	产业转移、创业型城市、城市竞争力、会展经济、自主创新模式
2010	合芜蚌、产业结构调整、轨道交通、城市旅游、城市化水平
2011	合肥经济圈、生态环境、工业用地、城乡统筹、泛长三角区域协调
2012	产业转移、经济协调发展、金融中心建设、区域经济一体化
2013	区域经济协调发展、会展中心建设、城市竞争力、县域经济
2014	产业转型升级、生态环境、城市化水平、沿淮经济
2015	产业转型升级、环巢湖经济、生态城市、市县协同发展

四、存在问题与建议

数据库建设基本达到预期目标，但还存在不足之处，这表现在产业发展数据库建设不完善方面。主要原因包括：数据分散，标准不一且未公开，网络搜寻困难；一些机构只汇总了全国或全省的产业数据，还未发现提供有偿使用的城市产业数据。尽管建设团队成员为此花费了大量的时间与精力，但该数据库建设仍显得单薄。

在未来加大数据库建设投资的前提下，改进建议如下：

（1）到相关部门内部搜集数据。如获取某一公共部门的大数据，为发掘其应用价值提供基础。

（2）建设区域经济发展数据库。在合肥市参与长三角世界级城市群一体化发展的背景下，搜集长三角其他城市主要经济指标，与合肥市进行对比，为研究者和决策者提供便利的数据查询，十分有必要，也符合本数据库建设宗旨。

后　记

本书是合肥区域经济与城市发展研究院服务地方经济的成果结晶。安徽大学与合肥市人民政府共建的地方特色新型智库——“合肥区域经济与城市发展研究院”（以下简称研究院）实际运行以来，在市政府和安徽大学双方领导和有关部门的关心支持与指导下，运行良好，且圆满完成了各项预期目标任务，发挥了新型特色智库的“咨政启民”作用。

研究院通过一年的奋力发展，在完成各项软硬件建设的基础上，充分发挥区域经济研究特色和协同创新研究优势，高质量地完成了一系列政策咨询研究任务，取得了多项具有较高显示度和社会美誉度的研究成果，为进一步打造新型智库奠定了坚实基础。合肥市市长张庆军和分管领导副市长黄文涛，以及安徽大学校长程桦和分管领导副校长王群京对研究院的运行非常关心，同时对一年来研究院的工作给予了充分肯定和鼓励，并对未来可持续发展提出了希望和要求。

研究院对建院以来的工作进行了总结，汇编了2014年的研究成果，就是这本《区域经济与城市发展研究报告》（2014～2015）（《区域经济与城市发展研究报告》系列丛书之一）的主要内容。

2014～2015年研究院主要开展了以下几项工作：一是围绕合肥建设长三角城市群副中心，开展前瞻性、针对性、储备性政策研究。二是围绕打造新型学术智库，大力实施人才、基建、规章制度等软硬件建设，保障研究院规范有序地发展。三是“请进来”与“走出去”相结合，加强学术交流与调查研究，探索新型智库建设路径，适应政府政策咨询研究需要。四是研究院官方网站（https：//reud. ahu. edu. cn）成功上线运行。

合肥区域经济与城市发展研究院依托安徽大学区域经济与城市发展协同创新中心（以下简称协同创新中心），结合研究专长，发挥安徽大学综合学科优势，吸纳凝练了一支来自经济学院、商学院、管理学院、资源与环境工程学院、社会与政治学院、马克思主义研究院、法学院、历史系等跨院系、跨学科、跨领域的高水平研究队伍。多元化的专业结构有利于对合肥城市建设与发展进行多角度全方位研究。我们通过协同创新中心也汇聚了省内外一流专家学者以及英国伯明翰大学和澳大利亚墨尔本大学等国外著名高校专家。省外协同单位专家包括中国社会科学院城市发展与环境研究所副所长魏后凯教授，中国区域经济学会理事长、中国社会科学院工业经济研究所陈耀教授，全国经济地理学会会长、中国人民大学区域经济与城市管理研究所所长孙久文教授，上海城市发展研究院院长、华东师范大学曾刚教授，著名城市群专家、南京中科院地理与湖泊研究所姚士谋教授等。安徽省内专家顾问包括程必定研究员、韦伟教授、荣兆梓教授、马怀礼教授、安徽日报社理论部宋宏主任、安徽省政研室凌力副主任、安徽省发改委胡再生副主任、安徽省合作办周禹副主任、安徽省经信委陈建军院长、合肥市政府郑家余副秘书长、合肥市政府政策研究室王毓江主任等。

在回顾过去工作的基础上，研究院确定了今后一段时间的工作重心：一是明确主攻方向。以深化改革为动力，以提升能力为核心，牢牢把握智库谋战略、出思想、提对策的基本功能，打造特色鲜明、服务地方政府决策的科学化、民主化、程序化的新型智库。二是把握研究重点，拓展研究范围。突出合肥在安徽经济社会发展中的“领头羊”地位，发挥合肥中心城市辐射带动作用和追赶引领效应，提升合肥都市化和国际化水平，打造长三角世界级城市群副中心，研究合肥都市圈、江淮城市群、长三角、长江经济带的互动联动发展机制和路径。

时光荏苒，来去匆匆。安徽，已经不再是过去的安徽：经济强省、文化强省、生态强省建设需要新型智库的智力支持；合肥，已经不再是过去的合肥：打造长三角世界级城市群副中心和国际化都市区需要高端智库的创新引领！

新安徽、大合肥，已经在全中国、全世界面前展示了自己的“靓丽容颜”和无可限量的发展前景。在这个伟大的实践过程中，应运而生的研究院也必将百尺竿头更进一步，朝着建设地方特色新型智库的目标迈进。

《区域经济与城市发展研究报告》系列丛书是理论研究与实践接轨的成果，凝聚着大家的心血。本书的出版离不开合肥市政府政策研究室王毓江主任、黄传霞副主任和安徽大学人文社科处张启兵处长和张治栋副处长等领导的大力支持，也离不开研究院各位老师的辛劳付出，更离不开经济管理出版社张巧梅编辑的精心打磨。在此，请让我们道声“谢谢”！

本书难免有不足、遗漏甚至错误之处，恳请读者和同行批评指正。

最后，愿我们研究院委托经济管理出版社出版的《区域经济与城市发展研究报告》系列丛书能够在服务地方的实践探索中不断续写下去，且越写越精彩！

胡艳

（安徽大学经济学院教授、博士生导师合肥区域经济与城市发展研究院院长）

2016 年 1 月 28 日